5年

実力アップ 白地図ノート

教科書ワーク112ページのプラスワークも見てみましょう。

自分だけの地図を作って 社会の力をのばそう！復習にも！

年	組	名前

※地図の縮尺は異なっている場合があります。また、一部の離島を省略している場合があります。

「白地図ノート」はとりはずして使用できます。

1 世界のようす

使い方のヒント

大陸と海洋の名前を調べて書こう。大陸ごとに好きな色でぬりわけるとわかりやすくなるよ。

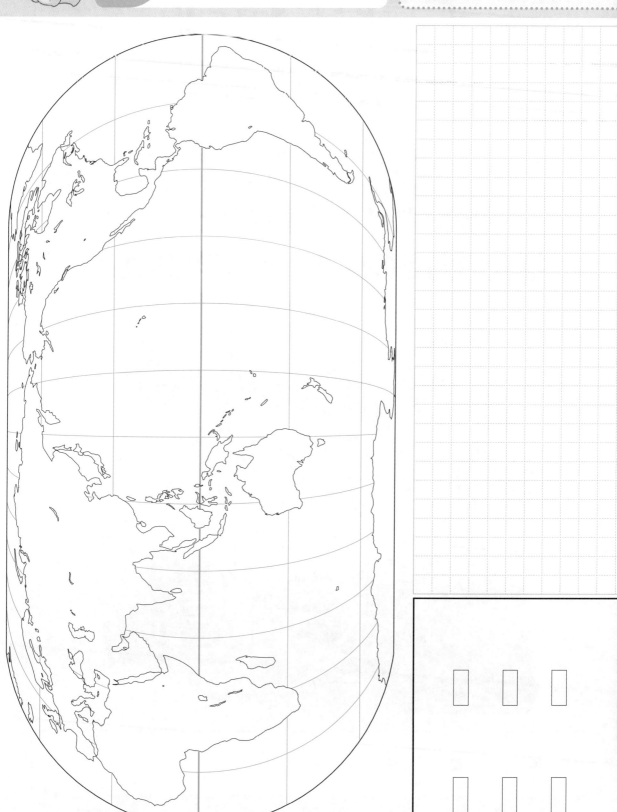

2 世界の国々

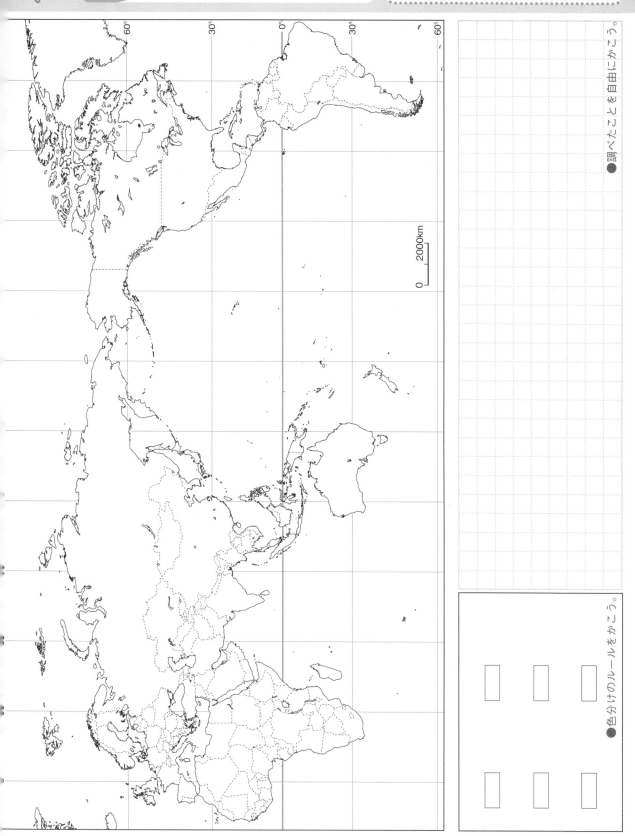

●調べたことを自由にかこう。

●色分けのルールをかこう。

3 日本の国土の広がり

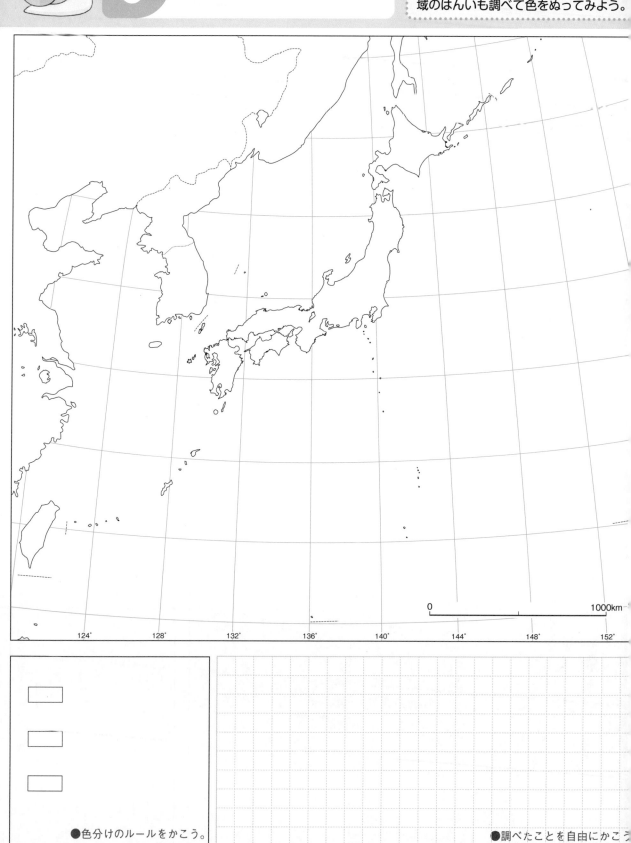

0 1000km

124° 128° 132° 136° 140° 144° 148° 152°

●色分けのルールをかこう。

●調べたことを自由にかこう

4 日本の地形

使い方のヒント
山脈、山地、平野、盆地などの地形や、川の名前を調べて書きこんでみよう。山や平野は色をぬるとわかりやすいよ。

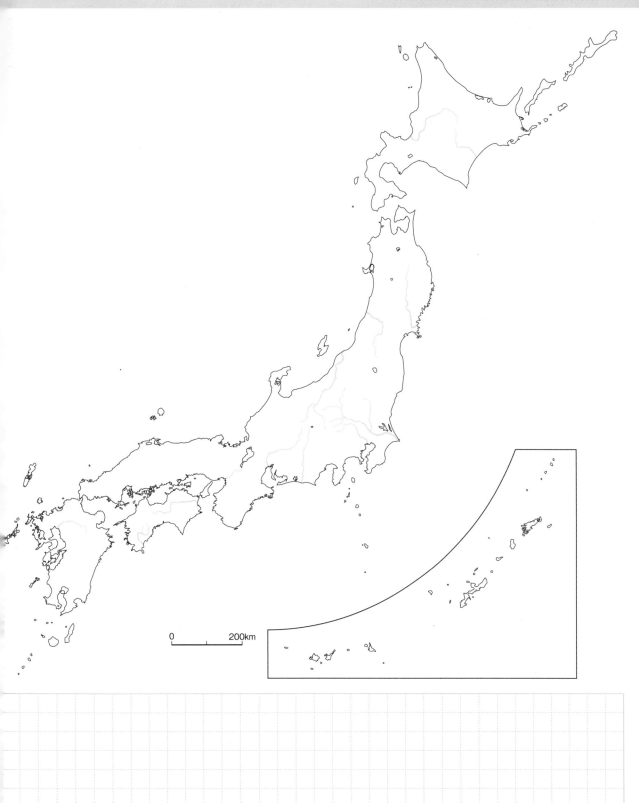

0　　　　200km

●調べたことを自由にかこう。

5 日本の気候

使い方のヒント
気候のちがう地域をまとめた地図だよ。
それぞれの地域の気候の特色を調べて、
色分けもしてみよう。

0 ────── 200km

●色分けのルールをかこう。

●調べたことを自由にかこう

6 日本近海の海流

日本のまわりの海流をまとめた地図だよ。
暖流(だんりゅう)と寒流(かんりゅう)を色分けして、それぞれの海
流の名前も調べて書いてみよう。

●色分けのルールをかこう。　　　　　　　　　　　　　　　　　　　　　　　　　　　　　●調べたことを自由にかこう。

7 日本地図

●色分けのルールをかこう。

●調べたことを自由にかこう。

200km

0

8 北海道・東北地方
ほっかいどう　とうほく

使い方のヒント

米などの農産物の生産量を調べて色分けをしよう。山や川など地形の名前も調べて書いてみよう。

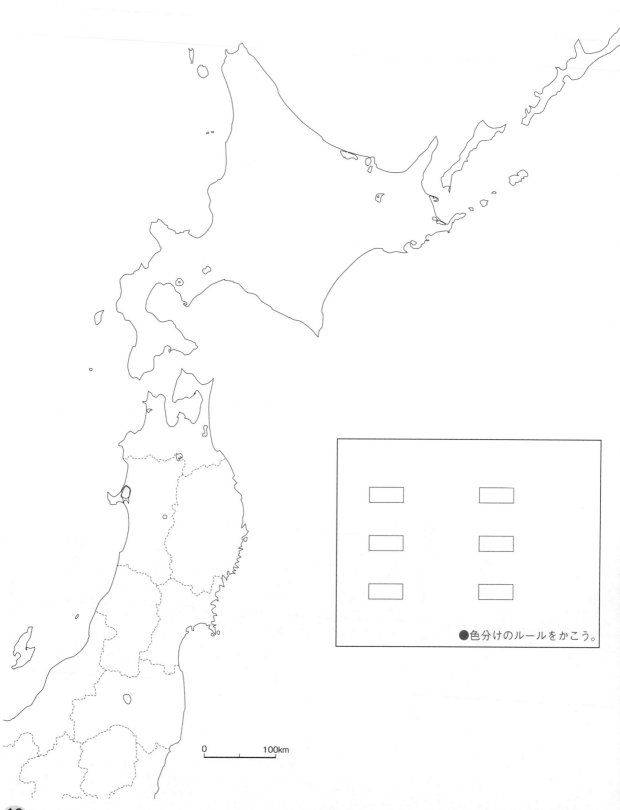

●色分けのルールをかこう。

0　　　　　100km

9 関東地方

使い方の **ヒント**

農業や工業のさかんな地域を調べて色分けをしよう。山や川など地形の名前も調べて書いてみよう。

ちいき

0　　　　　　50km

●色分けのルールをかこう。

10 中部地方

使い方の**ヒント**

農業や、自動車などの工業のさかんな地域を調べて色分けをしよう。山や川など地形の名前も調べて書いてみよう。

0　　　　　50km

●色分けのルールをかこう

11 近畿地方
きんき

使い方のヒント

農業や、機械などさかんな工業製品を調べて書きこもう。山や川、湖などの地名も調べて書こう。

0　　25km

●色分けのルールをかこう。

12 中国・四国地方

使い方のヒント
果物などの農産物や、さかんな工業を調べて色をぬってみよう。山や川、地形の名前も調べて書こう。

0　　　　　50km

●色分けのルールをかこう

13 九州地方
きゅうしゅう

使い方のヒント

畜産物など農産物の生産について調べて
ちくさんぶつ
書こう。山や川など、地形の名前も調べ
て書いてみよう。

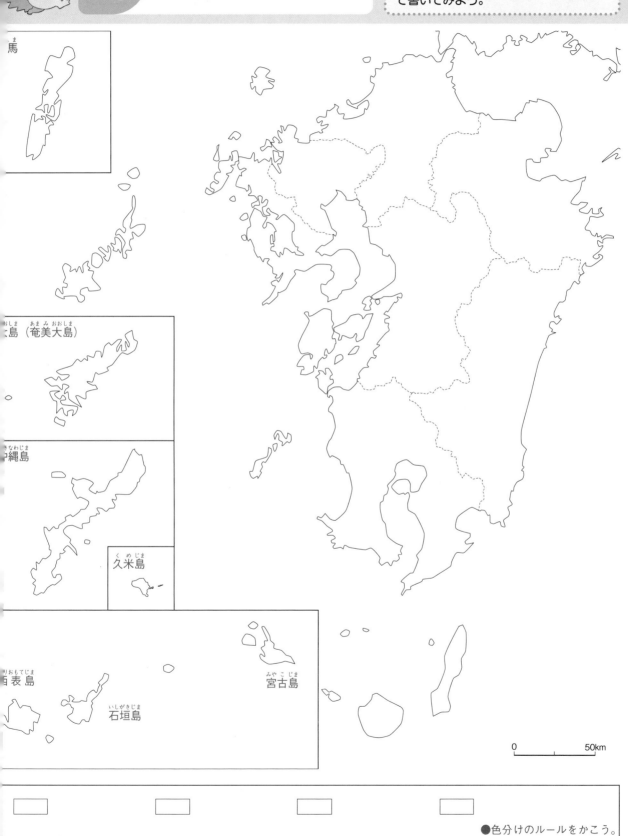

馬
ま

島（奄美大島）
おおしま　あまみおおしま

縄島
きなわじま

久米島
くめじま

表島
りおもてじま

石垣島
いしがきじま

宮古島
みやこじま

0　　　　　　50km

●色分けのルールをかこう。

14 日本地図

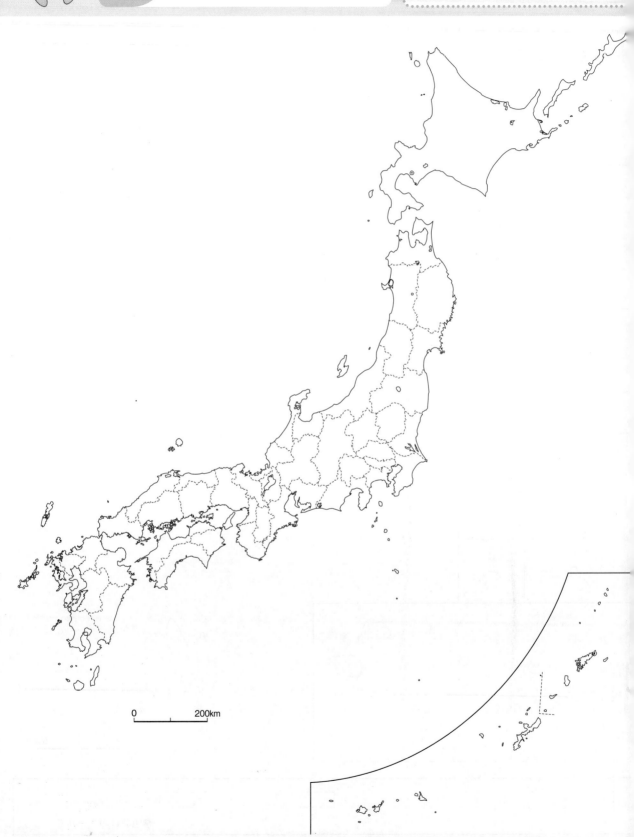

0　　　200km

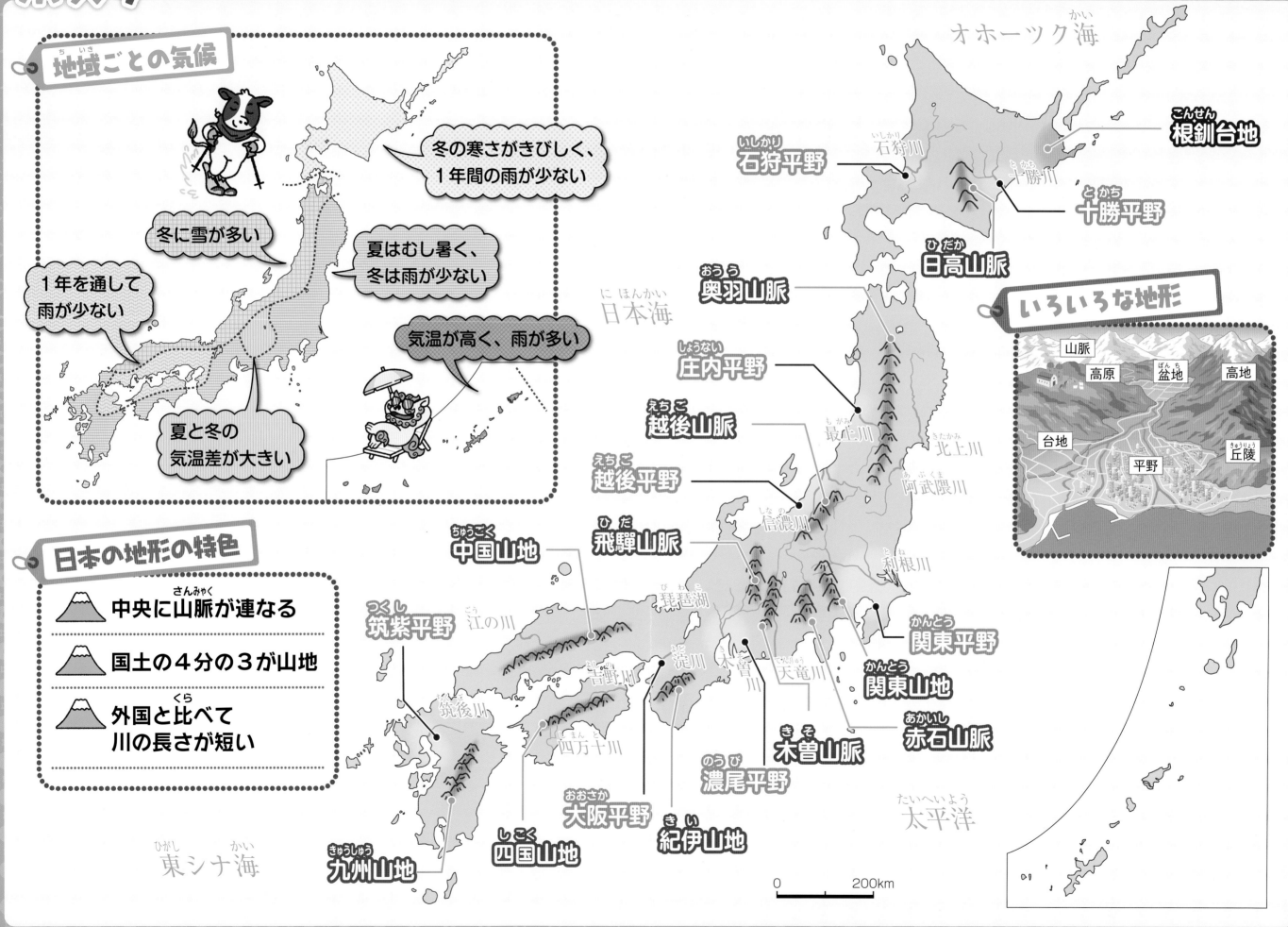

地域ごとの気候

- 冬の寒さがきびしく、1年間の雨が少ない
- 冬に雪が多い
- 夏はむし暑く、冬は雨が少ない
- 1年を通して雨が少ない
- 気温が高く、雨が多い
- 夏と冬の気温差が大きい

日本の地形の特色

- 中央に山脈（さんみゃく）が連なる
- 国土の4分の3が山地
- 外国と比べて川の長さが短い（くら）

いろいろな地形

山脈　高原　盆地（ぼんち）　高地　台地　平野　丘陵（きゅうりょう）

オホーツク海（かい）

根釧台地（こんせん）
石狩平野（いしかり）　石狩川（いしかり）
十勝川（とかち）
十勝平野（とかち）
日高山脈（ひだか）
奥羽山脈（おうう）
日本海（にほんかい）
庄内平野（しょうない）
最上川（もがみ）
北上川（きたかみ）
阿武隈川（あぶくま）
越後山脈（えちご）
越後平野（えちご）
信濃川（しなの）
飛騨山脈（ひだ）
中国山地（ちゅうごく）
利根川（とね）
琵琶湖（びわこ）
関東平野（かんとう）
筑紫平野（つくし）
江の川（ごう）
関東山地（かんとう）
赤石山脈（あかいし）
天竜川（てんりゅう）
木曽川（きそ）
木曽山脈（きそ）
筑後川（ちくご）
吉野川（よしの）
淀川（よど）
濃尾平野（のうび）
大阪平野（おおさか）
紀伊山地（きい）
四万十川（しまんと）
四国山地（しこく）
九州山地（きゅうしゅう）
東シナ海（ひがし・かい）
太平洋（たいへいよう）

0　200km

教科書ワーク社会5年折込（裏）

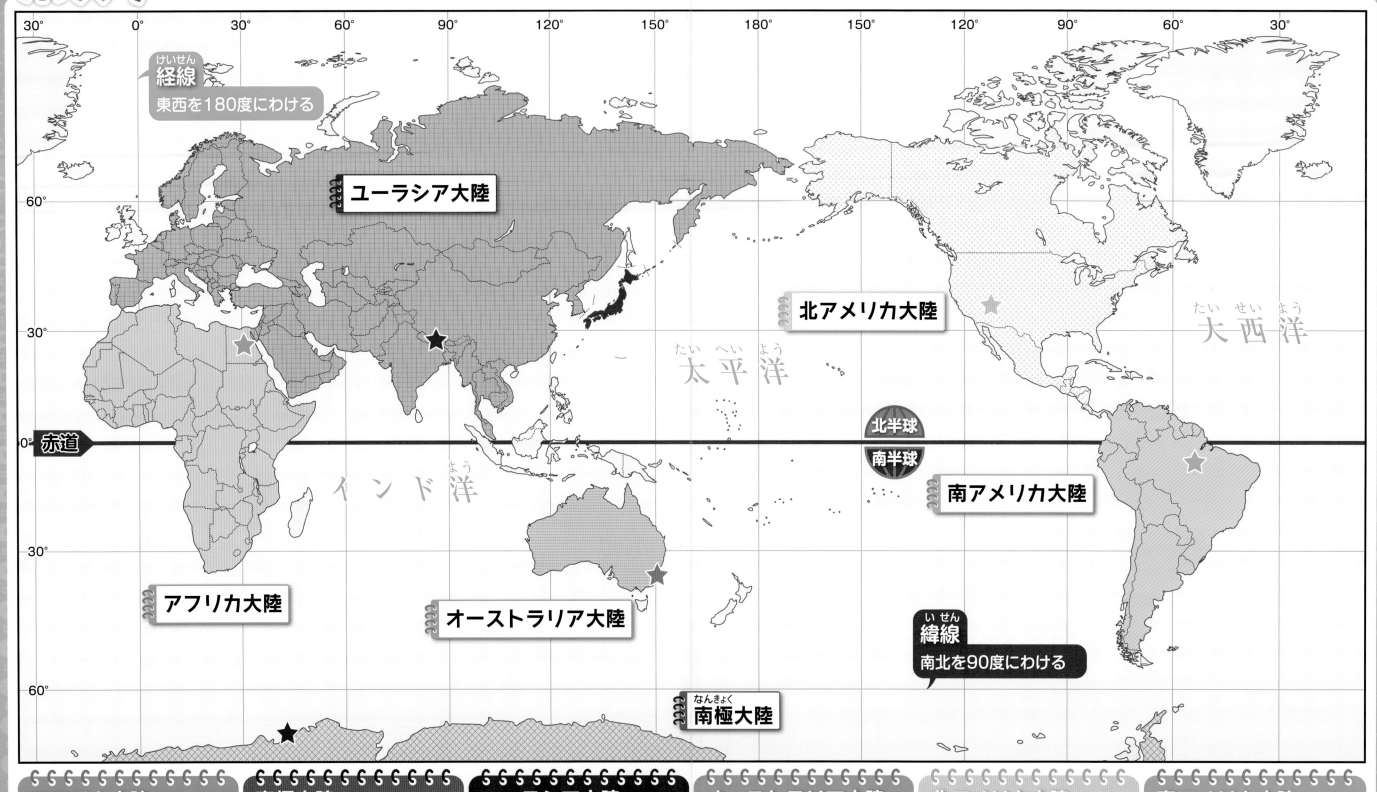

けいせん
経線
東西を180度にわける

ユーラシア大陸

北アメリカ大陸

たいせいよう
大西洋

たいへいよう
太平洋

赤道

北半球
南半球

インド洋

南アメリカ大陸

アフリカ大陸

オーストラリア大陸

いせん
緯線
南北を90度にわける

なんきょく
南極大陸

アフリカ大陸

★ピラミッド

南極大陸

★南極のペンギン

ユーラシア大陸

★ヒマラヤ山脈（エベレスト山）

オーストラリア大陸

★真夏のサンタクロース

北アメリカ大陸

★グランドキャニオン

南アメリカ大陸

★アマゾン川

教科書ワーク

わくわく世界の国カード

アプリにも対応！

どこの国？ アジア州

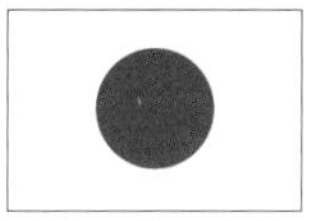

首都 東京
人口…1億2,461万人
面積…38万㎢

富士山
世界遺産

①

どこの国？ アジア州

首都 ソウル
人口…5,183万人
面積…10万㎢

チマ・チョゴリ

②

どこの国？ アジア州

首都 ペキン
人口…14億5,794万人
面積…960万㎢

万里の長城
世界遺産

③

どこの国？ アジア州

首都 ピョンヤン
人口…2,597万人
面積…12万㎢

ピョンヤン

④

どこの国？ アジア州

首都 ウランバートル
人口…335万人
面積…156万㎢

草原とゲルの風景

⑤

どこの国？ アジア州

首都 ハノイ
人口…9,747万人
面積…33万㎢

フエの建造物群
世界遺産

⑥

どこの国？ アジア州

首都 マニラ
人口…1億1,388万人
面積…30万㎢

コルディリェーラの棚田群
世界遺産

⑦

どこの国？ アジア州

首都 クアラルンプール
人口…3,357万人
面積…33万㎢

キナバル自然公園
世界遺産

⑧

どこの国？ アジア州

首都 シンガポール
人口…594万人
面積…700㎢

マーライオン

⑨

どこの国？ アジア州

首都 ジャカルタ
人口…2億7,375万人
面積…191万㎢

ボロブドゥール遺跡
世界遺産

⑩

どこの国？ アジア州

首都 バンコク
人口…7,160万人
面積…51万㎢

アユタヤ歴史公園
世界遺産

⑪

使い方

●きりとり線にそって切りはなしましょう。
●表面を見て国名を、裏面を見て首都の名前を答えてみましょう。
●面積や人口を比べたり、食べ物など興味のあることを覚えたりして楽しく学習しましょう。

※地図の縮尺は同じではありません。人口は2021年、面積は2020年のものです。

日本

首都の名前は？

食べ物…寿司
おもな言葉…日本語
おもな宗教…仏教
通貨…円
漢字では？…日本

1

大韓民国

首都の名前は？

食べ物…キムチ
おもな言葉…韓国語
おもな宗教…キリスト教、仏教
通貨…大韓民国ウォン
漢字では？…大韓民国

2

中華人民共和国

首都の名前は？

食べ物…麻婆豆腐
おもな言葉…中国語
おもな宗教…仏教など
通貨…人民元
漢字では？…中華人民共和国

3

朝鮮民主主義人民共和国

首都の名前は？

食べ物…冷めん
おもな言葉…朝鮮語

通貨…北朝鮮ウォン
漢字では？…朝鮮民主主義人民共和国

4

モンゴル

首都の名前は？

食べ物…ボーズ
おもな言葉…モンゴル語
おもな宗教…チベット仏教など
通貨…トグログ
漢字では？…蒙古、莫臥児

5

ベトナム

首都の名前は？

食べ物…フォー
おもな言葉…ベトナム語
おもな宗教…仏教など
通貨…ドン
漢字では？…越南

6

フィリピン

首都の名前は？

食べ物…シニガン
おもな言葉…フィリピノ語、英語
おもな宗教…キリスト教
通貨…ペソ
漢字では？…比律賓

7

マレーシア

首都の名前は？

食べ物…ロティジャラ
おもな言葉…マレー語
おもな宗教…イスラム教など
通貨…リンギット
漢字では？…馬来西亜

8

シンガポール

首都の名前は？

食べ物…チキンライス
おもな言葉…中国語、英語など
おもな宗教…仏教など
通貨…シンガポール・ドル
漢字では？…新嘉坡

9

インドネシア

首都の名前は？

食べ物…ナシゴレン
おもな言葉…インドネシア語
おもな宗教…イスラム教
通貨…ルピア
漢字では？…印度尼西亜

10

タイ

首都の名前は？

食べ物…トムヤムクン
おもな言葉…タイ語
おもな宗教…仏教
通貨…バーツ
漢字では？…泰

11

どこの国？ アジア州

タージ・マハル

首都 **デリー**

人口…14億756万人
面積…329万km²

世界遺産 ⑫

どこの国？ アフリカ州

ピラミッド

首都 **カイロ**

人口…1億926万人
面積…100万km²

世界遺産 ⑱

どこの国？ アジア州

モヘンジョ・ダロ

首都 **イスラマバード**

人口…2億3,140万人
面積…80万km²

世界遺産 ⑬

どこの国？ アフリカ州

アルジェのカスバ

首都 **アルジェ**

人口…4,418万人
面積…238万km²

世界遺産 ⑲

どこの国？ アジア州

カーバ神殿（メッカ）

首都 **リヤド**

人口…3,595万人
面積…221万km²

世界遺産 ⑭

どこの国？ アフリカ州

タイ国立公園

首都 **ヤムスクロ**

人口…2,748万人
面積…32万km²

世界遺産 ⑳

どこの国？ アジア州

イスファハーンのイマームモスク

首都 **テヘラン**

人口…8,792万人
面積…163万km²

世界遺産 ⑮

どこの国？ アフリカ州

オスン・オソボ聖林

首都 **アブジャ**

人口…2億1,340万人
面積…92万km²

世界遺産 ㉑

どこの国？ アジア州

マルウィヤ・ミナレット

首都 **バグダッド**

人口…4,353万人
面積…44万km²

世界遺産 ⑯

どこの国？ アフリカ州

トゥルカナ湖国立公園群

首都 **ナイロビ**

人口…5,301万人
面積…59万km²

世界遺産 ㉒

どこの国？ アジア州／ヨーロッパ州

アヤ・ソフィア

首都 **アンカラ**

人口…8,478万人
面積…78万km²

世界遺産 ⑰

どこの国？ アフリカ州

イシマンガリソ湿地公園

首都 **プレトリア**

人口…5,939万人
面積…122万km²

世界遺産 ㉓

エジプト

食べ物…コシャリ

おもな言葉…アラビア語

おもな宗教…イスラム教

通貨…エジプト・ポンド

漢字では？…**埃及**

首都の名前は？
ココ!!
⑱

アルジェリア

食べ物…クスクス

おもな言葉…アラビア語

おもな宗教…イスラム教

通貨…アルジェリアン・ディナール

漢字では？…**阿爾及**

首都の名前は？
ココ!!
⑲

コートジボワール

食べ物…フトゥ

おもな言葉…フランス語

おもな宗教…イスラム教、キリスト教

通貨…CFA フラン

漢字では？…**象牙海岸**

首都の名前は？
ココ!!
⑳

ナイジェリア

食べ物…エグシスープ

おもな言葉…英語

おもな宗教…イスラム教、キリスト教

通貨…ナイラ

漢字では？…**尼日利亜**

首都の名前は？
ココ!!
㉑

ケニア

食べ物…ウガリ

おもな言葉…スワヒリ語、英語

おもな宗教…キリスト教

通貨…ケニア・シリング

漢字では？…**肯尼亜**

首都の名前は？
ココ!!
㉒

南アフリカ共和国

食べ物…ボボティ

おもな言葉…ズールー語、コサ語、英語など

おもな宗教…キリスト教

通貨…ランド

漢字では？…**南阿弗利加**

首都の名前は？
ココ!!
㉓

インド

食べ物…カレー

おもな言葉…ヒンディー語など

おもな宗教…ヒンドゥー教

通貨…ルピー

漢字では？…**印度**

首都の名前は？
ココ!!
⑫

パキスタン

食べ物…カレー

おもな言葉…ウルドゥ語、英語

おもな宗教…イスラム教

通貨…パキスタン・ルピー

漢字では？…**巴基斯担**

首都の名前は？
ココ!!
⑬

サウジアラビア

食べ物…カブサ

おもな言葉…アラビア語

おもな宗教…イスラム教

通貨…サウジアラビア・リヤル

漢字では？…**沙地亜剌比亜**

首都の名前は？
ココ!!
⑭

イラン

食べ物…アブグシュト

おもな言葉…ペルシャ語

おもな宗教…イスラム教

通貨…リアル

漢字では？…**伊蘭**

首都の名前は？
ココ!!
⑮

イラク

食べ物…マスグーフ

おもな言葉…アラビア語

おもな宗教…イスラム教

通貨…イラク・ディナール

漢字では？…**伊拉久**

首都の名前は？
ココ!!
⑯

トルコ

食べ物…ドネルケバブ

おもな言葉…トルコ語

おもな宗教…イスラム教

通貨…トルコ・リラ

漢字では？…**土耳古**

首都の名前は？
ココ!!
⑰

どこの国？

クレムリンと赤の広場

首都
モスクワ

人口…1億4,510万人
面積…1,710万km²

世界遺産

㉔

どこの国？

キンデルダイク・エルスハウトの風車群

首都
アムステルダム

人口…1,750万人
面積…4万km²

世界遺産

㉚

どこの国？

ウエストミンスター宮殿

首都
ロンドン

人口…6,728万人
面積…24万km²

世界遺産

㉕

どこの国？

ベルン旧市街

首都
ベルン

人口…869万人
面積…4万km²

世界遺産

㉛

どこの国？

エッフェル塔

首都
パリ

人口…6,453万人
面積…55万km²

世界遺産

㉖

どこの国？

ネーロイフィヨルド

首都
オスロ

人口…540万人
面積…32万km²

世界遺産

㉜

どこの国？

ケルン大聖堂

首都
ベルリン

人口…8,341万人
面積…36万km²

世界遺産

㉗

どこの国？

プラハ城

首都
プラハ

人口…1,051万人
面積…8万km²

世界遺産

㉝

どこの国？

サグラダファミリア

首都
マドリード

人口…4,749万人
面積…51万km²

世界遺産

㉘

どこの国？

アウシュビッツ強制収容所

首都
ワルシャワ

人口…3,831万人
面積…31万km²

世界遺産

㉞

どこの国？

コロッセオ

首都
ローマ

人口…5,924万人
面積…30万km²

世界遺産

㉙

どこの国？

パルテノン神殿

首都
アテネ

人口…1,045万人
面積…13万km²

世界遺産

㉟

オランダ

食べ物…ヒュッツポット

おもな言葉…オランダ語

おもな宗教…キリスト教

通貨…ユーロ

漢字では？…和蘭、阿蘭陀

30

ロシア

食べ物…ボルシチ

おもな言葉…ロシア語

おもな宗教…キリスト教

通貨…ルーブル

漢字では？…露西亜

24

スイス

食べ物…チーズフォンデュ

おもな言葉…ドイツ語、フランス語

おもな宗教…キリスト教

通貨…スイスフラン

漢字では？…瑞西

31

イギリス

食べ物…フィッシュアンドチップス

おもな言葉…英語

おもな宗教…キリスト教

通貨…スターリング・ポンド

漢字では？…英吉利

25

ノルウェー

食べ物…フィスクシュッペ

おもな言葉…ノルウェー語

おもな宗教…キリスト教

通貨…ノルウェー・クローネ

漢字では？…諾威

32

フランス

食べ物…ブイヤベース

おもな言葉…フランス語

おもな宗教…キリスト教

通貨…ユーロ

漢字では？…仏蘭西

26

チェコ

食べ物…スヴィーチュコヴァー

おもな言葉…チェコ語

おもな宗教…キリスト教

通貨…チェコ・コルナ

漢字では？…捷克

33

ドイツ

食べ物…ブルスト（ソーセージ）

おもな言葉…ドイツ語

おもな宗教…キリスト教

通貨…ユーロ

漢字では？…独逸

27

ポーランド

食べ物…ピエロギ

おもな言葉…ポーランド語

おもな宗教…キリスト教

通貨…ズロチ

漢字では？…波蘭

34

スペイン

食べ物…パエリア

おもな言葉…スペイン語

おもな宗教…キリスト教

通貨…ユーロ

漢字では？…西班牙

28

ギリシャ

食べ物…ムサカ

おもな言葉…ギリシャ語

おもな宗教…キリスト教

通貨…ユーロ

漢字では？…希臘

35

イタリア

食べ物…パスタ

おもな言葉…イタリア語

おもな宗教…キリスト教

通貨…ユーロ

漢字では？…伊太利

どこの国？ 北アメリカ州

カナディアン・ロッキー

首都
オタワ
人口…3,816万人
面積…999万km²

世界遺産 ㊱

どこの国？ 南アメリカ州

アマゾンの熱帯林

首都
ブラジリア
人口…2億1,433万人
面積…852万km²

世界遺産 ㊷

どこの国？ 北アメリカ州

自由の女神像

首都
ワシントンD.C.
人口…3億3,700万人
面積…983万km²

世界遺産 ㊲

どこの国？ 南アメリカ州

マチュ・ピチュ

首都
リマ
人口…3,372万人
面積…129万km²

世界遺産 ㊸

どこの国？ 北アメリカ州

テオティワカン遺跡

首都
メキシコシティ
人口…1億2,671万人
面積…196万km²

世界遺産 ㊳

どこの国？ 南アメリカ州

ロス・グラシアレス国立公園

首都
ブエノスアイレス
人口…4,528万人
面積…280万km²

世界遺産 ㊹

どこの国？ 北アメリカ州

ハバナ旧市街

首都
ハバナ
人口…1,126万人
面積…11万km²

世界遺産 ㊴

どこの国？ 南アメリカ州

ラパ・ヌイ国立公園
（イースター島）

首都
サンティアゴ
人口…1,949万人
面積…76万km²

世界遺産 ㊺

どこの国？ 北アメリカ州

チリポ山

首都
サンホセ
人口…515万人
面積…5万km²

世界遺産 ㊵

どこの国？ オセアニア州

ウルル

首都
キャンベラ
人口…2,592万人
面積…769万km²

世界遺産 ㊻

どこの国？ 南アメリカ州

コーヒー産地の風景

首都
ボゴタ
人口…5,152万人
面積…114万km²

世界遺産 ㊶

どこの国？ オセアニア州

トンガリロ国立公園

首都
ウェリントン
人口…513万人
面積…27万km²

世界遺産 ㊼

ブラジル

食べ物…シュラスコ
おもな言葉…ポルトガル語
おもな宗教…キリスト教
通貨…レアル
漢字では？…伯剌西爾

㊷

カナダ

食べ物…メープルシロップ
おもな言葉…英語、フランス語
おもな宗教…キリスト教
通貨…カナダ・ドル
漢字では？…加奈陀

㊱

ペルー

食べ物…セビーチェ
おもな言葉…スペイン語
おもな宗教…キリスト教
通貨…ソル
漢字では？…秘露

㊸

アメリカ合衆国

食べ物…ハンバーガー
おもな言葉…英語
おもな宗教…キリスト教
通貨…ドル
漢字では？…亜米利加

㊲

アルゼンチン

食べ物…アサード
おもな言葉…スペイン語
おもな宗教…キリスト教
通貨…ペソ
漢字では？…亜爾然丁

㊹

メキシコ

食べ物…タコス
おもな言葉…スペイン語
おもな宗教…キリスト教
通貨…ペソ
漢字では？…墨西哥

㊳

チリ

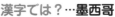

食べ物…カスエラ
おもな言葉…スペイン語
おもな宗教…キリスト教
通貨…ペソ
漢字では？…智利

㊺

キューバ

食べ物…アロスコングリ
おもな言葉…スペイン語
おもな宗教…キリスト教
通貨…キューバ・ペソ
漢字では？…玖馬

㊴

オーストラリア

食べ物…ルーミート
おもな言葉…英語
おもな宗教…キリスト教
通貨…オーストラリア・ドル
漢字では？…濠太剌利

㊻

コスタリカ

食べ物…ガジョピント
おもな言葉…スペイン語
おもな宗教…キリスト教
通貨…コロン
漢字では？…哥斯達黎加

㊵

ニュージーランド

食べ物…キウイフルーツ
おもな言葉…英語、マオリ語
おもな宗教…キリスト教
通貨…ニュージーランド・ドル
漢字では？…新西蘭

㊼

コロンビア

食べ物…アヒアコ
おもな言葉…スペイン語
おもな宗教…キリスト教
通貨…ペソ
漢字では？…哥倫比亜

㊶

教科書ワーク もくじ

東京書籍版
社会 **5**年

▶動画 コードを読みとって、下の番号の動画を見てみよう。

教科書（上）・教科書（下）

◆は選択学習です。いずれかを選んで学習をしましょう。❀は発展的な内容をあつかっています。

写真提供：青木克純、アフロ、宇苗満、エムオーフォトス、大塚知則、小川和夫、熊博毅、国土交通省関東地方整備局、国土交通省広島西部山系砂防事務所、小早川渉、Cynet Photo、高岡銅器協同組合、高口裕次郎、TASS、田中秀明、田中正秋、つのだよしお、東阪航空サービス、PIXTA、ヤマト運輸、読売新聞、ロイター、渡辺広史、渡部まなぶ（敬称略・五十音順）

1 わたしたちの国土

1 世界の中の国土①

学習の目標
世界の主な大陸と海洋の名前、主な国の位置を確かめましょう。

基本のワーク

教科書 ㊤ 6〜11ページ　答え 1ページ

① 地球の様子・世界の国

よみトク！地図

●**地図**は、地球を平らに表した図。

●世界には①（　　　　）つの**大陸**と②（　　　　）つの**海洋**がある。

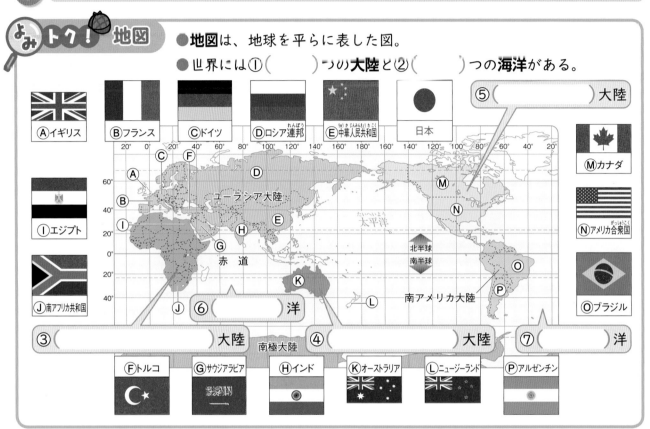

⑤（　　　　　　　）大陸

Ⓐイギリス　Ⓑフランス　Ⓒドイツ　Ⓓロシア連邦　Ⓔ中華人民共和国　日本

Ⓜカナダ　Ⓝアメリカ合衆国　Ⓞブラジル

ユーラシア大陸　太平洋　北半球　南半球　南アメリカ大陸　赤道

Ⓘエジプト　Ⓙ南アフリカ共和国

⑥（　　　　）洋

③（　　　　　　　　）大陸　南極大陸　④（　　　　　　　　）大陸　⑦（　　　　）洋

Ⓕトルコ　Ⓖサウジアラビア　Ⓗインド　Ⓚオーストラリア　Ⓛニュージーランド　Ⓟアルゼンチン

●陸地の面積は海の面積より⑧（　　　　　　　）。

●日本の国土は⑨（　　　　　　　）**大陸**の東、⑩（　　　　　　　）**洋**の西に位置している。

●世界にはさまざまな国があり、**国旗**をもつ。

　◆日本の⑪（　　　　　　　）は、白地に太陽が赤くかがやく様子。

国旗

国のシンボル。どの国の国旗にも意味や由来があり、たがいに尊重することが大切。

② 地球上の位置の表し方

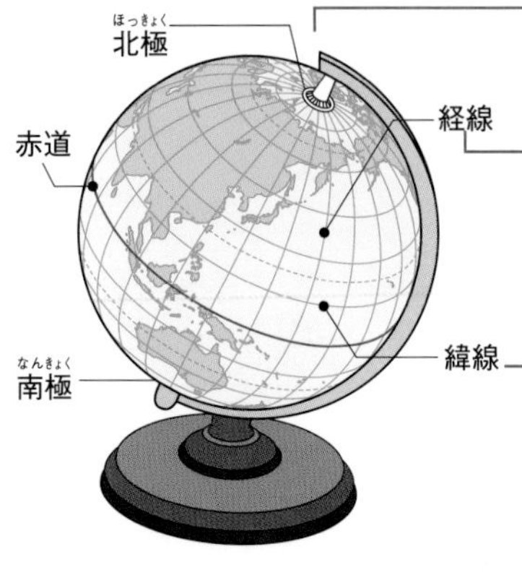

地球儀
北極　経線　赤道　緯線　南極

●⑫（　　　　　　　　）…地球の形を小さくしたもの。形や大きさ、方位やきょりを正しく表せる。

◆⑬（　　　　　　　）…**経度**を表すたての線。イギリスの旧グリニッジ天文台を通る線を0度として、**東経・西経**をそれぞれ180度まで分ける。

◆⑭（　　　　　　　）…**緯度**を表す横の線。**赤道**を0度として、**北緯・南緯**をそれぞれ90度まで分ける。

●地球上の位置…緯度と経度で正確に表すことができる。

●⑮（　　　　　　　）は北緯90度、南極は南緯90度。

しゃかいか工場！ 日本の国旗は日の丸とよばれるけど、正式には日章旗というよ。この国旗のデザインは、今から150年以上前、船にかかげて日本と外国の船を区別するために決められたんだ。

練習のワーク

できた数
／18問中

教科書 上 6〜11ページ　答え 1ページ

1 右の地図を見て、次の問いに答えましょう。

(1) Ⓐ〜Ⓒの大陸名を、書きましょう。

Ⓐ（　　　　　　　）大陸

Ⓑ（　　　　　　　）大陸

Ⓒ（　　　　　　　）大陸

(2) 大西洋（たいせいよう）を地図の㋐〜㋒から選びましょう。

（　　　）

(3) 陸地と海では、どちらの方が広いですか。

（　　　　　　　）

(4) ①〜⑥の国名を、 ⌐ ⌐ から選びましょう。

①（　　　　　　　）　②（　　　　　　　）　③（　　　　　　　）

④（　　　　　　　）　⑤（　　　　　　　）　⑥（　　　　　　　）

> サウジアラビア　　　ニュージーランド　　　アルゼンチン
> アメリカ合衆国（がっしゅうこく）　　南アフリカ共和国（きょうわこく）　　ドイツ

(5) あ〜うの国の国旗を、次からそれぞれ選びましょう。

あ（　　　）　い（　　　）　う（　　　）

㋐　　　　　　　　　　　㋑　　　　　　　　　　　㋒

2 右の図を見て、次の問いに答えましょう。

(1) Ⓐの線は、何を表していますか。（　　　　　　　）

(2) Ⓐの線の基準となる旧グリニッジ天文台（きゅう）がある国を、次から選びましょう。（　　　　　　　）

㋐　イギリス　　　　　　㋑　中華人民共和国（ちゅうかじんみんきょうわこく）

㋒　アメリカ合衆国（がっしゅうこく）　　㋓　エジプト

(3) Ⓑの線は、何を表していますか。（　　　　　　　）

(4) Ⓒの線を特に何といいますか。（　　　　　　　）

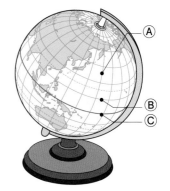

ポイント　6つの大陸と3つの海洋があり、位置は緯度（いど）と経度（けいど）で表せる。

3

勉強した日　　月　　日

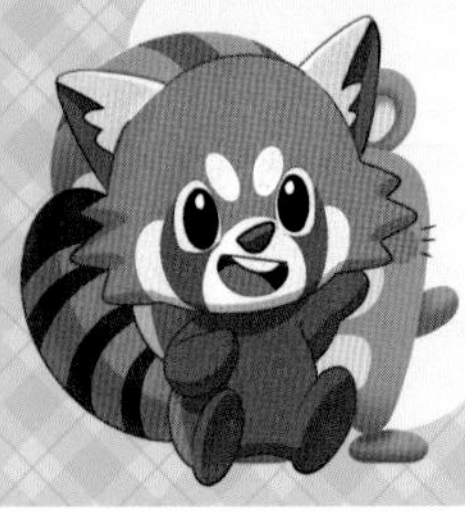

1　世界の中の国土②

基本のワーク

学習の目標

日本の国土の位置とはん囲、まわりの国々について学習しましょう。

教科書 [上] 12〜15ページ　答え 1ページ

1 多くの島からなる日本

● 日本は①（　　　）半球にあり、アメリカ合衆国と同じくらいの緯度、オーストラリアと同じくらいの経度にあたる。

◆ 太平洋、②（　　　　　）、オホーツク海、東シナ海などの海に囲まれた**島国**。

◆ ③（　　　　　）、**北海道**、**九州**、**四国**の大きな島と14000以上の島が南北に連なる。

● 日本のまわりの国…**ロシア連邦**、④（　　　　　）**共和国**、**朝鮮民主主義人民共和国**、**大韓民国**など。

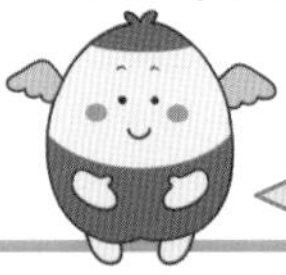

日本の国土はあまり広くないけれど海岸線が長いね。

よみトク！地図　国土の広がりとまわりの国々

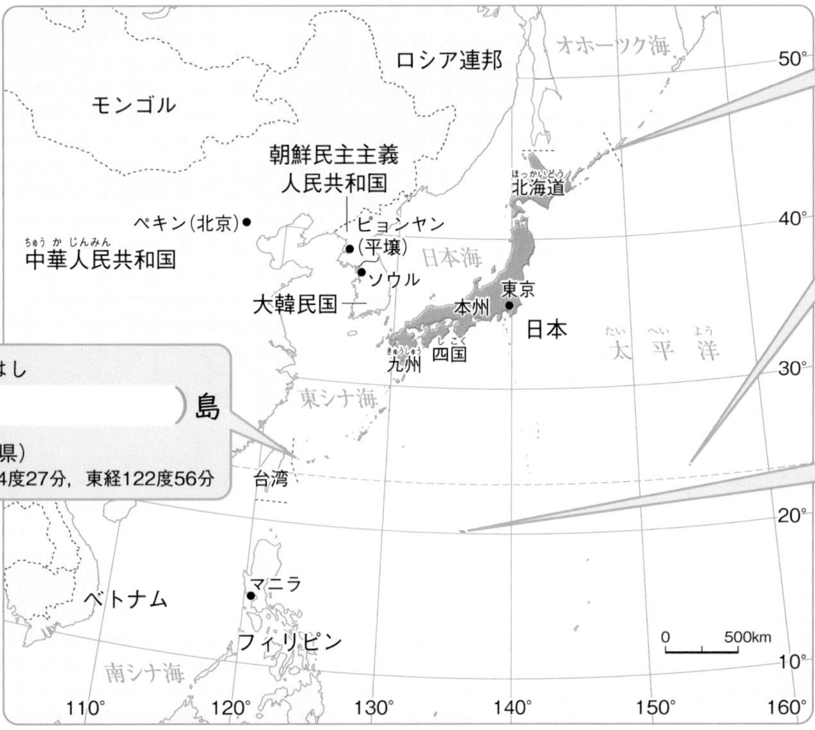

西のはし
⑤（　　　　　）島
（沖縄県）
北緯24度27分，東経122度56分

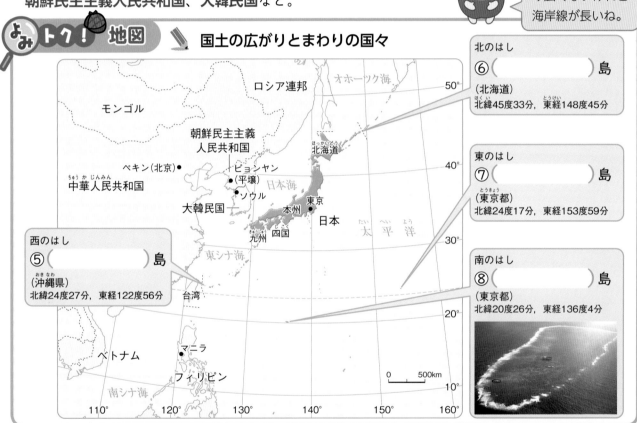

北のはし
⑥（　　　　　）島
（北海道）
北緯45度33分，東経148度45分

東のはし
⑦（　　　　　）島
（東京都）
北緯24度17分，東経153度59分

南のはし
⑧（　　　　　）島
（東京都）
北緯20度26分，東経136度4分

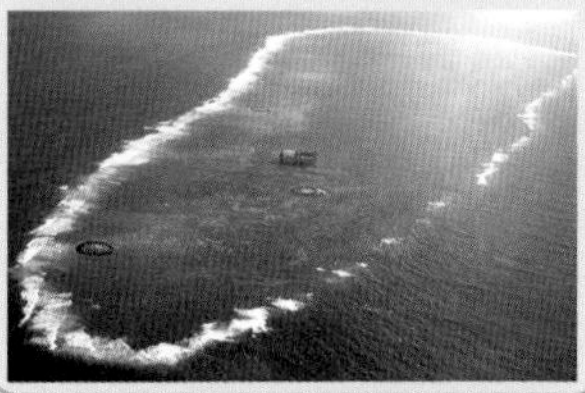

2 領土をめぐる問題／表にまとめる

● 日本の面積…⑨（　　　　　）は約38万km²、**領海**は約43万km²。

● 沿岸から200海里（約370km）までは、⑩（　　　　　）（**200海里水域**）で、天然資源開発などの権利が認められる。

● **歯舞群島**・**色丹島**・⑪（　　　　）**島**・**択捉島**は**北方領土**とよばれる。日本固有の**領土**だが、現在、⑫（　　　　　）に占領されている。

● 竹島は日本固有の領土だが、⑬（　　　　　）が不法に占拠。

● 尖閣諸島は日本が有効に支配する領土だが、中国が領有権を主張。

領土

その国のもつ陸地と陸地に囲まれた湖や川など。海岸から12海里（約22km）までの海を領海、領土と領海の上空を領空という。

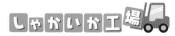

しゃかいか工場　日本の東西南北のはしの島のうち、日本のいっぱんの住民がくらしているのは、西のはしにあたる与那国島だけなんだよ。

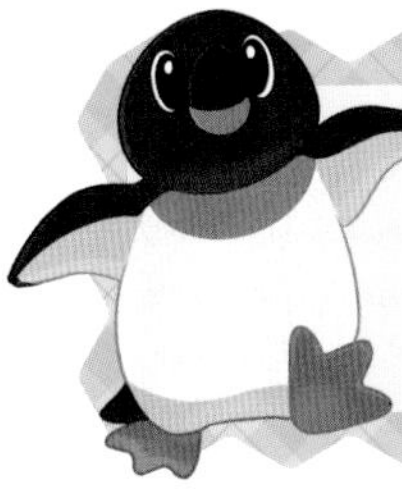

練習のワーク

教科書 [上] 12～15ページ　答え 1ページ

できた数　／20問中

1 右の地図を見て、次の問いに答えましょう。

(1) 日本の位置について、次の文の｛　｝にあてはまる言葉に○を書きましょう。

●①｛ 南　北 ｝半球にあり、アメリカ合衆国と②｛ 緯度　経度 ｝が同じくらいである。

●また、オーストラリアと同じくらいの③｛ 緯度　経度 ｝にある。

(2) あ・いの海を何といいますか。

あ（　　　　）

い（　　　　）

(3) 日本のように、海に囲まれた国を何といいますか。（　　　　）

(4) う・えの島をそれぞれ何といいますか。

う（　　　　）　え（　　　　）

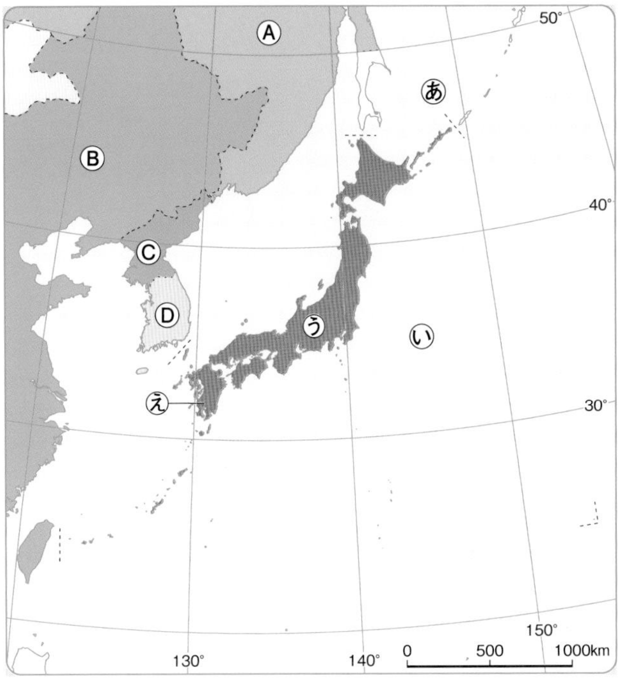

(5) Ⓐ～Ⓓの国名を、次からそれぞれ選びましょう。

Ⓐ（　　）　Ⓑ（　　）　Ⓒ（　　）　Ⓓ（　　）

㋐ 中華人民共和国　　㋑ 大韓民国

㋒ ロシア連邦　　㋓ 朝鮮民主主義人民共和国

2 次の問いに答えましょう。

(1) 次の文の（　　）にあてはまる言葉を書きましょう。

●その国のもつ、陸地と陸地に囲まれた湖や川などを合わせて、①（　　　　）という。海岸から12海里までの海は②（　　　　）、①と②の上空は③（　　　　）とよばれ、許可なくほかの国のはん囲に入ってはいけない。

(2) 日本の排他的経済水域は、沿岸から何海里までですか。（　　　　）海里

(3) 右の**地図**の▇の島々を合わせて何といいますか。（　　　　）

(4) 次の文の｛　｝にあてはまる言葉に○を書きましょう。

●**地図**のⒶの①｛ 択捉島　国後島 ｝や、Ⓑの②｛ 尖閣諸島　歯舞群島 ｝などは、現在、③｛ 韓国　ロシア連邦 ｝が占領している。

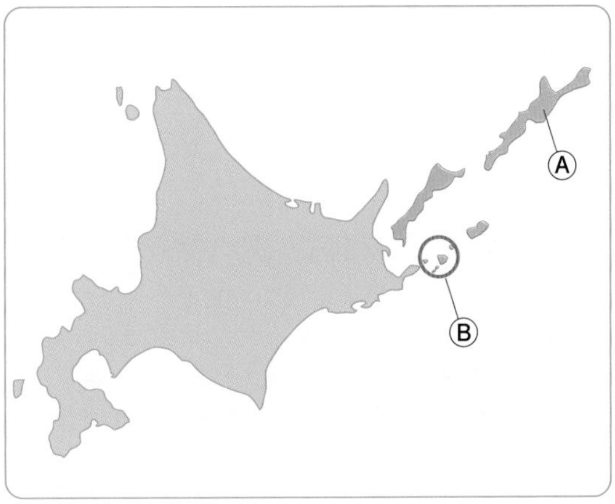

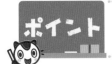

ポイント 日本は海に囲まれた島国で、韓国や中国に近い。

まとめのテスト

1　世界の中の国土

時間20分

勉強した日　月　日

得点　/100点

教科書 ㊤ 6〜15ページ　答え 2ページ

1 地図と地球儀 **次の図を見て、あとの問いに答えましょう。** 1つ4〔44点〕

[あ]地図

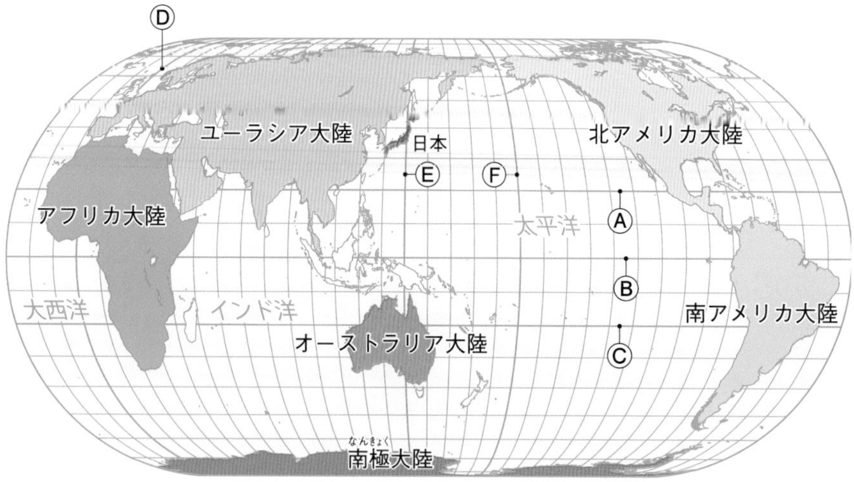

[い]地球儀

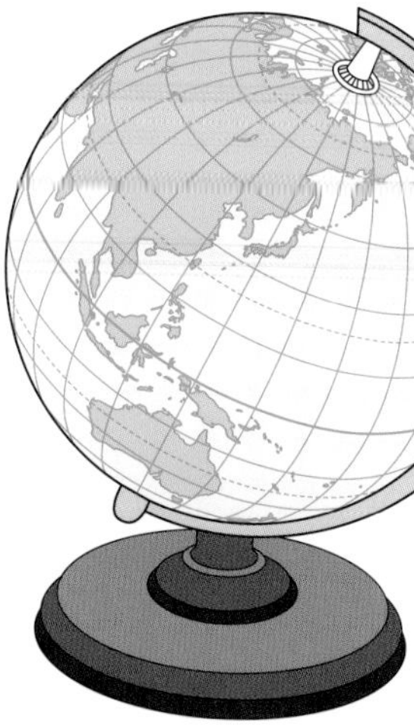

(1) 大陸と海洋について正しく説明している文を、次から2つ選びましょう。（　　）（　　）

㋐ アフリカ大陸は、太平洋とインド洋に面している。
㋑ 太平洋、大西洋、インド洋のすべてに面しているのは南極大陸だけである。
㋒ 日本はユーラシア大陸の東、太平洋の西にある。
㋓ 北アメリカ大陸と南アメリカ大陸は、つながっている。

思考 (2) 次の①〜③の場合、[あ]・[い]のどちらを使うとよいですか。それぞれ選びましょう。

① 2地点間のきょりを調べたい。（　　）
② 世界全体の海と陸の分布を一目で見たい。（　　）
③ 日本から見て、ブラジルがどの方位にあるか調べたい。（　　）

よく出る (3) 緯度と経度について、次の問いに答えましょう。

① 0度の緯線にあてはまるものを、[あ]のⒶ〜Ⓒから選びましょう。（　　）
② 緯度は南北それぞれ何度までありますか。（　　　　）度まで
③ 0度の経線にあてはまるものを、[あ]のⒹ〜Ⓕから選びましょう。（　　）
④ 経度は東西それぞれ何度までありますか。（　　　　）度まで

(4) 右の①・②の**写真**は、世界のどの大陸にある国の様子ですか。あてはまる大陸を、[あ]からそれぞれ選びましょう。

①（　　　　）大陸
②（　　　　）大陸

①
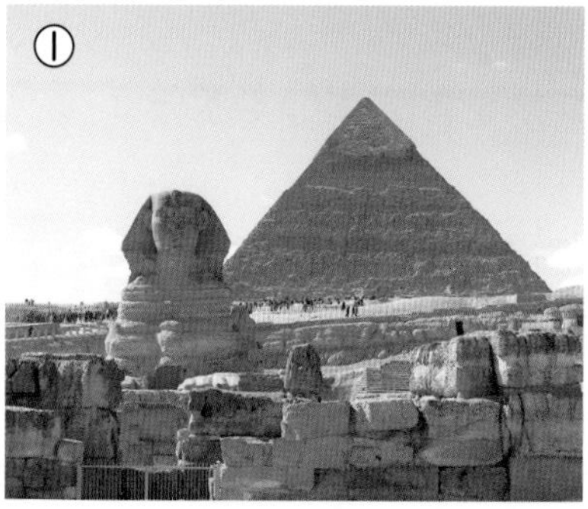

②
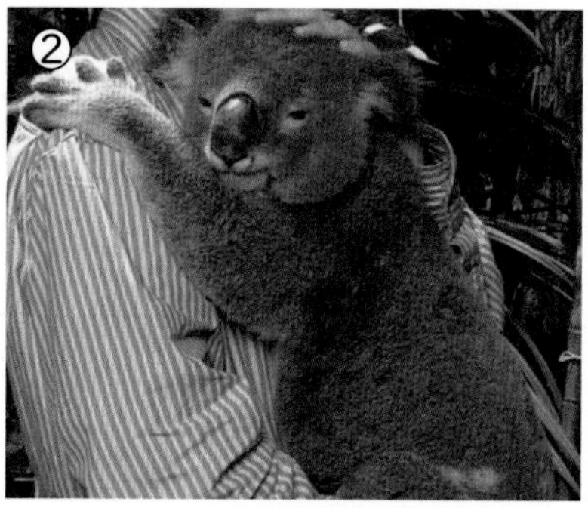

2 世界の国 次の⒜〜ⓒの国旗は、世界のどの国のものですか。その国の位置を、地図の㋐〜㋔からそれぞれ選びましょう。

1つ4〔12点〕

⒜（　　　）　⒝（　　　）　ⓒ（　　　）

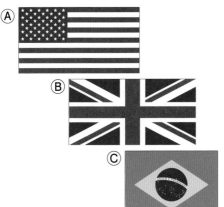

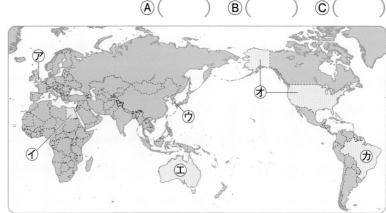

3 日本の位置とはん囲 右の地図を見て、次の問いに答えましょう。

1つ4〔44点〕

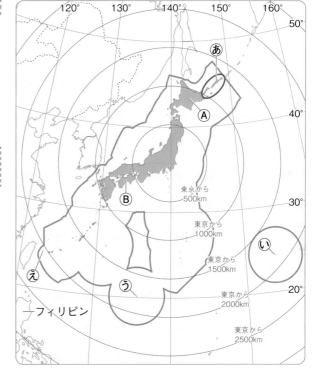

(1) 次の文の（　）にあてはまる言葉を、▭▭▭から選びましょう。

●日本のはん囲を緯度と経度で表すと、

①（　　　　　　　）20度から46度、

②（　　　　　　　）122度から154度の間にある。

┌─────────────────────┐
│ 北緯　　南緯　　西経　　東経 │
└─────────────────────┘

(2) 日本の領土である4つの大きな島のうち、⒜、⒝の島を何といいますか。

⒜（　　　　　　）　⒝（　　　　　　）

(3) ◯で示した北方領土にふくまれる島を、次から2つ選びましょう。（　　）（　　）

㋐ 与那国島　　㋑ 国後島
㋒ 尖閣諸島　　㋓ 竹島
㋔ 色丹島

(4) 右の**写真**の島は、まわりをコンクリートブロックで囲み、しずまないようにしています。この島の位置を**地図**の㋐〜㋓から選びましょう。また、島の名前を書きましょう。

記号（　　）　島名（　　　　　　　）島

(5) 東京から、㋑や㋓の島までのきょりはどれくらいですか。次から選びましょう。（　　　　）

㋐ 約500km　　㋑ 約1000km　　㋒ 約2000km　　㋓ 約3000km

(6) ◯は、天然資源開発などの権利が認められたはん囲です。このはん囲を何といいますか。

（　　　　　　　　　　　　　）

(7) 日本から見たフィリピンの位置について、海洋名と方位を用いてかんたんに書きましょう。

（　　　　　　　　　　　　　　　　　　　　　　　）

勉強した日　　月　　日

2 国土の地形の特色

基本のワーク

学習の目標
日本の地形の特色、山脈や川、平野の名前を確かめましょう。

教科書 [上] 16〜21ページ　答え 2ページ

1 空から見た国土／国土のさまざまな地形

- 日本の国土の約**4分の3**は**山地**で、**平地**は少ない。
  - ◆①（　　　　　）…**山脈**、**高地**、**高原**、**丘陵**。
  - ◆②（　　　　　）…海に面した**平野**、山に囲まれた**盆地**、**台地**。
- **火山**が多い。③（　　　　　）すると地形が変化することがある。
- 海岸線…若狭湾のような入り組んだ海岸、九十九里浜のような砂浜が続く海岸がある。

火山
地下の溶岩などが噴き出してできた山。

2 日本の川や湖の特色／白地図にまとめる

日本と世界の主な川の長さとかたむき

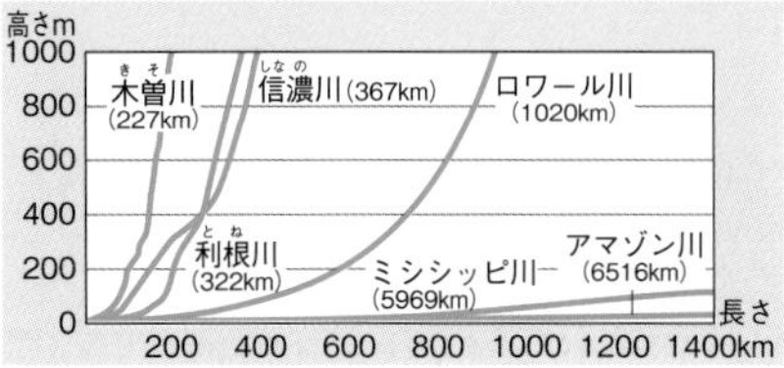

高さm
1000
800
600
400
200
0
木曽川(227km)
信濃川(367km)
ロワール川(1020km)
利根川(322km)
ミシシッピ川(5969km)
アマゾン川(6516km)
200 400 600 800 1000 1200 1400km
長さ

- 日本の川は外国の川に比べ、長さが④（　　　　　）く、流れが⑤（　　　　　）。
  - ◆小さな川が合流➡大きな川。
- 湖は平地にも山地にもある。
  - ◆最大の湖は⑥（　　　　　）。

日本と世界の主な湖の面積

日本	琵琶湖（滋賀県）	669.3㎢
	霞ヶ浦（茨城県）	168.2㎢
世界	カスピ海	374000.0㎢

（理科年表 2023）

よみトク！ 地図

- 高い山脈がせぼねのように連なる。
- 平野には川が流れている。

日本の主な地形

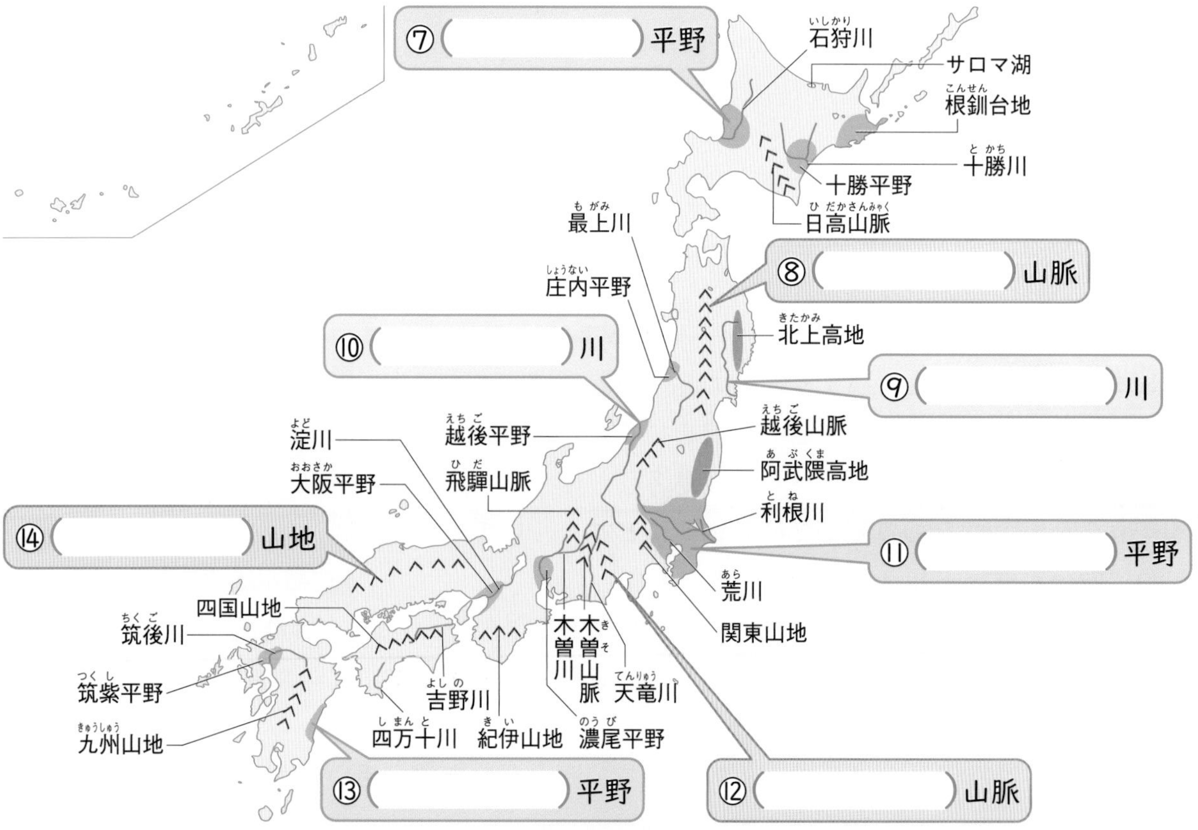

⑦（　　　　　）平野
石狩川
サロマ湖
根釧台地
十勝川
十勝平野
日高山脈
最上川
⑧（　　　　　）山脈
庄内平野
北上高地
⑩（　　　　　）川
⑨（　　　　　）川
越後平野
越後山脈
淀川
大阪平野
飛驒山脈
阿武隈高地
利根川
⑭（　　　　　）山地
⑪（　　　　　）平野
荒川
四国山地
筑後川
関東山地
木曽川
木曽山脈
筑紫平野
吉野川
天竜川
九州山地
四万十川
紀伊山地
濃尾平野
⑬（　　　　　）平野
⑫（　　　　　）山脈

しゃかいか工場　日本で一番長い川は信濃川で367km。世界で一番長い川はナイル川で6695km。ナイル川は日本列島の南北の長さの約２倍もあるよ。

1 次の問いに答えましょう。

(1) 日本の国土にしめる山地のわりあいを、次から選びましょう。　　　　　　　　（　　　）

　㋐　約4分の1　　　㋑　約3分の1　　　㋒　約半分　　　㋓　約4分の3

(2) 次の**表**の（　）にあてはまる地形の名前を、右の**図**から選びましょう。

山地	①（　　　）	連続して細長く連なっている山地
	高地	山がはば広く連なる山地
	高原	標高は高いが、平らに広がる土地
	丘陵	あまり高くなく、小さな山が続く
平地	②（　　　）	海に面している平地
	③（　　　）	山に囲まれている平地
	台地	平地の中でまわりより高くて平ら

(3) 右の**図**の①・②にあてはまる海岸線のようすを、次からそれぞれ選びましょう。

　　　　　　　　　　　　　　　　①（　　　）②（　　　）

　㋐　砂浜が続いている。　　　㋑　入り組んでいる。

① 福井県若狭湾
② 千葉県九十九里浜

2 右の地図を見て、次の問いに答えましょう。

(1) Ⓐ〜Ⓕにあてはまる地名を、［　］から選びましょう。

　　　　　Ⓐ（　　　）台地
　　　　　Ⓑ（　　　）山脈
　　　　　Ⓒ（　　　）川
　　　　　Ⓓ（　　　）平野
　　　　　Ⓔ（　　　）山地
　　　　　Ⓕ（　　　）川

| 濃尾 | 利根 | 根釧 |
| 筑後 | 奥羽 | 紀伊 |

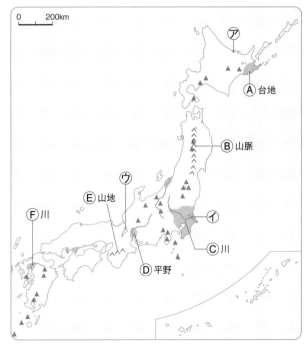

Ⓐ台地
Ⓑ山脈
Ⓔ山地
Ⓕ川
Ⓒ川
Ⓓ平野

(2) ▲は、地下の溶岩などが噴き出してできた山です。このような山を何といいますか。

　　　　　　　（　　　　　　　　）

(3) 次の①〜③の湖の位置を、**地図**の㋐〜㋒からそれぞれ選びましょう。

① 琵琶湖（　　　）　② 霞ヶ浦（　　　）　③ サロマ湖（　　　）

ポイント　日本は山がちで、大きな川の河口に平野が広がっている。

9

勉強した日 月 日

◆3 低い土地のくらし

基本のワーク

学習の目標
低い土地の様子を見て、そこでくらす人々のくふうを考えましょう。

教科書 [上] 22〜31ページ　答え 2ページ

「3 高い土地のくらし」(12〜13ページ)のどちらかを選んで学習しましょう。

1 堤防に囲まれた土地／水害とたたかってきた人々

①(　　　　　　)県**海津市**…**木曽川**、②(　　　　　　)川、**揖斐川**の大きな３つの川にはさまれた低い土地がある。

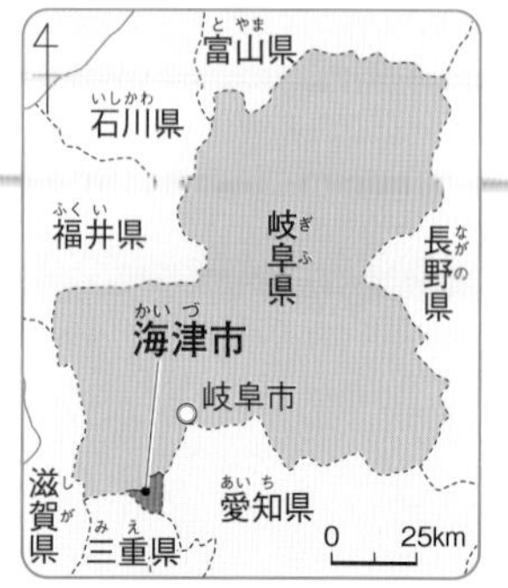

よみトク！資料

●土地の多くが海面より③(　　　　　　)。
➡こう水が起きやすい。

④(　　　　　　)に囲まれた「**輪中**」

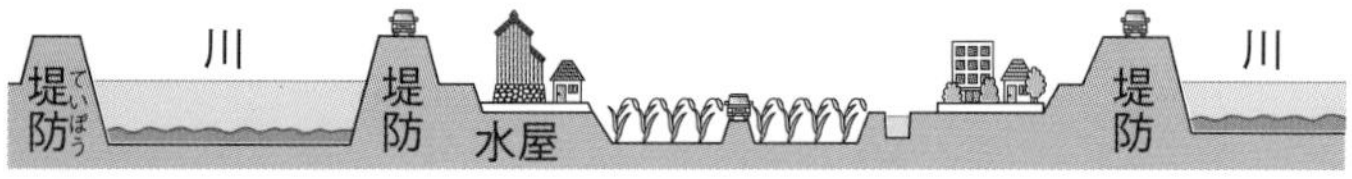

水屋

●⑤(　　　　　　)からくらしを守るくふう
◆少しでも高い場所に家を建てた。
◆ひなん場所として、家よりも高く石垣を組んで⑥(　　　　　　)を建てた。

治水は水の流れを改良して水害を防ぎ、水をくらしに役立てることだよ。

●**治水**の取り組み
◆大型の⑦(　　　　　　)をつくる➡内側にたまった水を外に出す。
◆市と市民が協力し**水防演習**を行い、水防倉庫を備える。

排水機場

輪中の歴史

江戸時代	薩摩(今の**鹿児島県**)の武士たちが、千本松原をつくった。
明治時代	**オランダ**の技師**ヨハネス・デレーケ**が入り組んだ川の流れを調査し、大規模な工事を行った。

2 豊かな水を生かした農業／水を活かした生活／ノートにまとめる

●水が豊かなので昔から**稲作**を行う。
◆昔は沼のような田。水路が入り組み、⑧(　　　　　　)が十分できない。
●田の広さや⑨(　　　　　　)を整え、水路をうめ立てた。
➡農作業に⑩(　　　　　　)を使えるようになり、⑪(　　　　　　)がよりいっそうさかんになった。
●排水機場ができて水はけがよくなる➡麦類や大豆、果物、野菜も生産。
◆いらない水を排水できるので、大雨がふっても水がたまらない。
●**揚水機場**と**パイプライン**を整備する。
➡⑫(　　　　　　)を必要なとき必要なだけ利用できる。
●**河川じき**の利用…となり合う⑬(　　　　　　)県や三重県とともに、自然を生かした施設をつくる。
●輪中内の池や川…海津市では、ヨットの練習場やつりの施設などに利用。
◆寒ぶななどの川魚を使った料理や観光もさかん。

パイプライン
揚水機場でくみ上げた水を、地下のパイプで田畑に送り、余ると排水路に流すしくみ。

河川じき
治水工事でできた川の岸辺の平らな土地。ふだんは水が流れていない。

しゃかい工場
海津から遠い薩摩の武士たちは苦労のすえ、たくさんのぎせい者を出して工事を行ったよ。千本松原の松はこのとき九州からとりよせたんだ。

練習のワーク

できた数

／14問中

教科書 ㊤ 22〜31ページ 　答え 2ページ

1 右の図を見て、次の問いに答えましょう。

(1) Ⓐ・Ⓑの川の名前を、[ ]から選びましょう。

Ⓐ（ 　　　 ）川

Ⓑ（ 　　　 ）川

　　　揖斐（いび）　利根（とね）
　　　信濃（しなの）　木曽（きそ）

(2) ⓐの堤防（ていぼう）に囲（かこ）まれた土地を何といいますか。 （ 　　　 ）

(3) ⓘの白い部分のうち、海面の高さ（0 m）よりも低いところに赤色をぬりましょう。

(4) ⓘの川の岸辺には、ふだんは水がない平らな土地が広がっています。これを何といいますか。 （ 　　　 ）

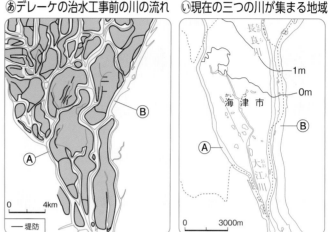

ⓐデレーケの治水工事前の川の流れ

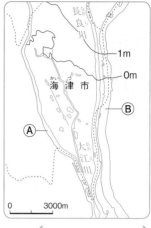

ⓘ現在の三つの川が集まる地域

2 右のグラフを見て、次の問いに答えましょう。

(1) ⓐの――線のように、川の流れを整理し、水害（ふせ）を防ぐことを何といいますか。 （ 　　　 ）

(2) 岐阜県海津市（ぎふ）（かいづ）の水害（すいがい）に備（そな）えるくふうを、次から2つ選びましょう。 （ 　 ）（ 　 ）

　㋐ 家を少しでも高い土地に建てた。

　㋑ 水屋を家より低いところに建てた。

　㋒ 大型の排水機場（はいすい）（きじょう）をつくった。

　㋓ ヨットの練習場をつくった。

(3) 岐阜県海津市の治水の歴史（れきし）について、次の文の｛ ｝にあてはまる言葉に○を書きましょう。

　● 江戸（えど）時代には今の①｛ 鹿児島県（かごしま）　三重県（みえ） ｝の武士たちが千本松原（せんぼんまつばら）をつくり、2本の川の流れを分けた。

　● 明治（めいじ）時代には、②｛ イギリス　オランダ ｝の技師（ぎし）デレーケが、大規模（だいきぼ）な工事を行って、輪中を80から30ほどにまとめた。

(4) ⓘを見て、海津市で最も作付面積が大きい農産物を書きましょう。 （ 　　　 ）

(5) (4)以外（いがい）に多くつくられている農産物を、次から2つ選びましょう。 （ 　 ）（ 　 ）

　㋐ 牧草　　㋑ 大豆　　㋒ 茶　　㋓ 麦類

(6) 海津市には、田畑で必要なとき必要なだけ水を利用できるように、地下にパイプがはりめぐらされています。これを何といいますか。 （ 　　　 ）

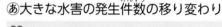

ⓐ大きな水害の発生件数（けんすう）の移り変わり

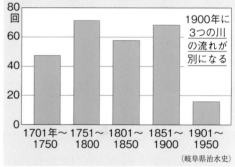

1900年に3つの川の流れが別になる

（岐阜県治水史）

ⓘ海津市の主な農産物の作付面積

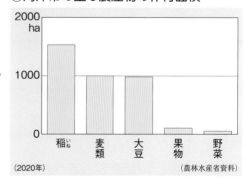

稲（いね）　麦類　大豆　果物　野菜

（2020年） （農林水産省資料）

ポイント 水害を防ぐため、輪中では堤防や排水機場がつくられた。

勉強した日 月 日

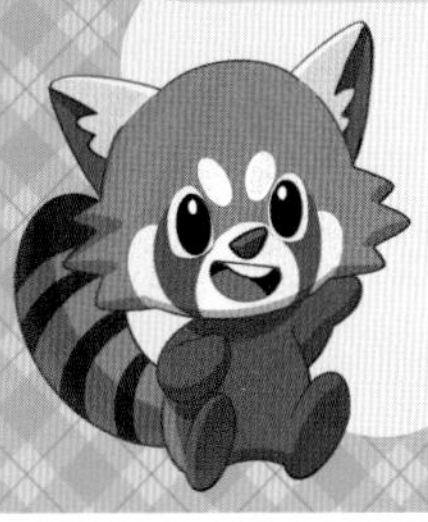

◆3 高い土地のくらし

基本のワーク

学習の目標
高い土地の様子を見て、そこでくらす人々のくふうを考えましょう。

教科書 ㊤ 32〜39ページ　答え 3ページ

「3 低い土地のくらし」（10 〜 11ページ）のどちらかを選んで学習しましょう。

1 山のすそ野に広がる高原

①（　　　　　）**県嬬恋村**…山に囲まれた**高原**。

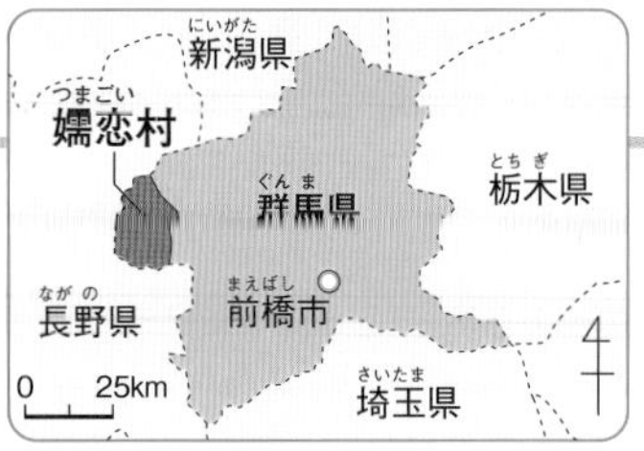

新潟県
嬬恋村
群馬県
栃木県
長野県
前橋市
0 25km
埼玉県

よみトク！資料

- 1000mをこえる高い土地。
- ②（　　　　　）が噴火したときに、溶岩や火山灰が積もってできた、栄養分が少ないやせた土地が多い。
  - ◆もともとは農業に適さない土地。
- 今は③（　　　　　）畑が広がる。
- 1年中気温が④（　　　　　）。

嬬恋村の土地利用

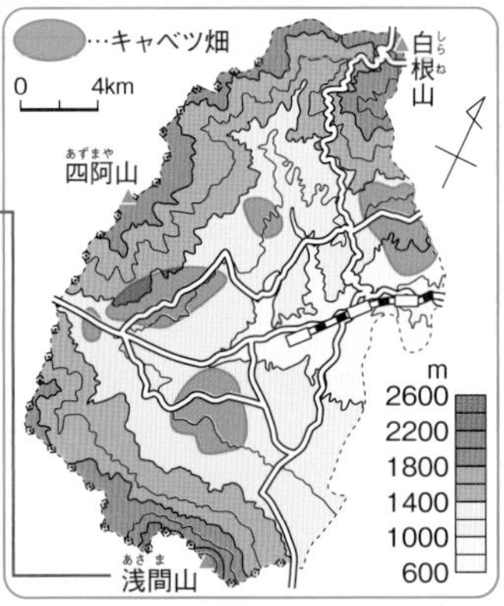

…キャベツ畑
0 4km
白根山
四阿山
浅間山
m
2600
2200
1800
1400
1000
600

月別平均気温

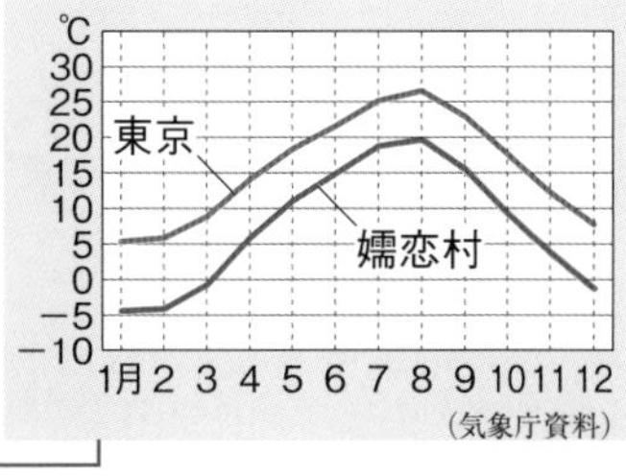

℃
30
25
20
15
10
5
0
−5
−10
東京
嬬恋村
1月 2 3 4 5 6 7 8 9 10 11 12
（気象庁資料）

2 あれ地を耕し広い畑に／夏に新鮮なキャベツをとどける

- 1933年ごろ国道ができ、⑤（　　　　　）が便利になった。
- **高原野菜**のさいばい…夏の⑥（　　　　　）**気候**を生かし、キャベツ、レタス、はくさいなどを生産する。
- さいばいのくふう
  - ◆高原では春の野菜を⑦（　　　　　）**さいばい**、冬の野菜を⑧（　　　　　）**さいばい**して、夏から秋に収穫する。ほかの産地の生産が少ないので、よりよい価格で売れる。
  - ◆長期間収穫できるよう、時期をずらして何回か種まきをする。

促成さいばい・抑制さいばい
ふつうよりも収穫時期を早めることを促成さいばい、おそくすることを抑制さいばいという。

嬬恋村のキャベツごよみ

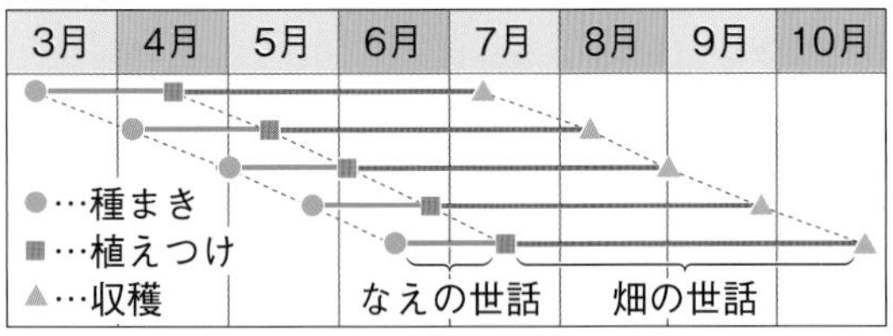

3月
4月
5月
6月
7月
8月
9月
10月
●…種まき
■…植えつけ
▲…収穫
なえの世話
畑の世話

- ●⑨（　　　　　）…なえをつくる。
- 土づくり…たい肥を混ぜる。
- ■⑩（　　　　　）…なえを畑に植える。
- ▲収穫…手作業で行う。

- 新鮮さを保つ出荷のくふう
  - ◆明け方から収穫し、箱づめする。
  - ◆⑪（　　　　　）**庫**で一度冷やす。
  - ◆⑫（　　　　　）**輸送車**で全国に運ぶ。

予冷庫

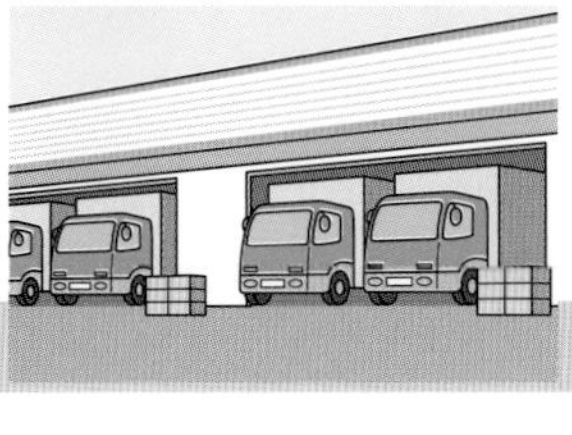

低温輸送車

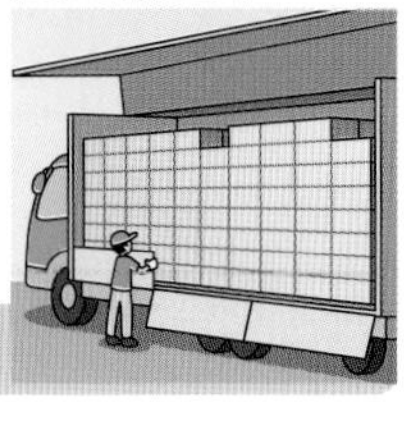

3 自然のめぐみを生かす／ノートにまとめる

- 夏…スポーツ合宿や別荘など。
- 冬…スキー、スノーボード、スケートなど。

➡ 多くの村人が、高い土地ならではの⑬（　　　　　）業で働いている。

しゃかいか工場　浅間山は今でもときどき噴火して、白いけむりが上がっているのが見えるよ。近くには温泉がたくさんあるから、冬でも観光客が多いんだ。

練習のワーク

1 右の図を見て、次の問いに答えましょう。

(1) ㋐を見ると、嬬恋村の夏の平均気温は、東京にくらべてどれくらい低いですか。次から選びましょう。　（　　　）

　㋐　約7℃　　㋑　約14℃　　㋒　約21℃

(2) ㋑の嬬恋村のような地形を何といいますか。
　　　　　　　　　　　　　　　　　（　　　　　）

(3) ㋑を見ると、キャベツ畑は、どれくらいの標高の土地に広がっていますか。次から選びましょう。　（　　　）

　㋐　1000m以下　　㋑　1000〜1400m　　㋒　1400〜1800m

(4) 次の文の（　　）にあてはまる言葉を書きましょう。
　●嬬恋村の大部分は、浅間山の噴火による溶岩や①（　　　　　　　　）が積もってできた土地で、栄養分が②（　　　　　　　　）。

㋐月別平均気温

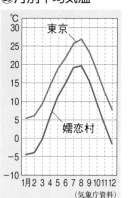

気温
°C
30
25
20　東京
15
10
5
0
−5　嬬恋村
−10
1月2 3 4 5 6 7 8 9 10 11 12
（気象庁資料）

㋑嬬恋村の土地利用

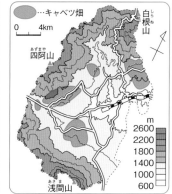

　…キャベツ畑
0　4km
白根山
四阿山
浅間山
m
2600
2200
1800
1400
1000
600

2 右のグラフを見て、次の問いに答えましょう。

(1) 次の文中の｛　　｝にあてはまる言葉に○を書きましょう。
　●嬬恋村では①｛ 夏すずしい　冬寒い ｝気候を利用してキャベツをさいばいし、②｛ 11〜3月　7〜10月 ｝に多く出荷している。この時期は、ほかの産地からの出荷が③｛ 多い　少ない ｝ので、高く売れる。

(2) レタスやキャベツ、はくさいのように、高原の地形や気候を生かしてさいばいされる野菜をまとめて何といいますか。　（　　　　　）

(3) 土を元気にするため、土に混ぜるものは何ですか。　（　　　　　）

(4) キャベツは、時期をずらして何回か種まきをします。この理由を、次から選びましょう。　（　　　）

　㋐　新鮮なキャベツをとどけるため。　　㋑　土地がやせているため。
　㋒　長い間収穫できるようにするため。

季節ごとのキャベツの産地

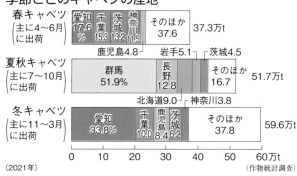

春キャベツ（主に4〜6月に出荷）　愛知17.6% 千葉15.3 茨城13.2 神奈川11.5 そのほか37.6　37.3t
　鹿児島4.8
夏秋キャベツ（主に7〜10月に出荷）　群馬51.9% 長野12.8 そのほか16.7　51.7万t
　岩手5.1　茨城4.5
　北海道9.0　神奈川3.8
冬キャベツ（主に11〜3月に出荷）　愛知33.8% 千葉10.0 鹿児島8.4 茨城6.2 そのほか37.8　59.6万t
0 10 20 30 40 50 60万t
（2021年）　（作物統計調査）

3 嬬恋村の観光業で冬の気候を生かして行われていることを、次からすべて選びましょう。
　　　　　　　　　　　　　　　　（　　　　　）

　㋐　スケート　　㋑　スポーツ合宿　　㋒　スキー　　㋓　スノーボード

ポイント　嬬恋村では夏のすずしい気候を利用してキャベツを生産する。

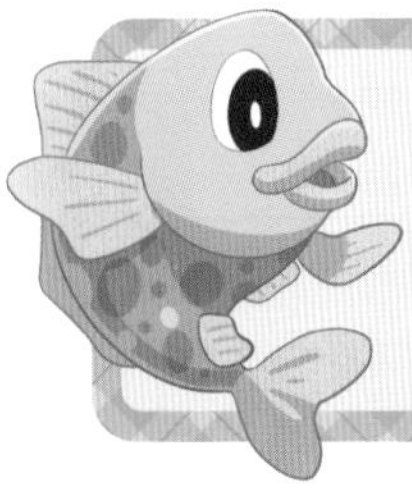

まとめのテスト

2 国土の地形の特色
◆3 低い土地のくらし／高い土地のくらし

勉強した日 月 日

時間 20分

得点 /100点

教科書 [上] 16〜39ページ　答え 3ページ

1 国土の地形の特色 **右の図を見て、次の問いに答えましょう。** 1つ4〔16点〕

(1) [あ]の㋐・㋑のうち、平地を示(しめ)しているものを選びましょう。

（　　）

(2) 日本の国土について正しいものを、次から２つ選びましょう。

（　　）（　　）

㋐ 中央にはせぼねのように山脈(さんみゃく)が連なっている。

㋑ 海ぞいの平地には台地と盆地(ぼんち)がある。

㋒ 平野には必ず川が流れている。

㋓ 湖は山地にしかない。

[記述] (3) [い]を見て、外国の川と比(くら)べた日本の川の特色を、**長さ**、**流れ**の言葉を使って、かんたんに書きましょう。

（　　　　　　　　　　　　）

[あ]国土の地形のわりあい

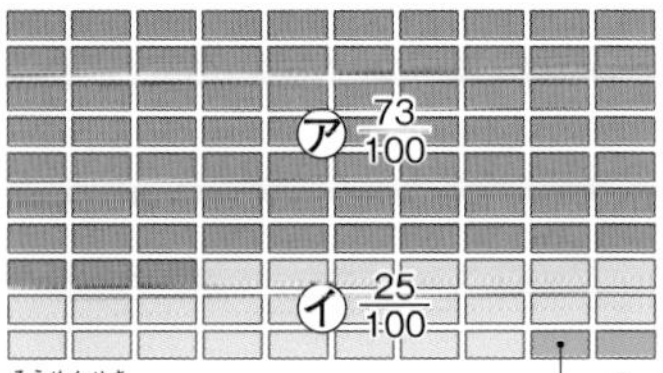
㋐ 73/100
㋑ 25/100
総面積(そうめんせき)37.8万km²
川・湖 2/100
(2023年)
(日本統計年鑑)

[い]日本と世界の主な川の長さとかたむき

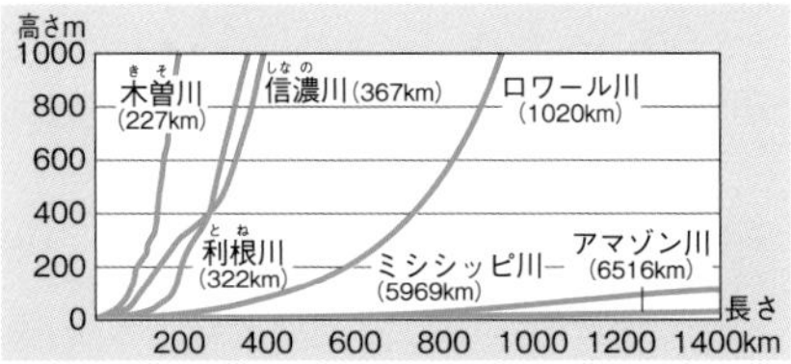
高さm
1000
800
600
400
200
0
木曽(きそ)川 (227km)
信濃(しなの)川(367km)
ロワール川 (1020km)
利根(とね)川 (322km)
ミシシッピ川 (5969km)
アマゾン川 (6516km)
長さ
200 400 600 800 1000 1200 1400km

2 さまざまな地形 **右の地図を見て、次の問いに答えましょう。** 1つ4〔60点〕

(1) 次の地形を、右の**地図**の㋐〜㋙から選びましょう。

① 飛驒(ひだ)山脈（　　）　② 関東(かんとう)山地（　　）

③ 最上(もがみ)川（　　）　④ 木曽(きそ)川（　　）

⑤ 淀(よど)川（　　）　⑥ 十勝(とかち)平野（　　）

⑦ 筑紫(つくし)平野（　　）

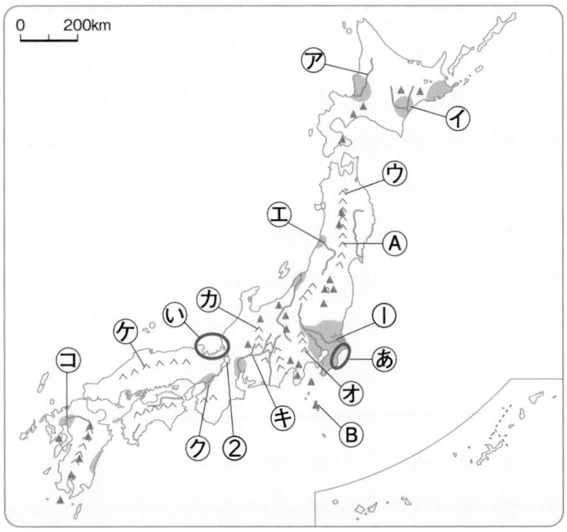
0 200km
㋐
㋑
㋒
㋓
Ⓐ
㋕
[い]
㋘
①
[あ]
㋙
㋔
㋖
Ⓑ
㋗
②

(2) **地図**の①・②の湖の名前を、次からそれぞれ選びましょう。

①（　　）　②（　　）

㋐ 琵琶(びわ)湖　㋑ カスピ海

㋒ 霞ケ浦(かすみがうら)　㋓ サロマ湖

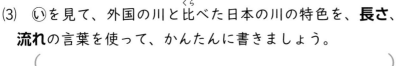

(3) 次の文の（　）にあてはまる言葉を、[　]から選びましょう。

●**地図**の▲は、①（　　　）の分布を示している。①は、Ⓐのような②（　　　）やⒷのような③（　　　）に多く見られる。①が④（　　　）すると、地形が変わることもある。

島	火山
山地	噴火(ふんか)

(4) **地図**の[あ]・[い]で見られる海岸の様子を、次からそれぞれ選びましょう。

[あ]（　　）　[い]（　　）

㋐

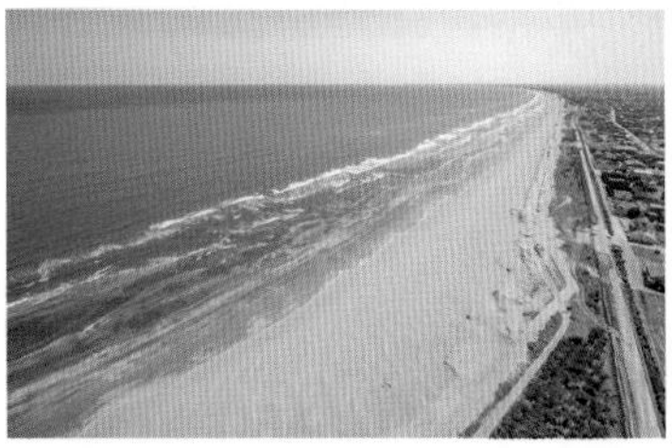

㋑

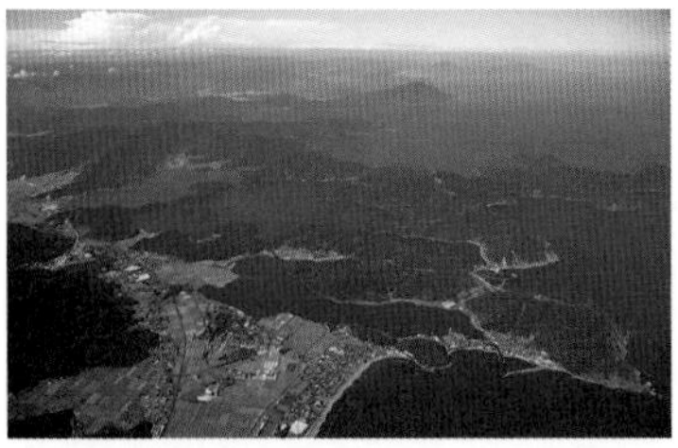

次の問題は、Ⓐ、Ⓑのどちらか1問を選んで答えましょう。

[3] Ⓐ低い土地のくらし　右の資料を見て、次の問いに答えましょう。

(4)完答、1つ4〔24点〕

あ海津市の堤防とまちの様子

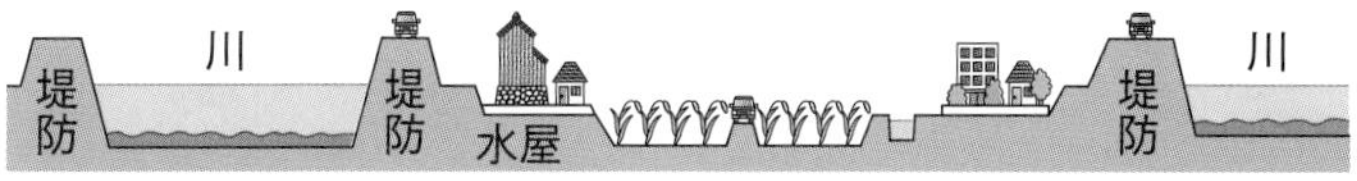

い大きな水害の発生件数の移り変わり

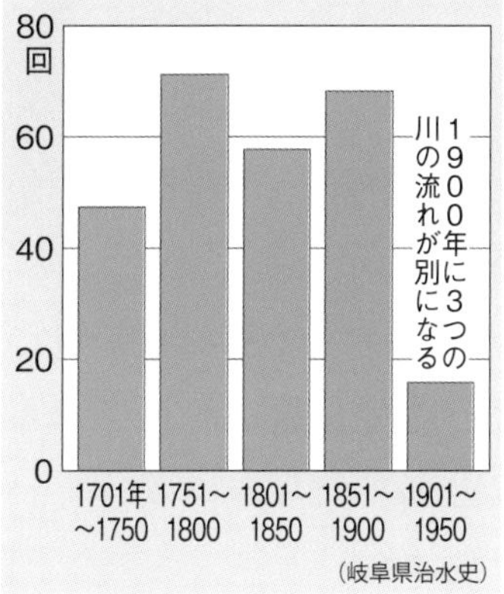

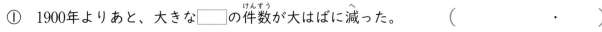

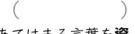

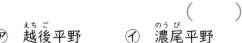

（岐阜県治水史）

う海津市の主な農産物の作付面積

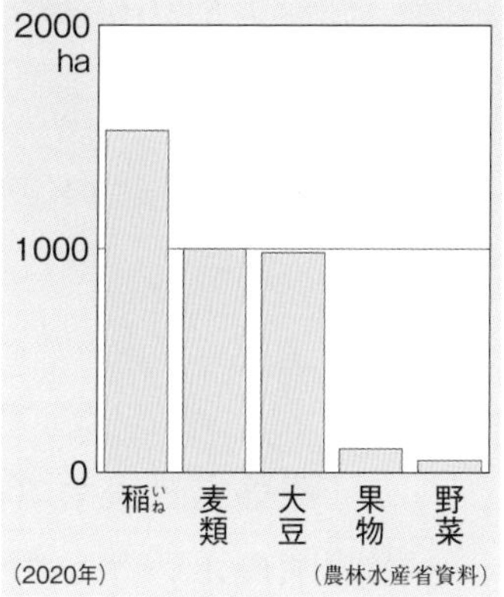

（2020年）　（農林水産省資料）

(1)　岐阜県海津市が位置している平野を、次から選びましょう。　(　　)

ア　越後平野　　イ　濃尾平野
ウ　大阪平野　　エ　庄内平野

(2)　あのような堤防に囲まれた土地を何といいますか。　(　　)

(3)　川の流れや水路を改良し、水をくらしや産業に利用できるようにすることを何といいますか。　(　　)

思考 (4)　次の文の□にあてはまる言葉を**資料**から書きましょう。また、その**資料**の記号を選びましょう。

①　1900年よりあと、大きな□の件数が大はばに減った。　(　　・　　)
②　海津市で最も作付面積が多い農産物は□である。　(　　・　　)
③　海津市では石垣の上に□を建てた。　(　　・　　)

[3] Ⓑ高い土地のくらし　次の資料を見て、あとの問いに答えましょう。

(4)完答、1つ4〔24点〕

あ嬬恋村と東京の月別平均気温

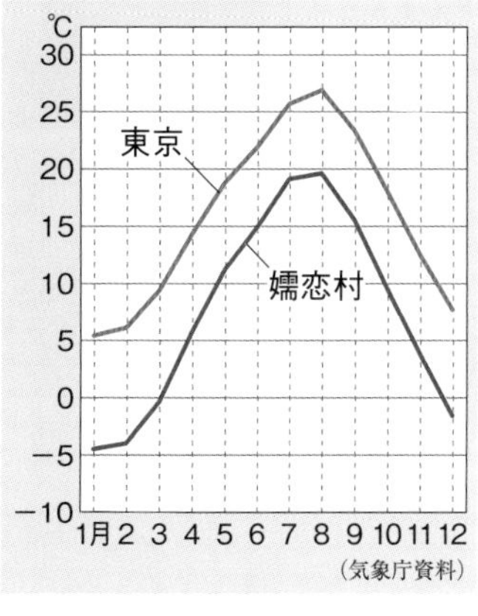

（気象庁資料）

い嬬恋村のキャベツの作付面積の変化

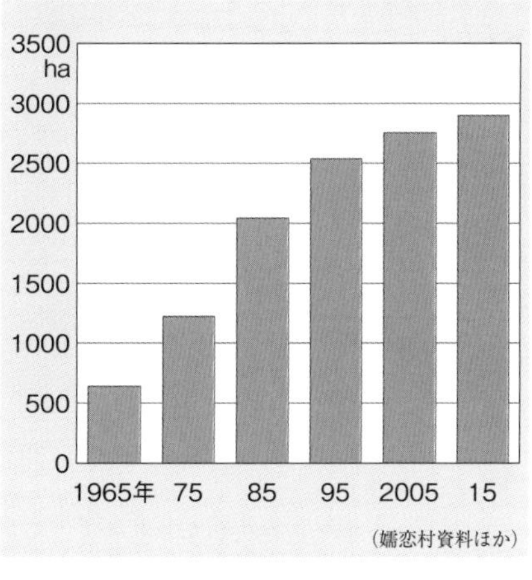

（嬬恋村資料ほか）

う嬬恋村をおとずれた観光客数

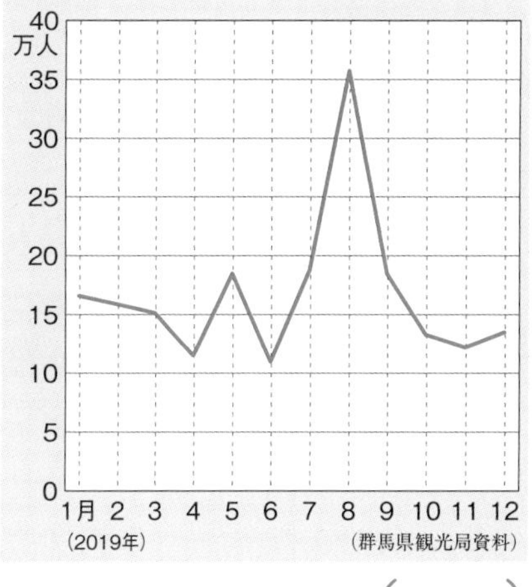

（2019年）　（群馬県観光局資料）

よく出る (1)　嬬恋村は何県にありますか。次から選びましょう。　(　　)

ア　長野県　　イ　群馬県　　ウ　新潟県　　エ　茨城県

(2)　キャベツのように、高い土地でつくられる野菜を何といいますか。　(　　)

(3)　ふつうよりも収穫時期をおそくするさいばい方法を何といいますか。　(　　)

思考 (4)　次の文の{　　}にあてはまる言葉に○を書き、それがわかる**資料**の記号を選びましょう。

①　嬬恋村は{ 夏より冬　冬より夏 }のほうが、観光客が多い。　(　　)
②　嬬恋村は、東京より1年を通して平均気温が{ 低い　高い }。　(　　)
③　嬬恋村のキャベツの作付面積は、1965年からの50年間で約{ 3倍　5倍 }に増えた。　(　　)

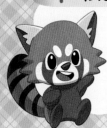

勉強した日　　月　　日

4 国土の気候の特色

基本のワーク

学習の目標 日本の気候の特色と、各地の気候のちがいを確かめましょう。

教科書 [上] 42〜47ページ　答え 3ページ

1 四季の変化がある日本の気候／つゆと台風、季節風

沖縄(おきなわ)や九州(きゅうしゅう)、四国(しこく)地方は、特に台風の被害が多いよ！

●日本の**気候**の特色

◆春・夏・秋・冬の①（　　　　　）の変化が見られる。

◆**つゆ**と**台風**の時期に雨が多い。

■②（　　　　　）…6月中ごろから7月にかけ、雨の日が続く。

■③（　　　　　）…夏から秋にかけて日本にくる。

➡強風と大雨で被害(ひがい)をもたらす。

◆**季節風**のえいきょう…夏は④（　　　　　）の方位から、

冬は⑤（　　　　　）の方位からふく。

季節風
季節により、ふく方向が変わる風。

⑥（　　　　　）にふく季節風…太平洋(たいへいよう)側に雨

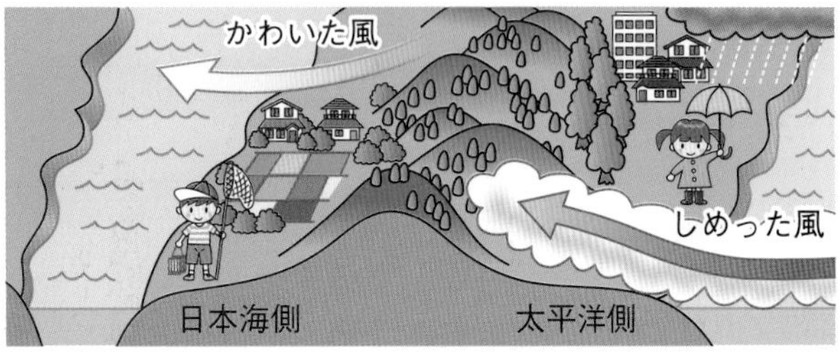
かわいた風
しめった風
日本海側
太平洋側

⑦（　　　　　）にふく季節風…日本海(にほんかい)側に雪

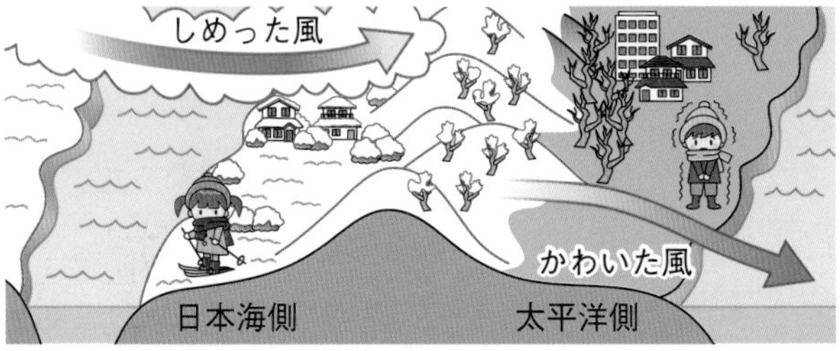
しめった風
かわいた風
日本海側
太平洋側

2 地域によってことなる気候／キーワードでまとめる

よみトク！地図

●日本列島は国土が南北に細長い。

◆北にある⑧（　　　　　）は**気温**が低い。

◆南にある⑨（　　　　　）は気温が高い。

●季節風と山地のえいきょうを受ける。

◆⑩（　　　　　）側は夏に**降水量**(こうすいりょう)が多く、

◆⑪（　　　　　）側は冬に降水量が多い。

◆内側の**中央高地**や**瀬戸内**(せとうち)は降水量が少ない。

●高い土地は⑫（　　　　　）が低い。

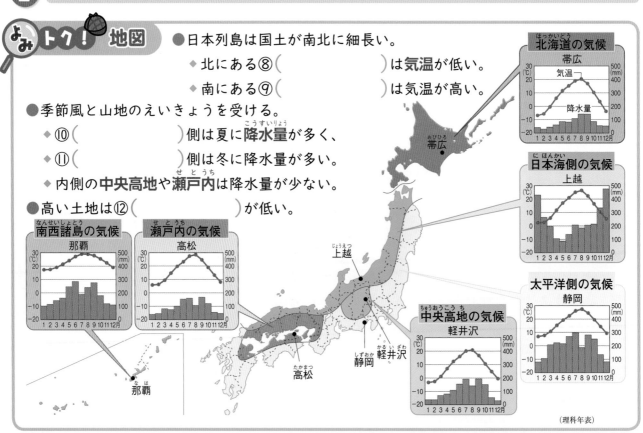

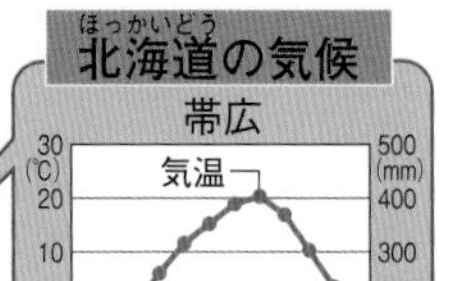
北海道(ほっかいどう)の気候
帯広
気温
降水量
(℃)
(mm)
1 2 3 4 5 6 7 8 9 10 11 12月

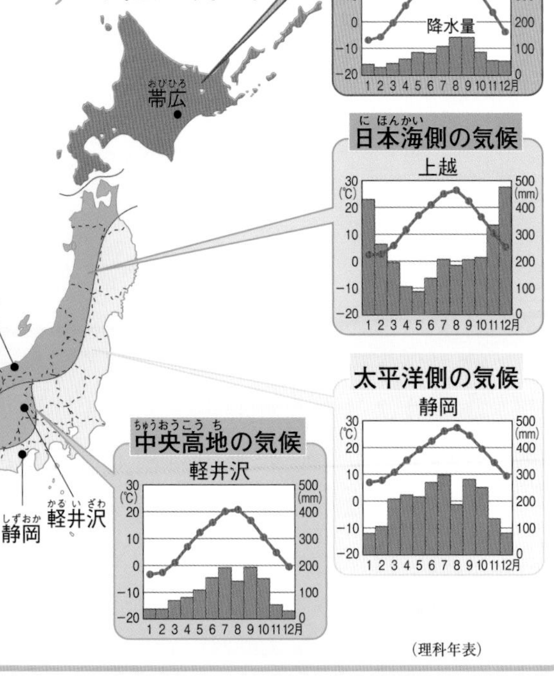
帯広(おびひろ)
日本海(にほんかい)側の気候
上越
太平洋側の気候
静岡
中央高地(ちゅうおうこうち)の気候
軽井沢
上越(じょうえつ)
静岡(しずおか)
軽井沢(かるいざわ)
1 2 3 4 5 6 7 8 9 10 11 12月

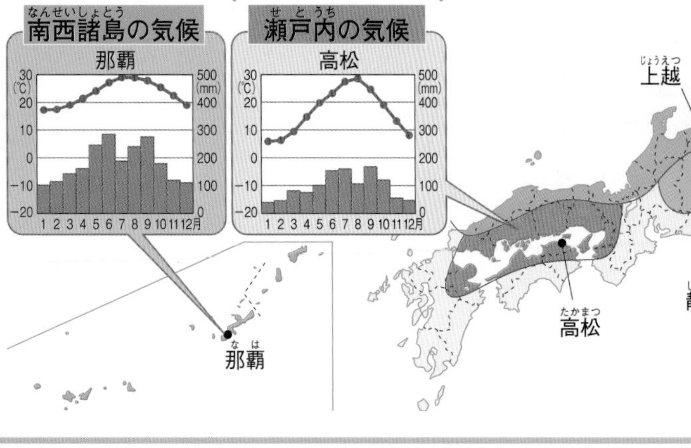
南西諸島(なんせいしょとう)の気候
那覇
瀬戸内(せとうち)の気候
高松
高松(たかまつ)
那覇(なは)
1 2 3 4 5 6 7 8 9 10 11 12月

（理科年表）

しゃかいか工場 陸地は海よりあたたまりやすく、冷えやすいよ。だから夏になると、大陸ではあたためられた空気が上昇(じょうしょう)し、海から空気が流れこむんだ。

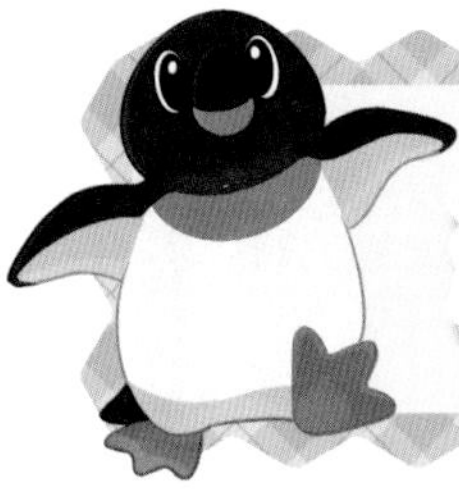

練習のワーク

教科書 [上] 42〜47ページ　答え 3ページ

できた数　／16問中

1 次の問いに答えましょう。

(1) 地域の天気、気温、風などの、長い年月の平均的な状態を何といいますか。
(　　　　　)

(2) 次の様子が見られる季節を、それぞれ漢字１字で書きましょう。
① 桜がさく。(　　)　② 木々が紅葉する。(　　)
③ 雪がふる。(　　)　④ 強い日ざしがふり注ぐ。(　　)

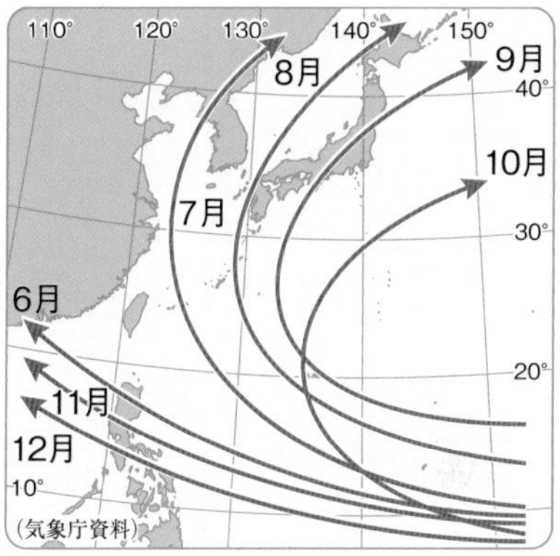

(3) 右の**図**の➡は何の進路を示していますか。
(　　　　　)

(4) (3)が多く日本にくる季節はいつからいつですか。
(　　　から　　　)

(5) (3)の被害を多く受ける地域を、次から３つ選びましょう。
(　　)(　　)(　　)

㋐ 沖縄　㋑ 北海道　㋒ 東北地方
㋓ 四国地方　㋔ 九州

2 日本の気候について、次の表にまとめました。あとの問いに答えましょう。

	地域	特ちょう
Ⓐ	北海道の気候	冬が長く、寒さがきびしい。降水量がほかの地域より少ない。
Ⓑ	(　　　　　)の気候	夏の気温はⒸと同じくらい。冬に雪が多くふる。
Ⓒ	太平洋側の気候	気温が高く、あたたかい。夏から秋に雨が多い。
Ⓓ	(　　　　　)の気候	夏と冬の気温差が大きい。1年を通じて降水量が少ない。
Ⓔ	(　　　　　)の気候	Ⓒの気候に似ているが、降水量がやや少ない。
Ⓕ	(　　　　　)の気候	気温が高く、雨が多い。冬もあたたかい。

気候のちがい

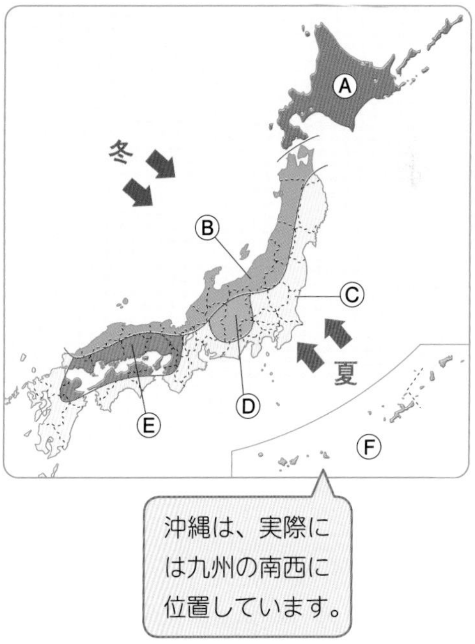

沖縄は、実際には九州の南西に位置しています。

(1) **表**の(　)にあてはまる気候の名前を書きましょう。

(2) ６月中ごろから７月にかけて雨がふり続く現象を何といいますか。
(　　　　　)

(3) **地図**の➡、➡のように、季節によってふく向きが変わる風を何といいますか。
(　　　　　)

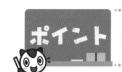

ポイント **日本の気候は季節風のえいきょうを受け、四季がある。**

勉強した日 月 日

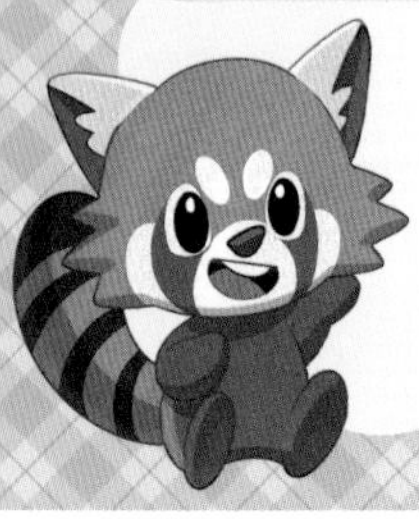

◆5 あたたかい土地のくらし

学習の目標
あたたかい気候を生かしたくらしのくふうをつかみましょう。

基本のワーク

教科書 [上] 48〜55ページ　答え 3ページ

「5 寒い土地のくらし」(20〜21ページ) のどちらかを選んで学習しましょう。

1 沖縄県の家やくらしのくふう

台風
太平洋の赤道付近で生まれ、勢力を強めて沖縄県にやってくる。

沖縄県の気候…１年を通じてあたたかい。
●日本で最も多く①(　　　　)が通る。
●山が少なく、川も短いので、②(　　　　)になりやすい。

よみトク! 資料

伝統的な家のくふう
●台風に備える。
●暑さと湿気を防ぐ。
◆戸を広くとり、風通しをよくする。

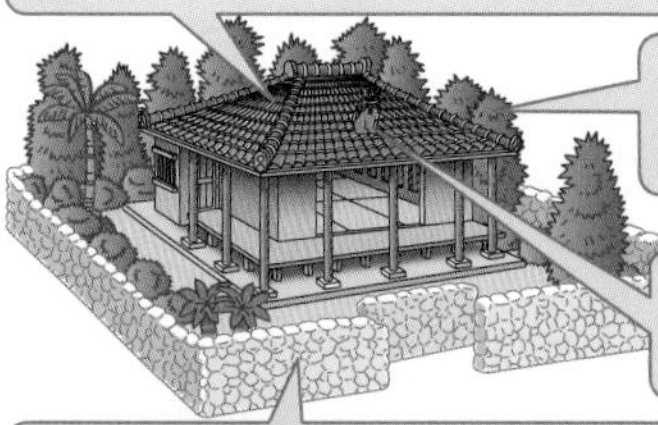

③(　　　　)でとめたかわら
ふくぎ(防風林)
シーサー(守り神)
さんごの④(　　　　)

現在の家のくふう
●**水不足**に備える

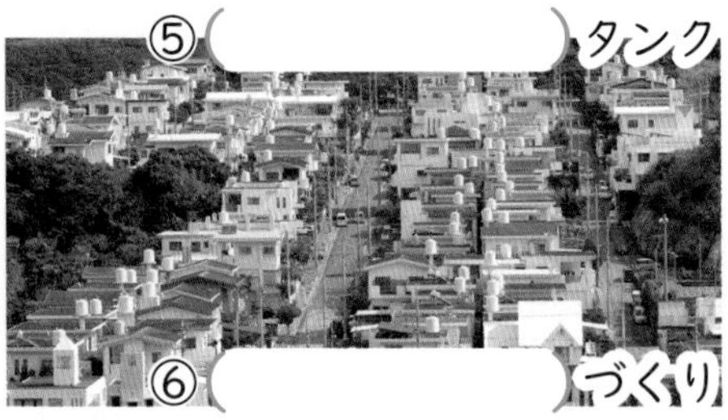

⑤(　　　　)タンク
⑥(　　　　)づくり

2 あたたかい気候に合った農業

●⑦(　　　　)づくり…沖縄県で最も生産が多い。
◆日差しに強く、高い温度や湿度を好む。砂糖の原料。
◆台風への備え➡くきを束ねる。台風に強い品種を植える。
●果物づくり…⑧(　　　　)や**シークヮーサー**、**マンゴー**。
●**きく**づくり…ほかの産地の出荷が少ない12月や３月に出荷。
◆**電照ぎく**…ビニールハウスの中を、夜、⑨(　　　　)で照らし、開花時期を調整。

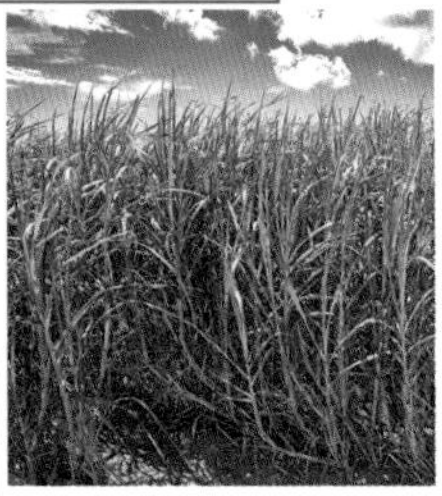
さとうきび

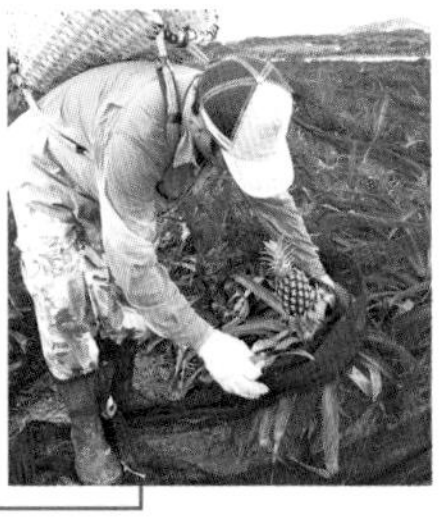
パイナップル

3 あたたかい気候を生かした観光と沖縄の課題／古くからの文化を守る／表にまとめてキャッチコピーをつくる

SDGs ●美しい自然や伝統文化を生かし、⑩(　　　　)**産業**がさかん。
◆**持続可能**な観光地づくりに取り組む。一方で、問題もある。
➡⑪(　　　　)の白化。海に赤土が流れこみ環境も悪化した。
◆冬にプロスポーツのチームがキャンプを行う。
●**アメリカ**の**軍用地**が残る…1945年、太平洋戦争の戦場となり、戦後⑫(　　　　)が占領➡1972年に日本に返されたあとも、沖縄島には広い軍用地が残る。
●独自の**文化**を守る…⑬(　　　　)には、約150年前まで王国があった。
◆**首里城**のあとは**世界文化遺産**。再建の取り組みが進む。
◆おどりの**エイサー**や琉球舞踊、染物の**紅型**、楽器の三線などの⑭(　　　　)が、守り伝えられている。

さんごしょう
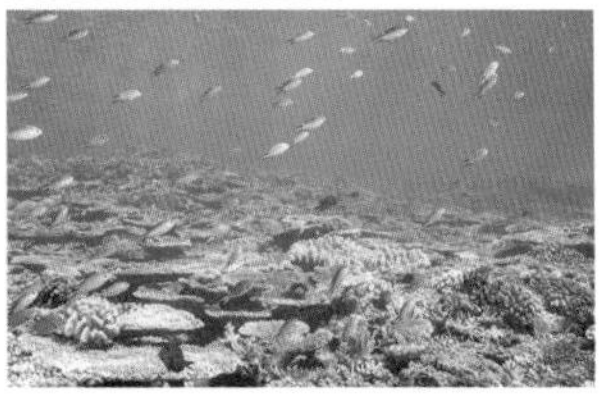

文化
地域の中で長い時間をかけて育まれた習慣やくらし方，行事，言葉，衣食住などのこと。

しゃかいか工場
「はいさい」「めんそーれ」「ぐぶりーさびら」って何かな？　これは沖縄の方言で「やあ」「いらっしゃい」「さようなら」という意味だよ。

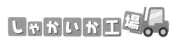

練習のワーク

教科書 ㊤48〜55ページ　答え 3ページ

1 次の文は沖縄の家にみられるくふうです。このようなくふうがされている理由を、あとからそれぞれ選びましょう。　　　①（　　　）　②（　　　）　③（　　　）

① 屋根がわらをしっくいで固める。　　② 戸を広くとる。

③ 屋根の上に貯水タンクを置く。

　㋐ 水不足に備えるため。　㋑ 強い風から家を守るため。　㋒ 暑さや湿気をしのぐため。

2 右のグラフを見て、次の問いに答えましょう。

(1) 沖縄で、さとうきびづくりがさかんな理由を、次から3つ選びましょう。　　　（　　）（　　）（　　）

　㋐ 日差しに強いから。　　　㋑ かんづめにできるから。

　㋒ 台風に強い品種があるから。　㋓ 1年中収穫できるから。

　㋔ 気温や湿気の高い気候に合っているから。

(2) 沖縄でさいばいがさかんな果物を、次から3つ選びましょう。　　　（　　）（　　）（　　）

　㋐ シークヮーサー　　㋑ ゴーヤー　　㋒ もずく

　㋓ パイナップル　　㋔ マンゴー

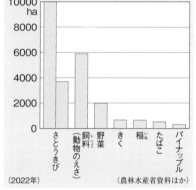

沖縄県の主な農作物の作付面積

（2022年）　（農林水産省資料ほか）

(3) 花のうち、ビニールハウスの中を電灯で照らし、開花時期をずらしてさいばいしたきくを何といいますか。　　　（　　　　　　　）

3 次の問いに答えましょう。

(1) 80年ほど前に、沖縄県がはげしい戦場になった戦争を何といいますか。　　　（　　　　　　　）戦争

(2) 右の**地図**中の▨には何がありますか。

　　　　　　アメリカの（　　　　　　　）

(3) 右の**地図**中のⒶは、約150年前まで沖縄県にあった琉球王国の城があったあとで、世界文化遺産に登録されています。建物の再建の取り組みが進むこの城を何といいますか。　　　（　　　　　　　）城

(4) 次の文の（　　）にあてはまる言葉を、┈┈からそれぞれ選びましょう。

●沖縄には、おどりのエイサーや楽器の三線などの伝統的な①（　　　　　　　）や、美しい②（　　　　　　　）の海などの③（　　　　　　　）があり、多くの観光客がおとずれます。

●地元の④（　　　　　　　）を使った料理も人気です。

　　自然　　キャンプ　　文化　　特産物　　赤土　　さんごしょう

沖縄島とその周辺の土地利用

沖縄島

Ⓐ

0　　20km

市街地
耕地
森林, 緑地
そのほか

（2020年）（沖縄県資料ほか）

ポイント　あたたかい沖縄ではさとうきびづくりや観光産業がさかん。

勉強した日　月　日

◆5　寒い土地のくらし

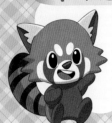

学習の目標
寒い気候を生かしたくらしのくふうをつかみましょう。

基本のワーク

教科書 [上] 56〜63ページ　答え 4ページ

「5　あたたかい土地のくらし」（18〜19ページ）のどちらかを選んで学習しましょう。

1 北海道の家やくらしのくふう

北海道の気候…冬は寒く、夏はすずしい。冬は①（　　　　　）が多くふる。

よみトク！資料

寒い地域の家のくふう

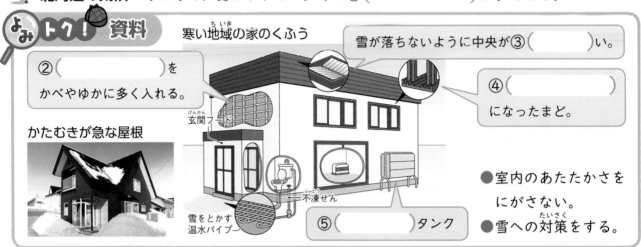

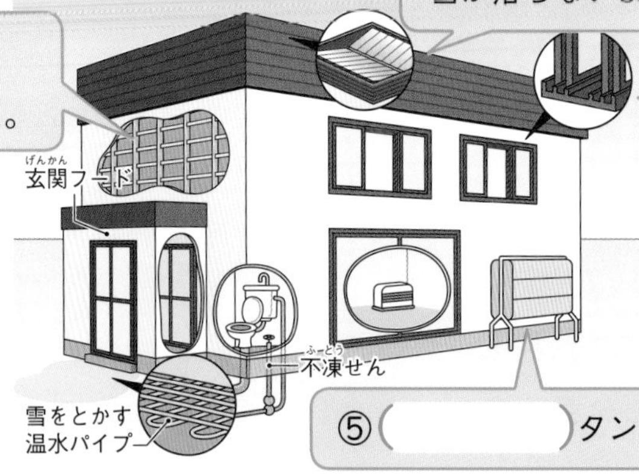
雪が落ちないように中央が③（　　　）い。
②（　　　　　）をかべやゆかに多く入れる。
④（　　　　　）になったまど。
玄関フード
不凍せん
雪をとかす温水パイプ
⑤（　　　　　）タンク

かたむきが急な屋根

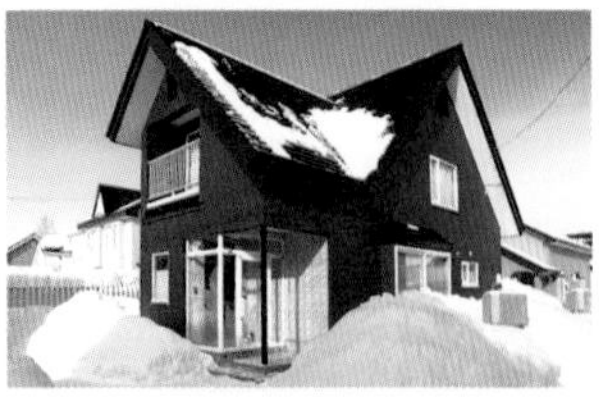

●室内のあたたかさをにがさない。
●雪への対策をする。

2 札幌市の雪対策と雪を生かした観光／北海道の自然を生かした農業

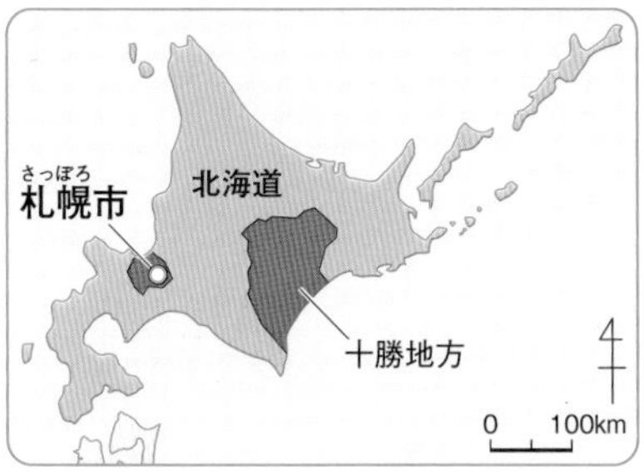
札幌市
北海道
十勝地方
0　100km

●北海道⑥（　　　　　）**市**…人口は約200万人。

◆雪対策…夜のうちに⑦（　　　　　）**車**で道路の雪を取りのぞき、こう外の**雪たい積場**に運ぶ。市街地には**ゆう雪施設**をつくり、雪をとかしている。

◆雪を生かした産業…冬の⑧（　　　　　）客を増やすため、**雪まつり**を行う。

●十勝地方…**じゃがいも**、あずき、スイートコーン、**てんさい**、小麦を作物の病気を防ぐ⑨（　　　　　）で生産。

●北海道の東側…乳牛を育てる⑩（　　　　　）がさかん。

◆一戸あたりの乳牛の飼育数が全国平均の約1.5倍ある。

◆牛乳などに加工する前の生乳は全国の半分以上を生産。

■チーズ・バターなどの⑪（　　　　　）もつくる。

●北海道の西側…米の生産がさかん。生産量は日本で２位。

地域別の生乳生産量のわりあい

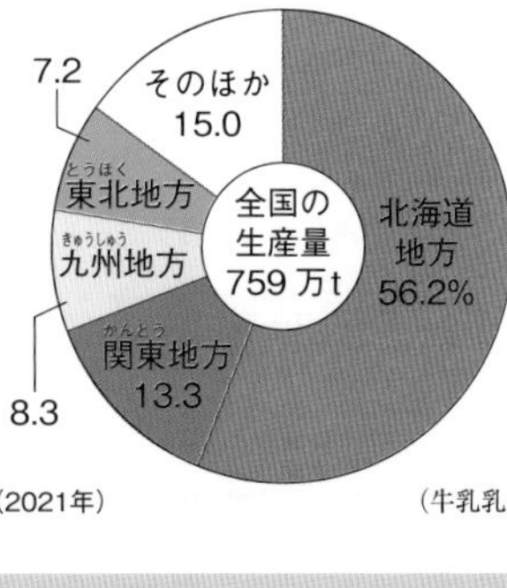
全国の生産量759万t
北海道地方56.2%
関東地方13.3
8.3
九州地方
東北地方
7.2
そのほか15.0

（2021年）　（牛乳乳製品統計調査）

3 守ってきた文化を受けつぐ／表にまとめてキャッチコピーをつくる

●**アイヌの人々**は独自の文化をもつ⑫（　　　　　）**民族**。

◆衣…ししゅうをしたアットゥㇱ　◆家…木や草でつくったチセ

◆文化を受けつぐために民族共生象徴空間（ウポポイ）が開業。

◆本州やロシアなどと交流して、絹や木綿、しっきなどを手に入れた。

●北海道には、⑬（　　　　　）語がもとになった地名が多い。

先住民族
その土地にもともとくらしていた人々。

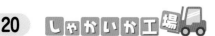

しゃかいか工場
札幌のポロはアイヌ語で「大きい」という意味、稚内のナイは「川」という意味だよ。トナカイやラッコなど、日本語になっているアイヌ語もあるよ。

練習のワーク

1 次の問いに答えましょう。

(1) 次の文は、寒い地域の家にみられるくふうです。このようなくふうがされている理由を、あとからそれぞれ選びましょう。　①（　　）②（　　）③（　　）

　　① 屋根の中央を低くする。　② 二重まどにする。　③ 大きな灯油タンクを置く。

　　　㋐ だんぼうにたくさん使うため。　㋑ 雪が下に落ちないようにするため。

　　　㋒ あたためた室内の温度をにがさないため。

(2) 次の文中の{　　}にあてはまる言葉に○を書きましょう。

　●札幌市は、東北地方の県庁所在地に比べて、人口が①{ 多い　少ない }。

　●昔は、雪が多く積もらないように、かたむきの②{ 急な　ゆるやかな }屋根が多かった。

2 次の問いに答えましょう。

(1) 次の文の（　　）にあてはまる言葉を〔　　〕から選びましょう。

　●人口の多い札幌市では、交通や人々のくらしを守るため、夜のうちに①（　　　　　　　）で道路の雪を取りのぞき、②（　　　　　　　）に運ぶ。②は広い土地があるこう外につくられることが多く、市の中心部では③（　　　　　　　）をつくって雪をとかしている。

〔
ゆう雪施設
除雪車
雪たい積場
〕

(2) 右の**図**の◻にあてはまる砂糖の原料となる農産物は何ですか。　（　　　　　）

(3) **図**の㋐と㋑にあてはまる農産物名を書きましょう。

　　　㋐（　　　　　）㋑（　　　　　）

(4) **図**のような輪作を行う理由を、次から選びましょう。　（　　　　　）

　　㋐ 夏でもすずしいため。　㋑ 作物の病気を防ぐため。　㋒ 農地が足りないため。

十勝地方の輪作のやり方

	1年目	2年目	3年目	4年目	5年目
畑①					
畑②				㋐	
畑③					
畑④					
畑⑤		㋑			

じゃがいも　小麦　◻　スイートコーン　あずき

(5) 次の農産物について、特に生産がさかんな地域を、あとからそれぞれ選びましょう。

　　① 米　（　　　）　② チーズ（　　　）

　　㋐ 北海道の東側　㋑ 北海道の西側　㋒ 北海道の北側

3 次の問いに答えましょう。

(1) 右の**写真**の家を何といいますか。次から選びましょう。

　　㋐ アットゥシ　㋑ チセ

　　㋒ ウポポイ　㋓ カムイ　（　　　　）

(2) アイヌの人々が古くから交流してきた地域を、次から2つ選びましょう。　（　　）（　　）

　　㋐ ロシア　㋑ アメリカ　㋒ 九州　㋓ 本州

アイヌの人々の家

ポイント 寒い北海道では、家も町も雪対策をしっかり行っている。

21

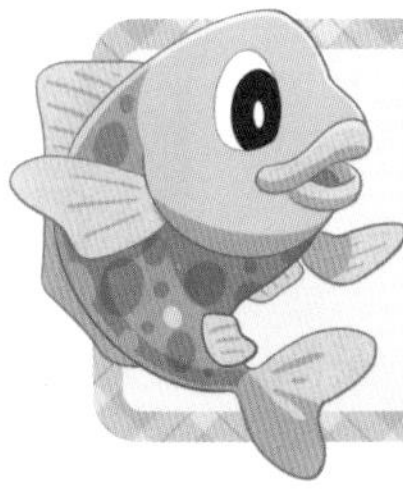

まとめのテスト

4 国土の気候の特色
◆5 あたたかい土地のくらし／寒い土地のくらし

勉強した日 月 日

時間 20分

得点 /100点

教科書 [上] 42〜63ページ　答え 4ページ

1 国土の気候の特色 **右の地図を見て、次の問いに答えましょう。** 1つ4〔60点〕

よく出る

(1) **地図**のⒶ〜Ⓕの気候の特色を次からそれぞれ選びましょう。 Ⓐ(　　) Ⓑ(　　) Ⓒ(　　) Ⓓ(　　) Ⓔ(　　) Ⓕ(　　)

㋐ 冬に雪が多くふる。

㋑ 一年を通じて気温が高く、雨が多い。

㋒ Ⓒの気候に似(に)ているが、降水量(こうすいりょう)がやや少ない。

㋓ 気温が高く、あたたかい。夏から秋に雨が多い。

㋔ 冬が長く、寒さがきびしい。つゆのえいきょうが小さく、降水量がほかの地域(ちいき)より少ない。

㋕ 夏と冬の気温差が大きく、1年を通じて降水量が少ない。

日本の6つの気候

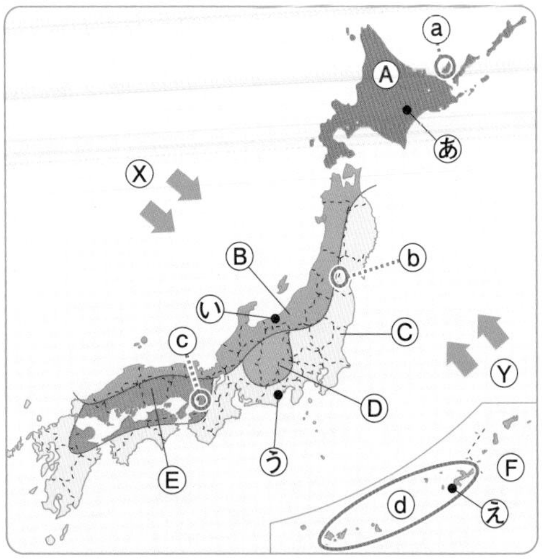

チャレンジ！

(2) 次の①〜④の**グラフ**は、どの都市の気温と降水量を示(しめ)したものですか。**地図**の[あ]〜[え]からそれぞれ選びましょう。

①(　　)　②(　　)　③(　　)　④(　　)

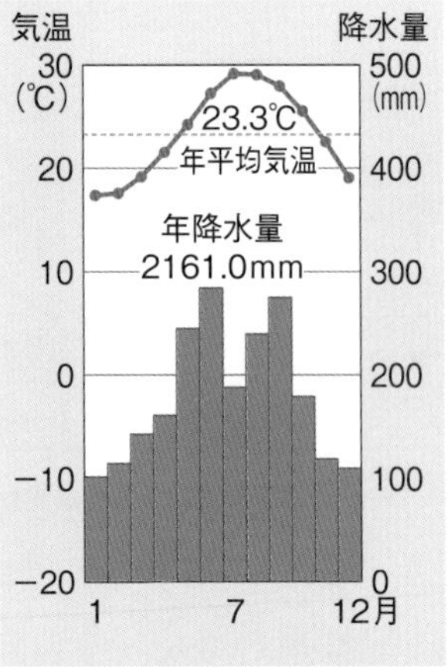

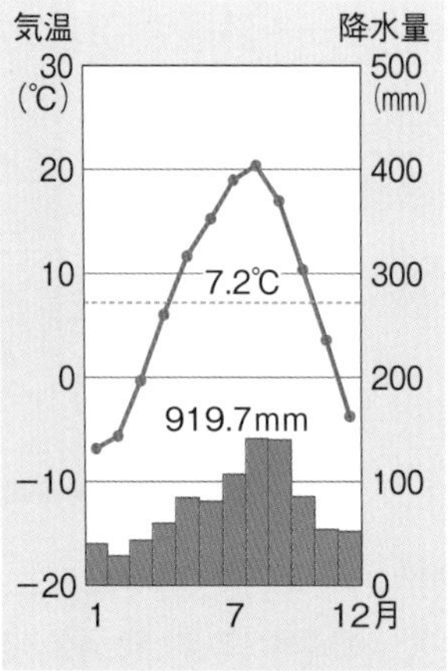

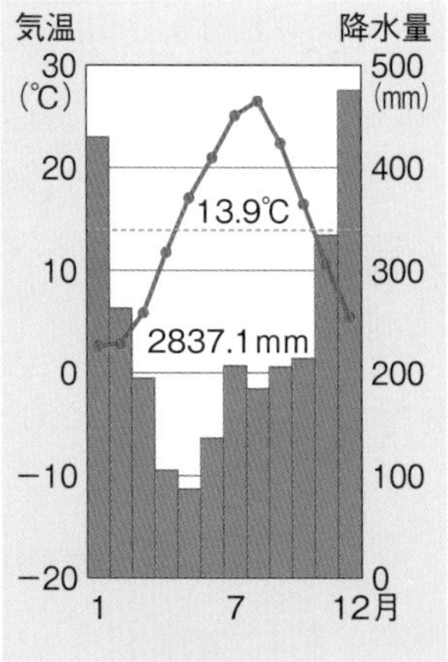

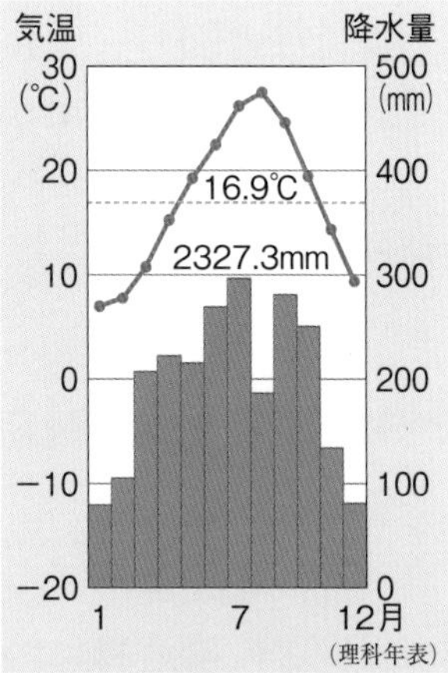

(理科年表)

よく出る

(3) 冬の季節風の向きを、**地図**のⓍ・Ⓨから選びましょう。 (　　)

思考

(4) 次の①〜④は、3月ごろのある地域の様子です。あてはまる地域を、**地図**のⓐ〜ⓓからそれぞれ選びましょう。

①(　　)

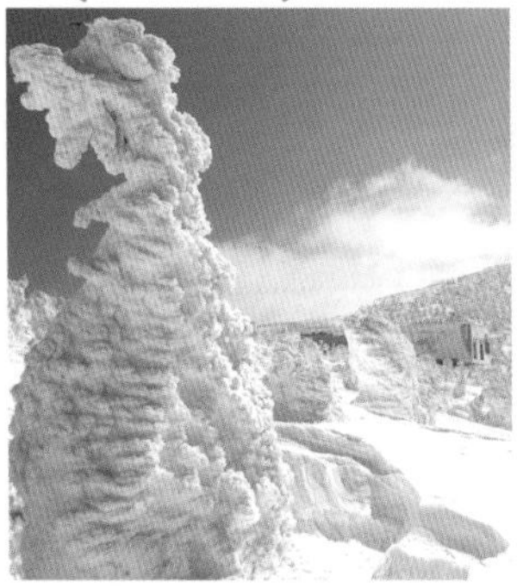

②(　　)

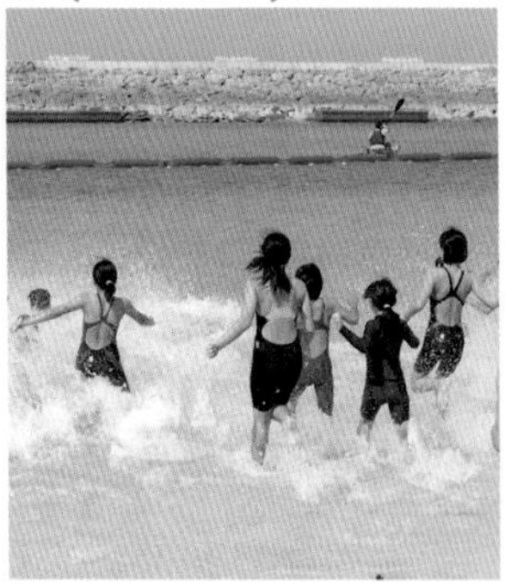

③(　　)

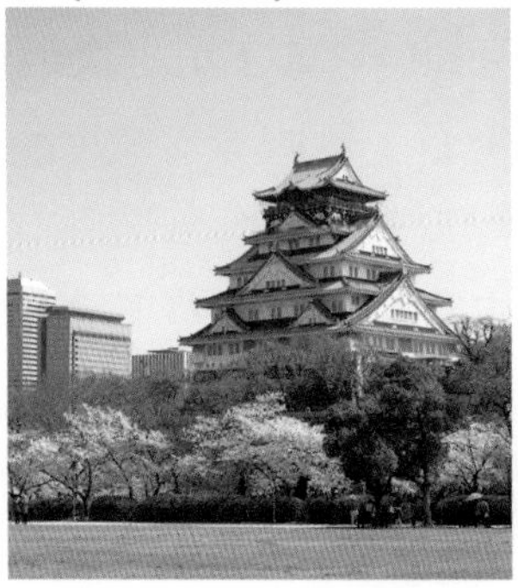

④(　　)

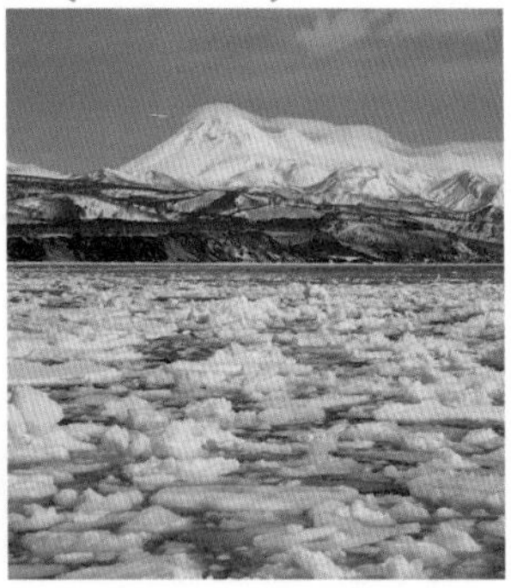

次の問題は、Ⓐ、Ⓑのどちらか1問を選んで答えましょう。

[思考] 2 Ⓐあたたかい土地のくらし 次の資料を見て、あとの問いに答えましょう。 1つ8〔40点〕

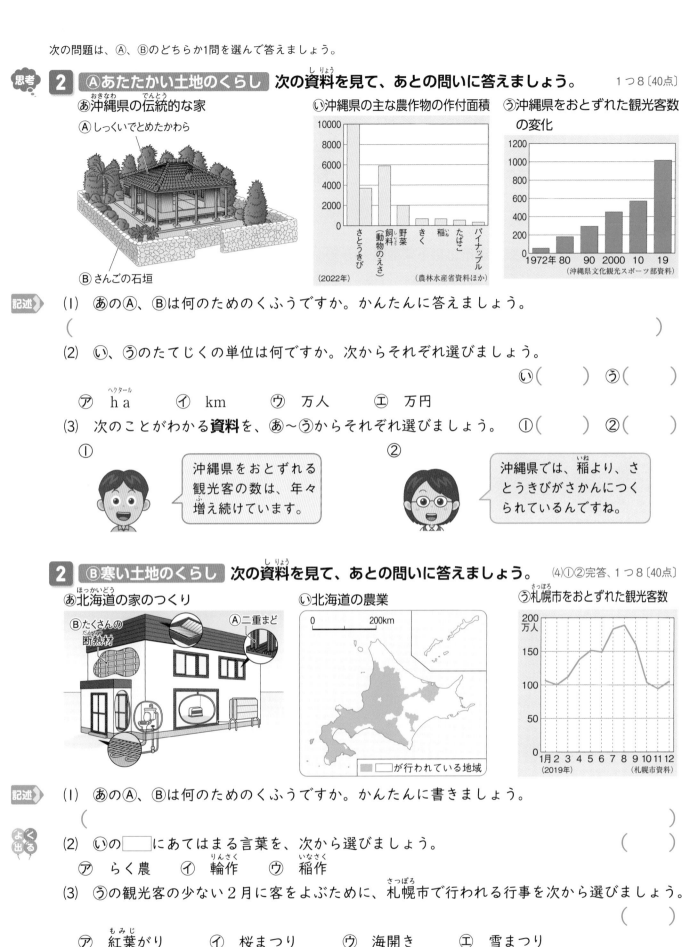

[あ]沖縄県の伝統的な家

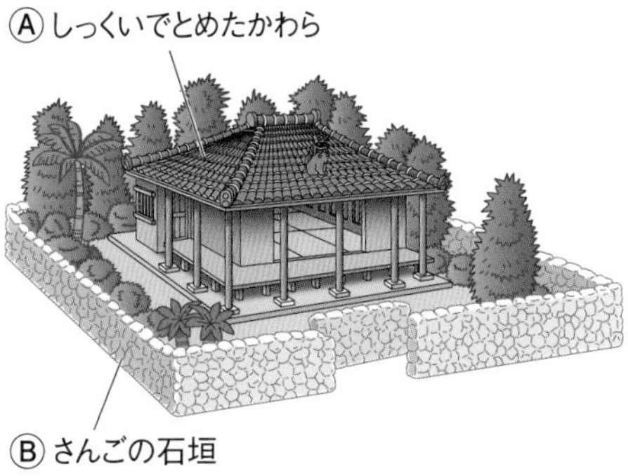
Ⓐしっくいでとめたかわら
Ⓑさんごの石垣

[い]沖縄県の主な農作物の作付面積

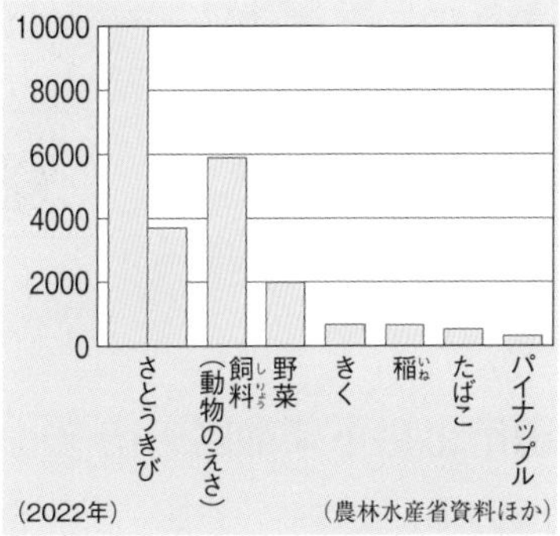
10000
8000
6000
4000
2000
0
さとうきび
飼料（動物のえさ）
野菜
きく
稲
たばこ
パイナップル
（2022年）
（農林水産省資料ほか）

[う]沖縄県をおとずれた観光客数の変化

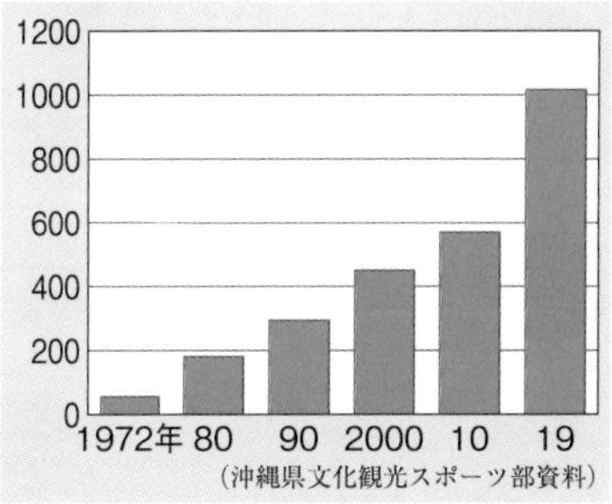
1200
1000
800
600
400
200
0
1972年 80 90 2000 10 19
（沖縄県文化観光スポーツ部資料）

[記述] (1) [あ]のⒶ、Ⓑは何のためのくふうですか。かんたんに答えましょう。

（　　　　　　　　　　　　　　　　）

(2) [い]、[う]のたてじくの単位は何ですか。次からそれぞれ選びましょう。

[い]（　　）[う]（　　）

㋐ ha（ヘクタール）　㋑ km　㋒ 万人　㋓ 万円

(3) 次のことがわかる**資料**を、[あ]～[う]からそれぞれ選びましょう。 ①（　　）②（　　）

①

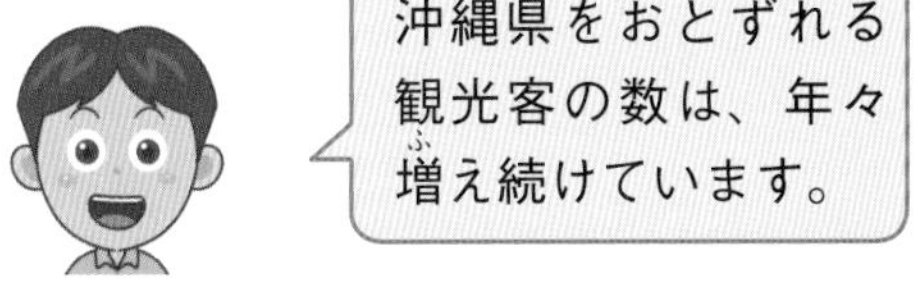
沖縄県をおとずれる観光客の数は、年々増え続けています。

②

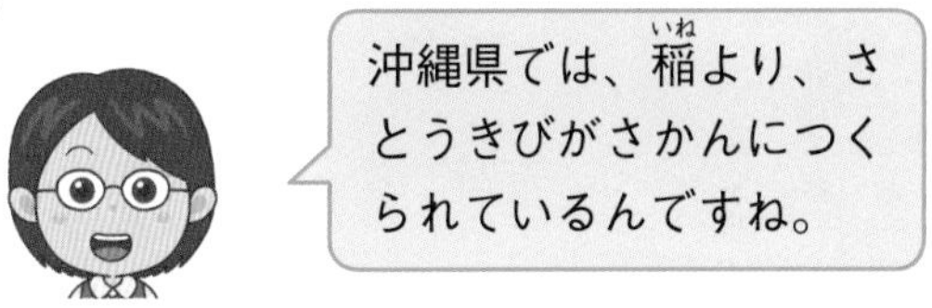
沖縄県では、稲より、さとうきびがさかんにつくられているんですね。

2 Ⓑ寒い土地のくらし 次の資料を見て、あとの問いに答えましょう。 (4)①②完答、1つ8〔40点〕

[あ]北海道の家のつくり

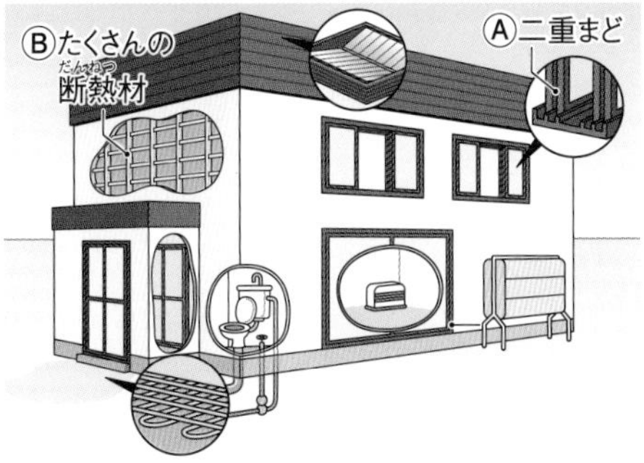
Ⓑたくさんの断熱材
Ⓐ二重まど

[い]北海道の農業

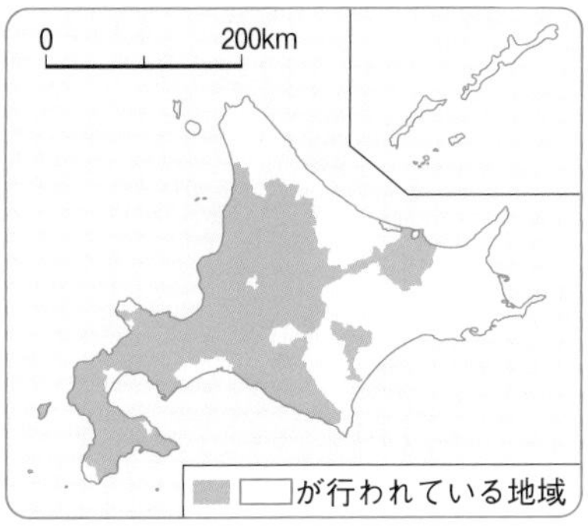
0
200km
□が行われている地域

[う]札幌市をおとずれた観光客数

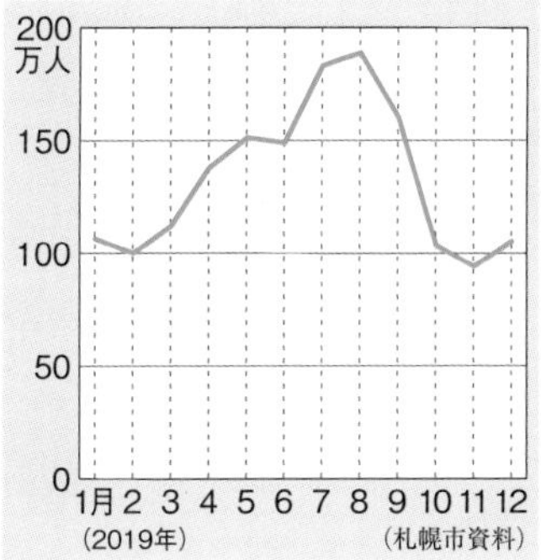
200万人
150
100
50
0
1月 2 3 4 5 6 7 8 9 10 11 12
（2019年）
（札幌市資料）

[記述] (1) [あ]のⒶ、Ⓑは何のためのくふうですか。かんたんに書きましょう。

（　　　　　　　　　　　　　　　　）

[よく出る] (2) [い]の□にあてはまる言葉を、次から選びましょう。（　　）

㋐ らく農　㋑ 輪作（りんさく）　㋒ 稲作（いなさく）

(3) [う]の観光客の少ない2月に客をよぶために、札幌市（さっぽろし）で行われる行事を次から選びましょう。

（　　）

㋐ 紅葉（もみじ）がり　㋑ 桜まつり　㋒ 海開き　㋓ 雪まつり

[思考] (4) 次の文の□にあてはまる言葉を、**資料**を見て書きましょう。また、その**資料**の記号を選びましょう。

① 札幌市で最も観光客が多い季節は□である。（　　・　　）

② 北海道の家の屋根は中央が□なっている。（　　・　　）

勉強した日 月 日

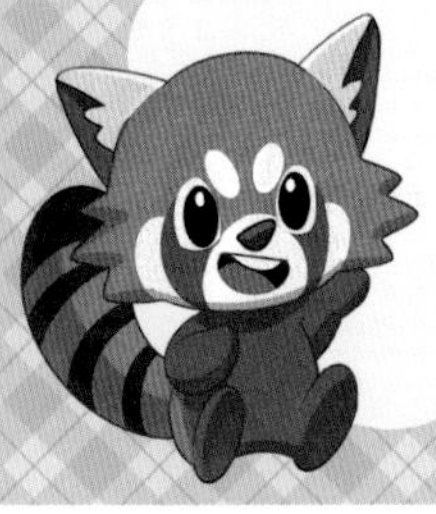

山地の人々のくらし
雪国の人々のくらし
基本のワーク

学習の目標
山地の中や雪の多い地方の人々のくらしの特色を確かめましょう。

教科書 [上] 40~41,64~65ページ 答え 5ページ

1 山地の人々のくらし

「3 低い土地/高い土地のくらし」(10 ～ 15ページ) の発展的内容です。

①(　　　　)**県飯田市上村下栗地区**…南アルプス(②(　　　　)**山脈**)の高さ800 ～ 1000mの急な斜面にある。

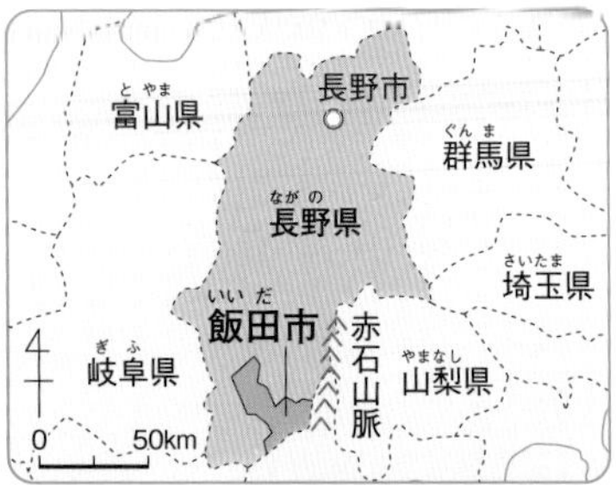

富山県
長野市
群馬県
長野県
埼玉県
飯田市
赤石山脈
岐阜県
山梨県
0 50km

●人々のくらし
- ◆60年ほど前まで…山道を、馬か人力で荷物を運ぶ。
- ◆50年ほど前…自動車道ができて、市の中心部まで約１時間で行けるようになる。

●農業に適した土地で**いも**や**そば**をさいばいしている。
- ◆水はけがよく、土地が肥えている。
- ◆南に面しているので、**日照時間**が③(　　　　)、冬も気温が氷点下にはほとんどならない。
- ◆下栗いもは地域の④(　　　　)品。１年に２度収穫する。

●美しい景観を見ようと多くの⑤(　　　　)客がくる。

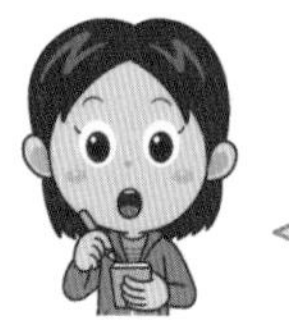

道路沿いに家や畑があり、まわりは急ながけだよ。

2 雪国の人々のくらし

「5 あたたかい土地/寒い土地のくらし」(18 ～ 23ページ) の発展的内容です。

⑥(　　　　)**県横手市**…雪が多く積もる地域。

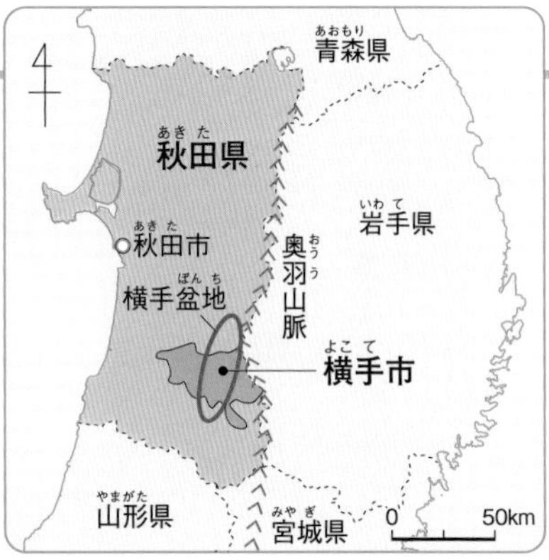

青森県
秋田県
岩手県
秋田市
奥羽山脈
横手盆地
横手市
山形県
宮城県
0 50km

よみトク! 資料

●雪からくらしを守るくふう
- ◆早朝に道路の**除雪**をする。
- ◆屋根の⑦(　　　　)をする➡雪が自然に落ちるようにくふうした屋根もある。
- ◆市街地に⑧(　　　　)を整備して、雪を川まで流す。

流雪こうのしくみ

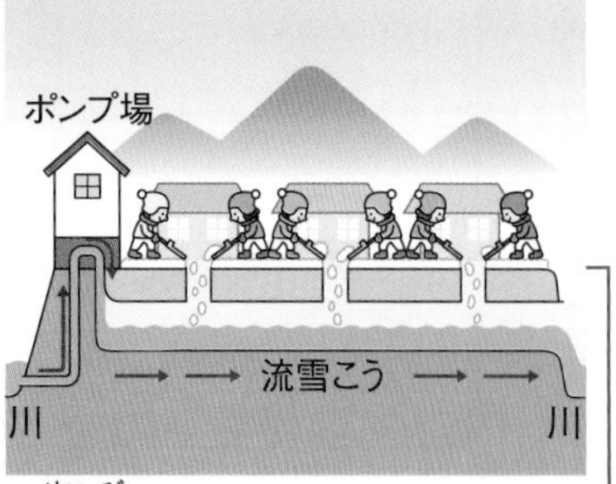

ポンプ場
流雪こう
川
川

SDGs ●雪を生かすくふう
- ◆２月に行われる伝統行事の「⑨(　　　　)」には、多くの観光客がやってくる。
- ◆雪を利用して野菜をおいしく⑩(　　　　)する。
- ◆雪を倉庫にためて、夏の⑪(　　　　)に利用する。

かまくら

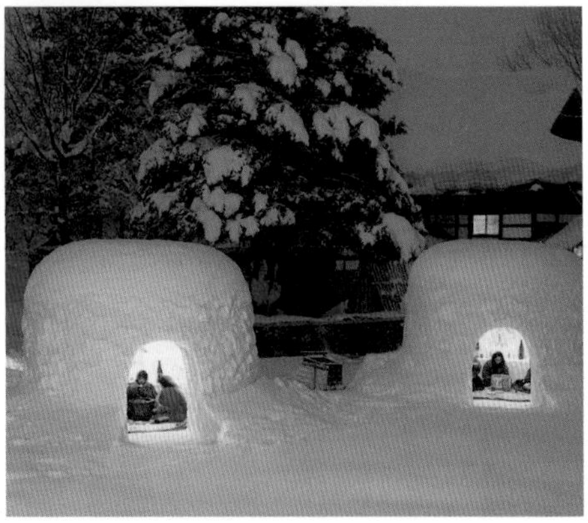

●横手市の取り組み
- ◆雪を生かし、雪とともにくらすまちづくりを進める。
- ◆冬を快適に過ごせるよう、市民に情報を提供する。
- ◆2005年、「雪となかよく暮らす⑫(　　　　)」を定める。

しゃかいか工場
日本海側の雪の多い土地では、道路に水を流したり、地面の下に電熱線や温水パイプを通してあたためたりして、雪をとかすくふうをしているところもあるよ。

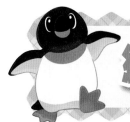

練習のワーク

できた数　／11問中

教科書 ㊤ 40～41,64～65ページ　答え 5ページ

1 山地の人々のくらしについて、次の問いに答えましょう。

(1) 次の文の(　　)にあてはまる言葉を、[　　]から選びましょう。

水はけ
景観
日照時間
交通

●下栗地区の土地は、①(　　　　)がよく、②(　　　　)が長いので、農業に適している。

●50年ほど前、道路ができて③(　　　　)の便がよくなり、近年は美しい④(　　　　)を求めておとずれる観光客が増えた。

(2) 右の**地図**から読み取れる土地の様子について、正しいものを2つ選びましょう。
(　　)(　　)

㋐ 建物は道路沿いに多い。
㋑ 標高1000m以上の土地には車の通れる道はない。
㋒ 畑は標高700m以下の川沿いにだけある。
㋓ 畑は建物の近くにある。

下栗地区の土地の様子

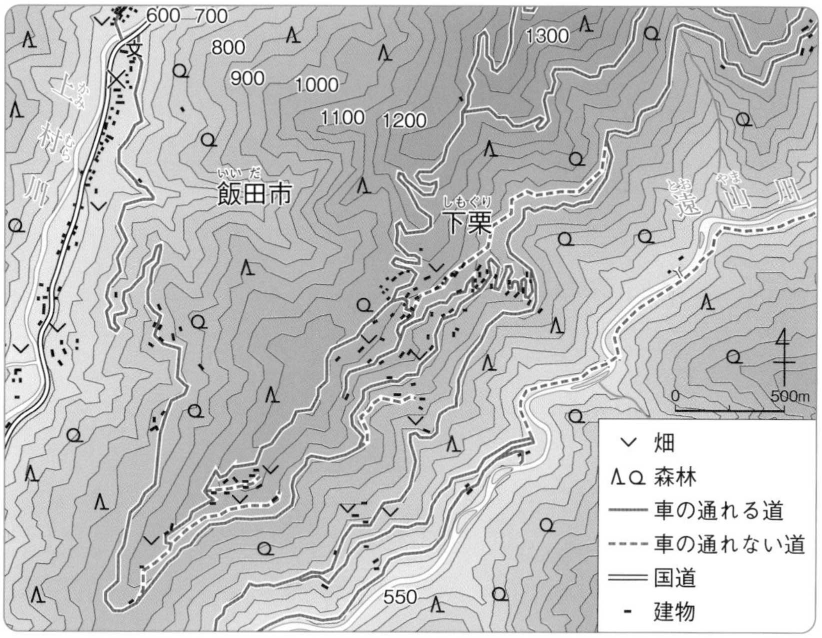

(3) 下栗地区で多くさいばいされている農作物を、次から2つ選びましょう。
(　　)(　　)

㋐ 稲　　㋑ いも　　㋒ そば　　㋓ さとうきび

2 雪国の人々のくらしについて、次の問いに答えましょう。

(1) 右の**グラフ**から読み取れる秋田県横手市の積雪量について、あやまっているものを2つ選びましょう。
(　　)(　　)

㋐ 最大積雪量は、毎年100cmをこえている。
㋑ 最大積雪量が250cmをこえた年もあった。
㋒ 最大積雪量は、年によって大きく変わる。
㋓ 雪がまったく積もらない年もあった。

横手市の最大積雪量の変化

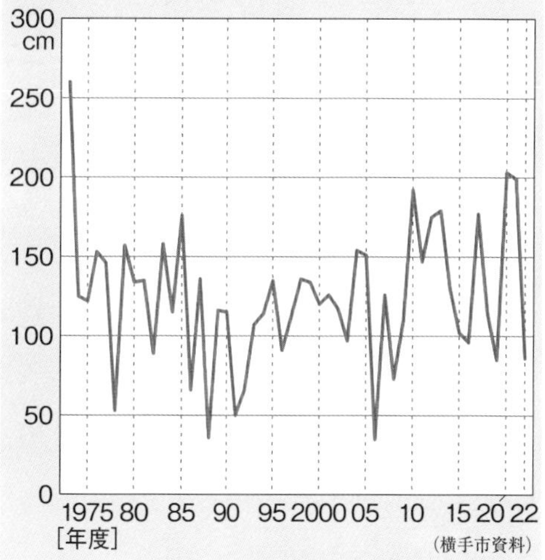

(2) 流雪こうは何のための施設ですか。次から選びましょう。
(　　)

㋐ 野菜を雪にうめて、おいしく保存するため。
㋑ 雪をためておき、夏に冷気でれいぼうするため。
㋒ すてた雪を川まで流すため。

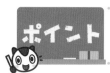

ポイント 各地で、気候や地形に合わせたくらしのくふうが見られる。

勉強した日 月 日

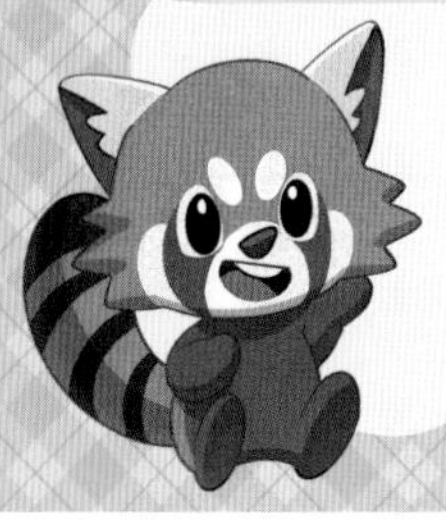

1 くらしを支える食料生産

基本のワーク

学習の目標

わたしたちの食料は、どこでつくられているのか調べましょう。

教科書 [上] 66〜75ページ　答え 5ページ

1 給食の材料／産地調べ

●給食の材料

◆①（　　　　　）物…田畑でさいばいされる米・野菜など。

◆②（　　　　　）物…牛などの家畜から生産される乳・肉など。

◆③（　　　　　）物…海や川などからとれる魚・貝・海そうなど。

●食料の**産地**…近くの県や遠くの県、外国から運ばれている。

産地

あるものを生産する土地。地形、気候、交通などの条件を生かしているところが多い。

2 日本の米づくり

よみトク！地図

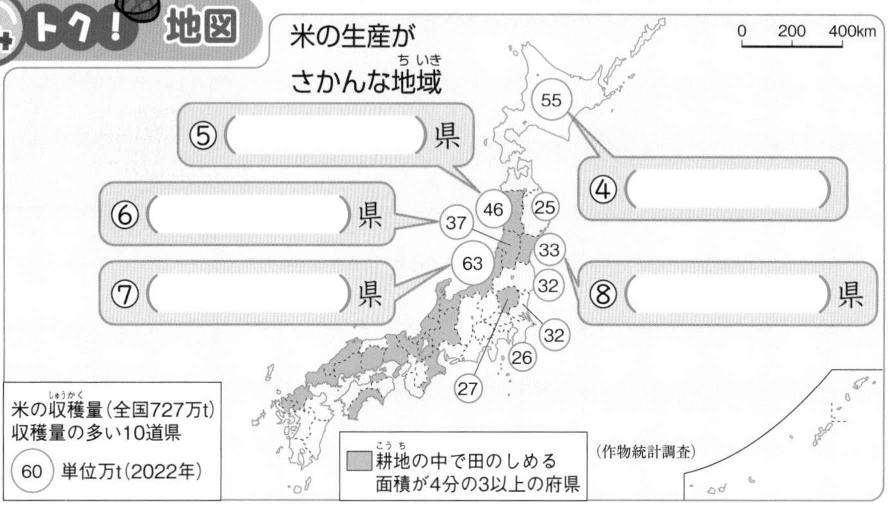

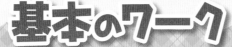

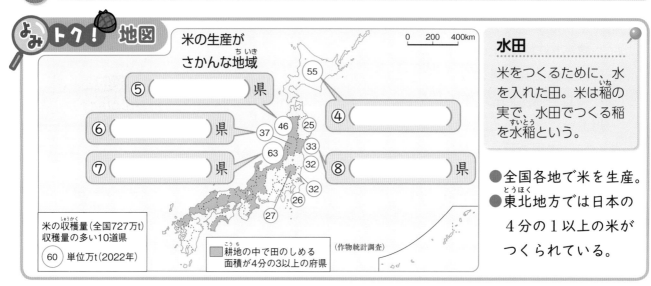

米の生産がさかんな地域
0 200 400km
⑤（　　　　　）県
④（　　　　　）
⑥（　　　　　）県
⑦（　　　　　）県
⑧（　　　　　）県
55
46
25
37
33
63
32
32
26
27
米の収穫量（全国727万t）
収穫量の多い10道県
60 単位万t（2022年）
耕地の中で田のしめる面積が4分の3以上の府県
（作物統計調査）

水田

米をつくるために、水を入れた田。米は稲の実で、水田でつくる稲を水稲という。

●全国各地で米を生産。

●東北地方では日本の4分の1以上の米がつくられている。

3 農産物の産地／地図とノートにまとめる

●農産物の**生産額**…⑨（　　　　　）の生産額が大きく減り、畜産物や⑩（　　　　　）の生産額が増えている。

●野菜の主な産地…**北海道**、**関東地方**、**九州地方**。

◆夏のすずしい気候を生かす…群馬・長野県の高原、北海道。

◆冬でもあたたかい気候を生かす…宮崎・高知県。

●果物の産地…気候のえいきょうを受けやすく、地域が限られる。

◆⑪（　　　　　）…あたたかい和歌山・愛媛・静岡県。

◆⑫（　　　　　）…すずしい青森・長野県。

◆もも…山梨・福島・長野県。

●畜産物の産地…牧草をつくる広い土地がある地域。

◆⑬（　　　　　）…北海道が全国の約60％を飼育。

◆**肉牛**…北海道が全国の約20％、鹿児島県が約13％。

日本の主な農産物の生産額の変化

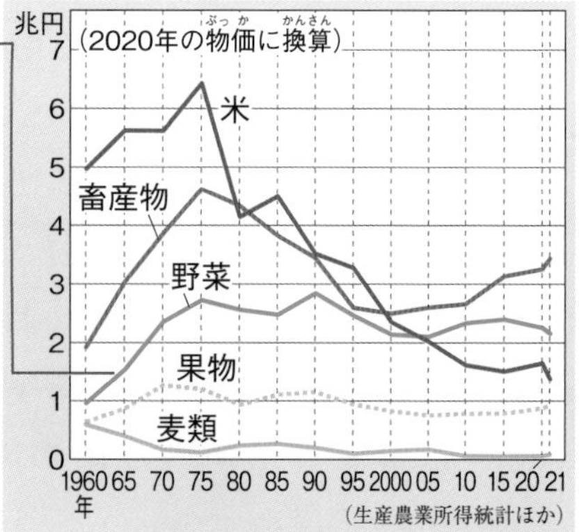

兆円
（2020年の物価に換算）
7
6
5
4
3
2
1
0
米
畜産物
野菜
果物
麦類
1960年 65 70 75 80 85 90 95 2000 05 10 15 20 21
（生産農業所得統計ほか）

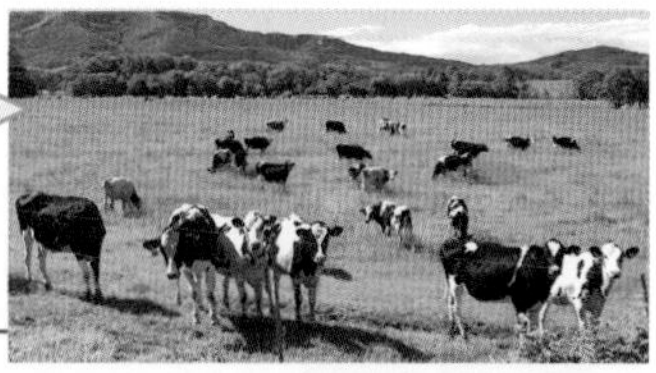

乳牛が放牧されている。

しゃかいか工場

米やパンには炭水化物、野菜や果物にはビタミン、肉や牛乳にはたんぱく質という栄養素が多くふくまれているよ。バランスよく食べることが大切だね。

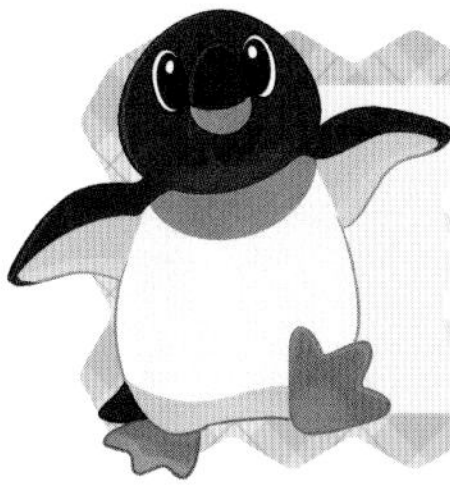

練習のワーク

教科書 [上] 66〜75ページ　答え 5ページ

できた数　／18問中

1 次の問いに答えましょう。

(1) 農作物や畜産物などが生産される場所を何といいますか。
（　　　）

(2) 米をつくるために水を入れた田を何といいますか。
（　　　）

(3) 右の図のⒶ・Ⓑにあてはまる地方名を書きましょう。
Ⓐ（　　　）地方　Ⓑ（　　　）地方

(4) 「中部地方」のうち、最も米の収穫量が多い県はどこですか。
（　　　）県

地方別の米の収穫量

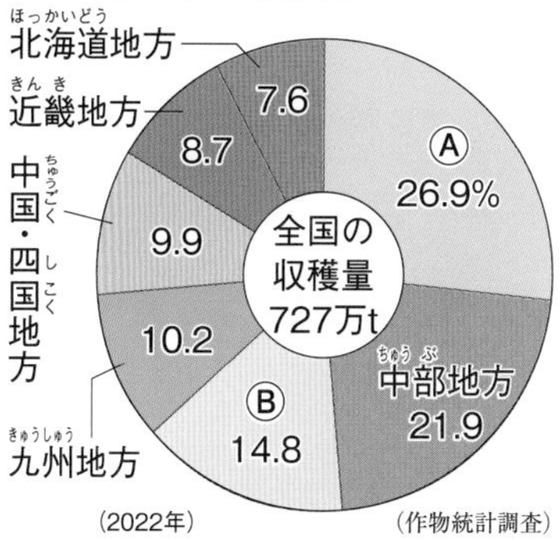
北海道地方
近畿地方
中国・四国地方
九州地方
7.6
8.7
9.9
10.2
Ⓐ 26.9%
全国の収穫量727万t
中部地方 21.9
Ⓑ 14.8

(2022年)　(作物統計調査)

2 右のグラフや地図を見て、次の問いに答えましょう。

(1) あのグラフ内の数字の単位は何ですか。（　　　）

(2) 主な農産物のうち、最も生産額が多いものは何ですか。
（　　　）

(3) 野菜づくりのさかんな地域のうち、次の特色にあてはまる県を、あとから２つずつ選びましょう。

① 冬でもあたたかい気候である。（　　）（　　）

② 夏でもすずしい気候である。（　　）（　　）

㋐ 埼玉県　㋑ 長野県　㋒ 高知県
㋓ 茨城県　㋔ 群馬県　㋕ 宮崎県

(4) いを見て、①みかん、②りんご、③ももの生産量が最も多い県を、次からそれぞれ選びましょう。

①（　　）②（　　）③（　　）

㋐ 山梨県　㋑ 青森県
㋒ 静岡県　㋓ 和歌山県

(5) ①みかん、②りんごは、どのような地域でさいばいされていますか。次からそれぞれ選びましょう。　①（　　）②（　　）

㋐ あたたかい気候の地域。
㋑ 雨が少なく、すずしい気候の地域。
㋒ 広く平らな土地がある地域。

(6) 次の文の（　　）にあてはまる都道府県名を書きましょう。

●乳牛は①（　　　）で全国の約60％が飼育されています。

●肉牛は①や九州地方の②（　　　）県で多く飼育されています。

[あ]主な農産物の生産額のわりあい

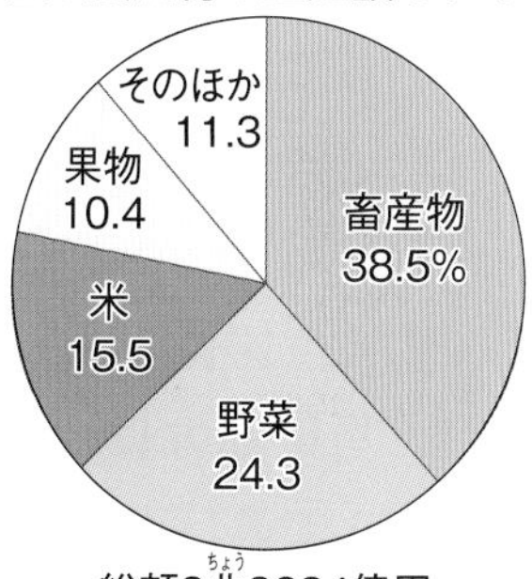
そのほか 11.3
果物 10.4
米 15.5
野菜 24.3
畜産物 38.5%

総額8兆8384億円
(2021年)　(生産農業所得統計)

[い]都道府県別の果物の生産量

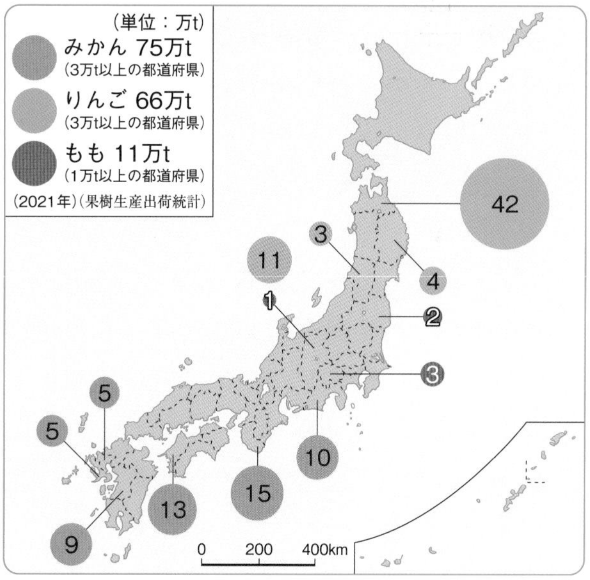
(単位：万t)
みかん 75万t
(3万t以上の都道府県)
りんご 66万t
(3万t以上の都道府県)
もも 11万t
(1万t以上の都道府県)
(2021年)(果樹生産出荷統計)
42
3
4
11
1
2
3
5
5
10
13
15
9
0
200
400km

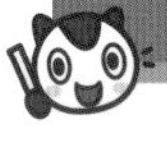

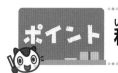

ポイント　稲作は北海道や東北地方、畜産は北海道や九州地方でさかん。

勉強した日　月　日

まとめのテスト

1　くらしを支える食料生産

時間 20分

得点 /100点

教科書 [上] 66〜75ページ　答え 5ページ

1 給食の材料 **次の給食の材料を、農作物、水産物、畜産物に分けましょう。** 1つ4〔24点〕

①農作物（　　）（　　）　②水産物（　　）（　　）　③畜産物（　　）（　　）

㋐
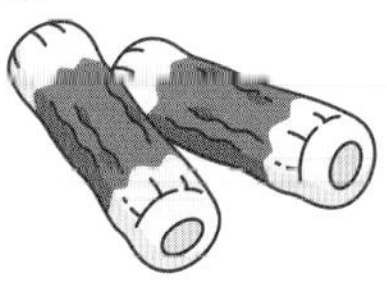
㋑
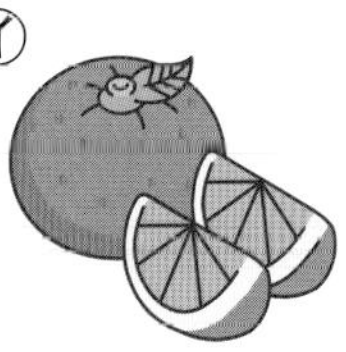
㋒
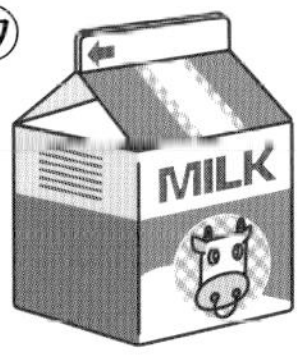
MILK
㋓
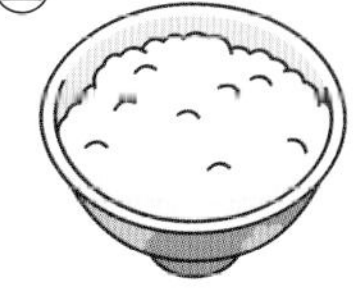
㋔
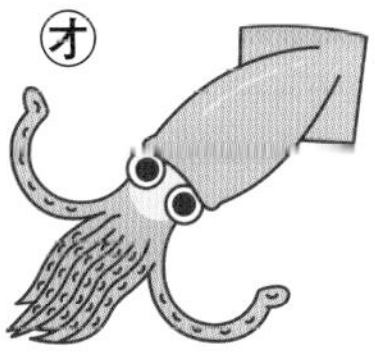
㋕
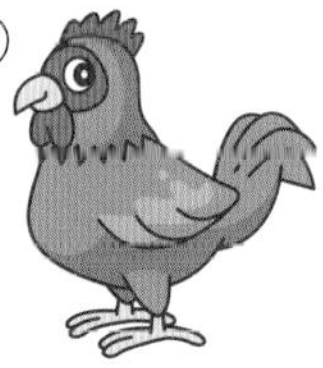

2 日本の米づくり **右の地図を見て、次の問いに答えましょう。** 1つ5〔20点〕

[思考] (1) **地図**から読み取れることとして正しいものを、次から2つ選びましょう。（　　）（　　）

㋐ 冬の寒さがきびしい北海道では、米はつくられていない。

㋑ 東北地方の６県のうち、５県が米の収穫量上位10位に入っている。

㋒ 関東地方には、米の収穫量が30万tをこえる都県はない。

㋓ 日本海側には耕地にしめる田の面積が４分の３以上の県が多い。

(2) 米づくりのさかんな地域にはどんな特色がありますか。次から選びましょう。（　　）

㋐ 多くの平野や川がある。

㋑ 標高の高い高原が広がる。　㋒ １年を通して降水量が少ない。

[思考] (3) **表**から、１年に２回米を収穫している都道府県を選びましょう。（　　）

全国の田植え、稲かりの時期の例と米の生産がさかんな地域

	2	3	4	5	6	7	8	9	10	11
沖縄	■				●		■			●
山形				■				●		
北海道					■			●		

（月）

■田植え　●稲かり

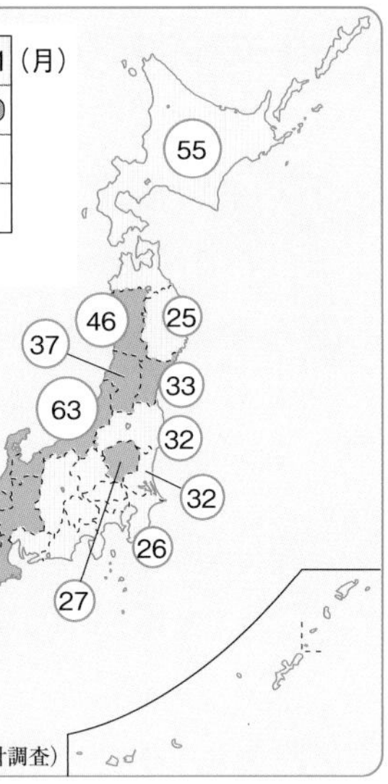
耕地の中で田のしめる面積が4分の3以上の府県
60 単位万t（2022年）
55
46
25
37
33
63
32
32
26
27
0　200　400km
（作物統計調査）

3 野菜の産地 **右の地図を見て、次の問いに答えましょう。** 1つ4〔8点〕

[思考] (1) 野菜の生産額が1000億円以上の都道府県がない地方を、次から選びましょう。

（　　）

㋐ 東北地方　㋑ 関東地方

㋒ 中部地方　㋓ 九州地方

[記述] (2) Ⓐ・Ⓑの県では、どのような気候の特色を生かして野菜づくりを行っていますか。かんたんに書きましょう。

（　　）

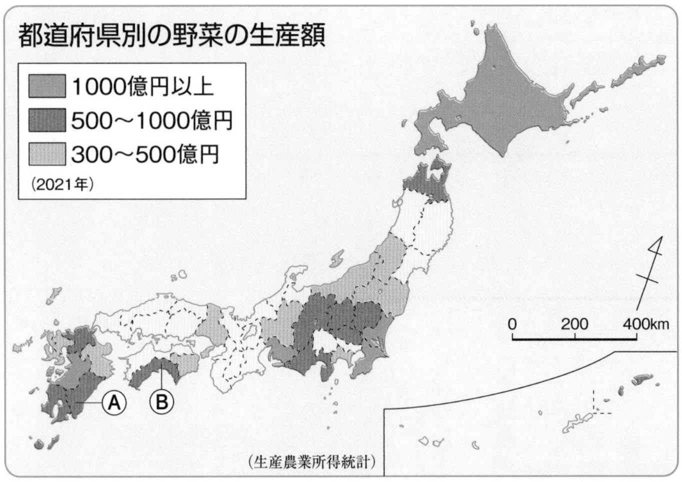
都道府県別の野菜の生産額
1000億円以上
500〜1000億円
300〜500億円
（2021年）
0　200　400km
Ⓐ
Ⓑ
（生産農業所得統計）

4 果物の産地 右の地図を見て、次の問いに答えましょう。

1つ4〔12点〕

[作図]

(1) 次の**表**は、みかんとりんごの生産量が多い順に県名と生産量をまとめたものです。これを見て、生産量の多い上位3県を、みかんはオレンジ色、りんごはみどり色で、右の**地図**にぬりましょう。

みかんの生産量

都道府県	生産量
和歌山(わかやま)県	15万 t
愛媛(えひめ)県	12万 t
静岡(しずおか)県	10万 t
熊本(くまもと)県	9万 t
長崎(ながさき)県	5万 t
全　国	75万 t

(2021年)

りんごの生産量

都道府県	生産量
青森(あおもり)県	42万 t
長野県	11万 t
岩手(いわて)県	4万 t
山形(やまがた)県	3万 t
福島(ふくしま)県	2万 t
全　国	66万 t

(「果樹生産出荷統計」)

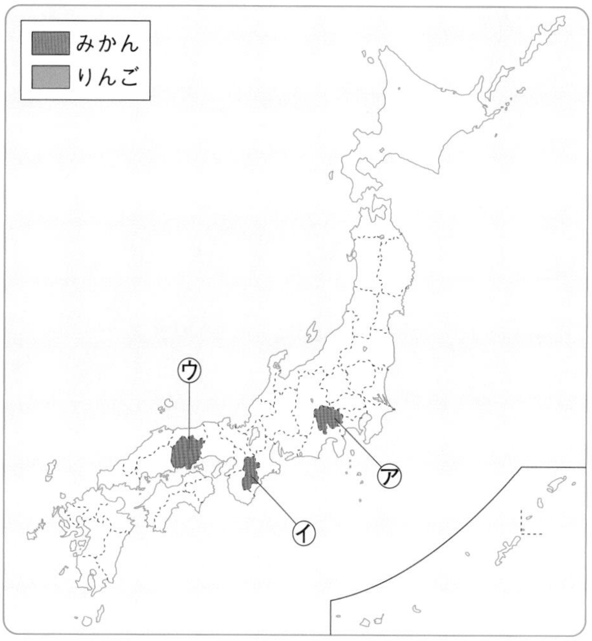

みかん
りんご
㋐
㋑
㋒

(2) ももの生産量が最も多い県を、㋐～㋒から選びましょう。　(　　　)

5 畜産物の産地 次の問いに答えましょう。

1つ4〔12点〕

[思考]

(1) 右の**地図**のⒶ、Ⓑのうち、肉牛にあたるものはどちらですか。　(　　　)

(2) 牛の飼育(しいく)のさかんな地域の特色を、次から選びましょう。　(　　　)

㋐ 大都市に近い。

㋑ 雨が少ない。

㋒ 広い土地がある。

(3) にわとりは、肉用のほかに何をとるために飼(か)われていますか。

(　　　　　　　)

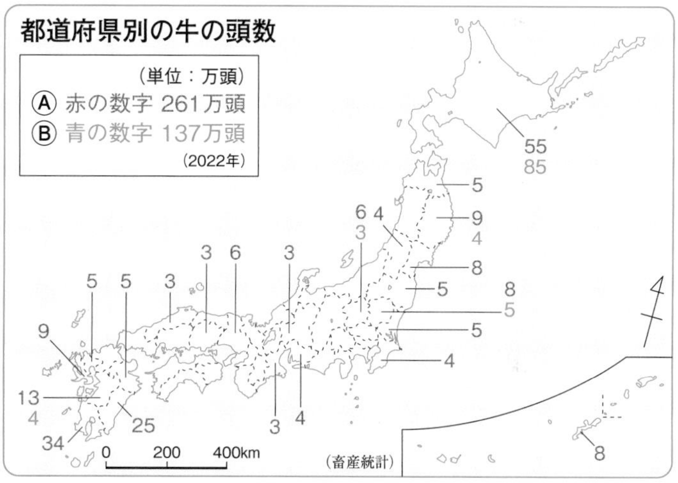

都道府県別の牛の頭数
(単位：万頭)
Ⓐ 赤の数字 261万頭
Ⓑ 青の数字 137万頭
(2022年)
55
85
5
6 4
3
9
4
8
3 6 3
5
5 5 3
8
5
9
5
4
13
4
25
3 4
34
8
0 200 400km
(畜産統計)

6 地図にまとめる 次の表を見て、キャベツの生産量の多い県と豚(ぶた)の頭数の多い県を、例にならって、右の地図に書き入れましょう。

[作図]

1つ4〔24点〕

キャベツの生産量の上位3県　(2021年)

順位	都道府県	生産量
1	群馬(ぐんま)県	29万 t
2	愛知(あいち)県	27万 t
3	千葉(ちば)県	12万 t

豚の頭数の上位3道県　(2022年)

順位	都道府県	頭数
1	鹿児島(かごしま)県	120万頭
2	宮崎県	76万頭
3	北海道	73万頭

(「農林水産省統計表」)

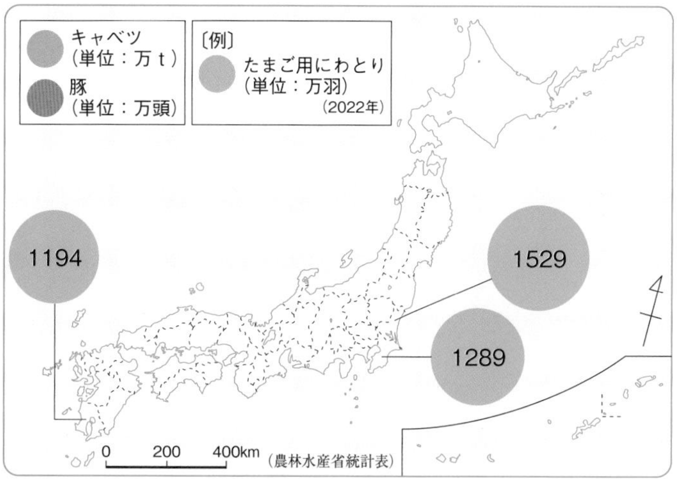

キャベツ
(単位：万 t)
豚
(単位：万頭)
〔例〕
たまご用にわとり
(単位：万羽)
(2022年)
1194
1529
1289
0 200 400km
(農林水産省統計表)

勉強した日　月　日

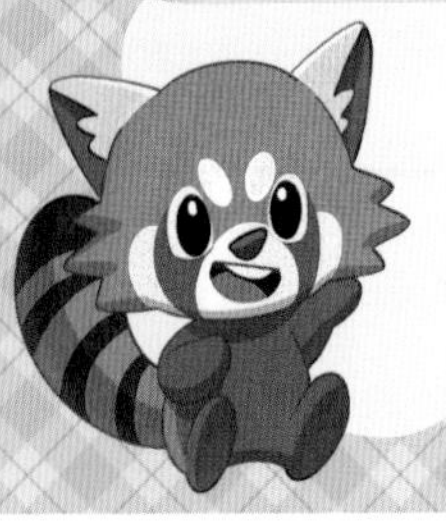

2　米づくりのさかんな地域①

基本のワーク

学習の目標
庄内平野の米づくりに適した条件を理解しましょう。

教科書 [上] 76〜79ページ　答え 6ページ

1 庄内平野の地形と気候の特色

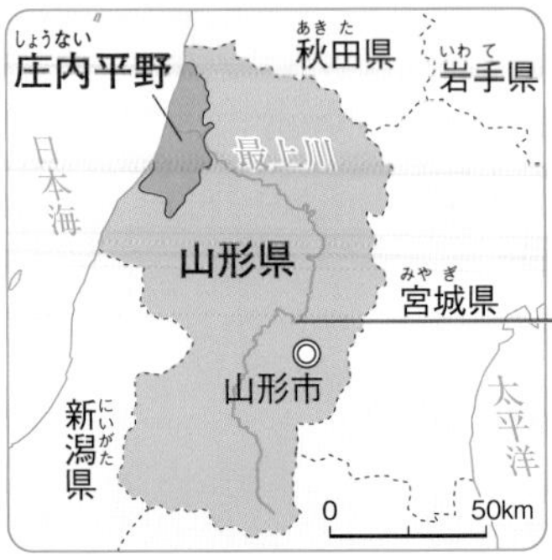

庄内平野
秋田県
岩手県
日本海
最上川
山形県
宮城県
山形市
新潟県
太平洋
0
50km

●**庄内平野**…①(　　　　)県にある。
◆日本有数の**米**の生産地となっている。

●地形の特色…写真や**土地利用図**で、山や川の位置、土地の使われ方などを読み取るとわかる。
◆周囲を鳥海山などの山に囲まれている。
◆日向川、②(　　　　)川、赤川などが流れる。
➡水が豊かにあり、米づくりを支えている。
◆土地が広く、平らで、米づくりの③(　　　　)がよい。

よみトク！資料

●気候の特色…米づくりの条件に合う。
◆夏の昼と夜の**気温差**が④(　　　　)。
◆春から秋にかけて、**日照時間**が⑤(　　　　)。

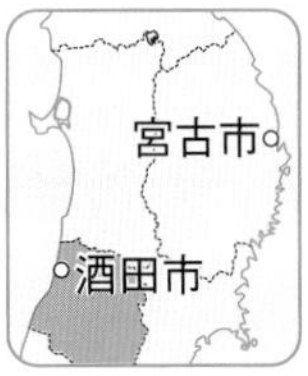

宮古市
酒田市

日本海側の酒田市は冬の降水量が多いね！

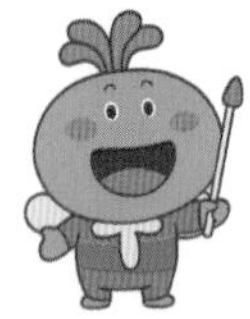

日本海側の酒田市と太平洋側の宮古市の比かく

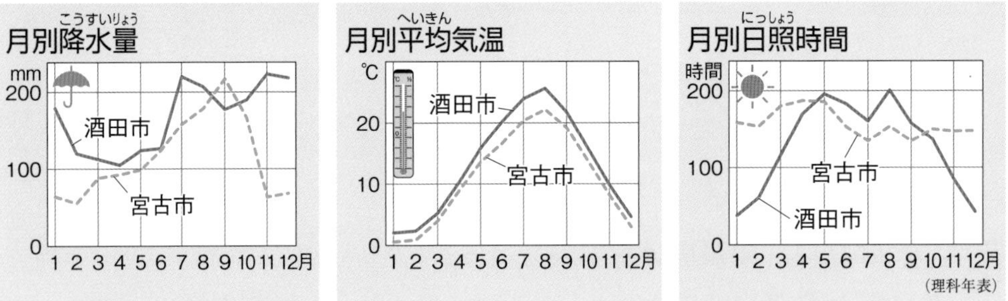

月別降水量
mm
200
100
0
酒田市
宮古市
1 2 3 4 5 6 7 8 9 10 11 12月
月別平均気温
℃
20
10
0
酒田市
宮古市
1 2 3 4 5 6 7 8 9 10 11 12月
月別日照時間
時間
200
100
0
宮古市
酒田市
1 2 3 4 5 6 7 8 9 10 11 12月
(理科年表)

●夏に⑥(　　　　)からふく季節風は、あたたかくかわいている。
◆稲の葉をかわかして、稲の⑦(　　　　)を防ぐ。
◆葉をゆらすので⑧(　　　　)が十分に当たる。
➡「宝の風」とよばれる。

2 庄内平野の米づくり

耕地のうちで水田がしめるわりあい

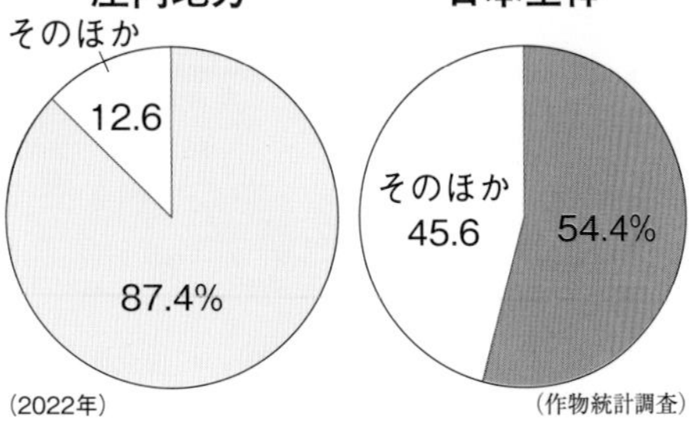

庄内地方
日本全体
そのほか
12.6
87.4%
そのほか
45.6
54.4%
(2022年)
(作物統計調査)

10aあたりの米の生産量が多い都道府県

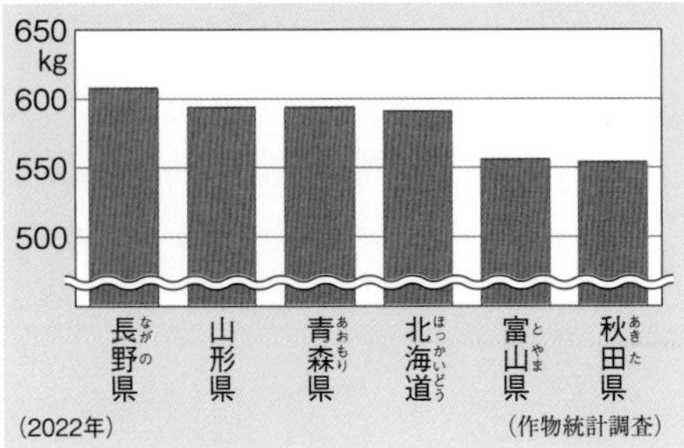

650
kg
600
550
500
長野県
山形県
青森県
北海道
富山県
秋田県
(2022年)
(作物統計調査)

庄内平野の水田の大きさ

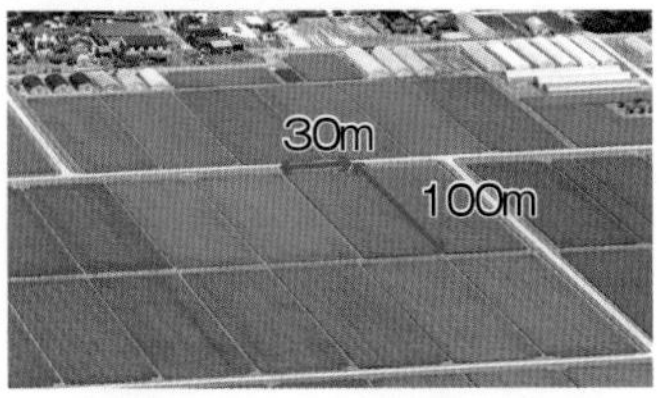

30m
100m

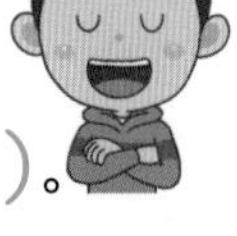

同じ面積でもとれる米の量に差があるね。

●庄内平野は耕地にしめる水田のわりあいが⑨(　　　　)。
●庄内平野のある山形県は面積あたりの米の生産量が⑩(　　　　)。

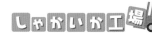

しゃかいか工場
最上川の長さは229kmで１つの県を流れる川としては最長だよ。流れが急なことも特徴の１つで、松尾芭蕉がよんだ「五月雨を　あつめて早し　最上川」という俳句は有名だね。

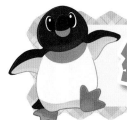

練習のワーク

できた数　／13問中

教科書 [上] 76～79ページ　答え 6ページ

1 右の地図を見て、次の問いに答えましょう。

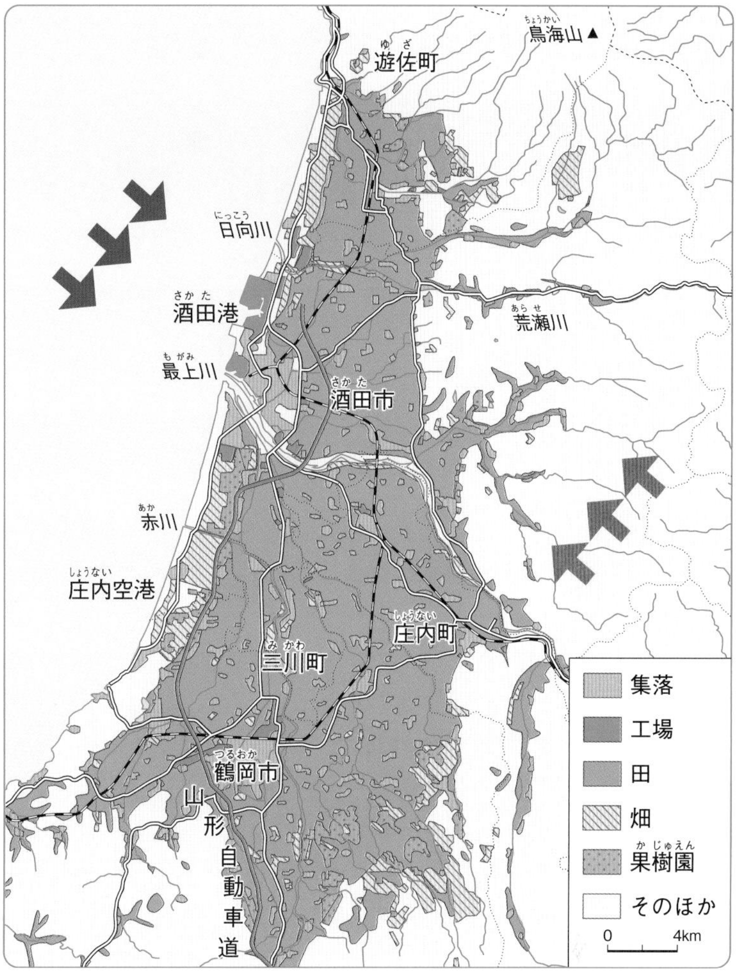

鳥海山
遊佐町
日向川
酒田港
荒瀬川
最上川
酒田市
赤川
庄内空港
庄内町
三川町
鶴岡市
山形自動車道
集落
工場
田
畑
果樹園
そのほか
0
4km

(1) [図]のように、土地の使われ方を表した地図を何といいますか。
（　　　　）

(2) 酒田市とそのまわりに広がる平野を何といいますか。
（　　　　）平野

(3) (2)の土地利用のうち、最も広い面積をしめているものは何ですか。
（　　　　）

(4) 夏は➡、冬は➡からふく風を何といいますか。
（　　　　）

(5) この地域にふく➡の風の特色を、次から２つ選びましょう。
（　　）（　　）

㋐ あたたかい。
㋑ つめたい。
㋒ しめっている。
㋓ かわいている。

(6) ➡の風は、稲の病気を防ぎ、じょうぶな稲を育てることから何の風とよばれていますか。
（　　　　）の風

2 右のグラフを見て、次の問いに答えましょう。

(1) [あ]の㋐・㋑は、日本全体と庄内地方のどちらかです。庄内地方はどちらですか。（　　）

(2) 山形県の、10 a あたりの米の生産量は、都道府県別では全国で何番目ですか。（　　）番目

(3) 次の文の（　　）にあてはまる言葉を書きましょう。

● 庄内平野は、土地が①（　　　　）で、大きな川がいくつも流れているため②（　　　　）が豊かです。また、夏の昼と夜の③（　　　　）が大きく、春から秋にかけて、④（　　　　）が長い気候が、米づくりに適しています。

[あ]耕地のうちで水田がしめるわりあい

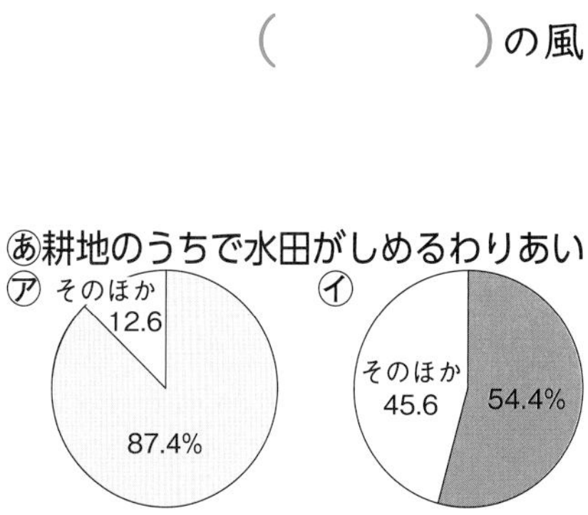

㋐
そのほか
12.6
87.4%
㋑
そのほか
45.6
54.4%

(2022年)　(作物統計調査)

[い]10 a あたりの米の生産量が多い都道府県

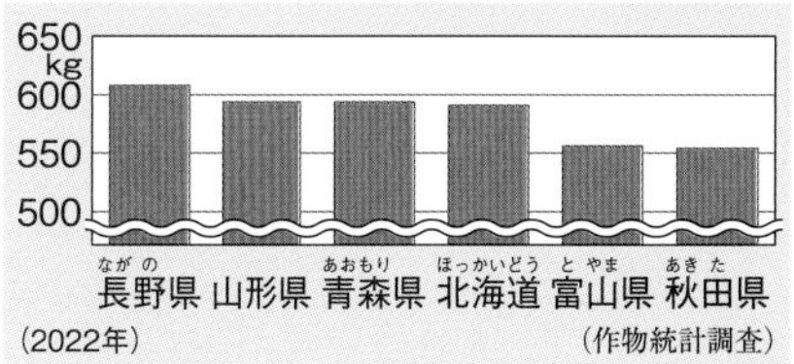

650
kg
600
550
500
長野県
山形県
青森県
北海道
富山県
秋田県

(2022年)　(作物統計調査)

ポイント　庄内平野の地形や気候は米づくりに適している。

勉強した日　月　日

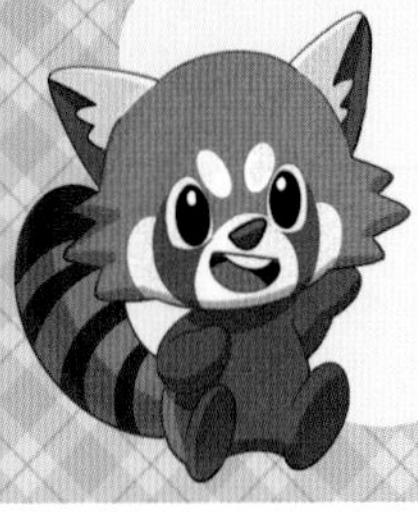

2　米づくりのさかんな地域②

基本のワーク

学習の目標

農家の人の米づくりの進め方とくふうを、理解しましょう。

教科書 [上] 80〜83ページ　答え 6ページ

1 祢津さんの米づくり

よみトク！資料

●米づくりの作業

◆農薬を散布するヘリコプターなど、多くの機械を使う。

◆肥料をまく時期や水の管理は地域で話し合って決める。

3月	4月	5月	6月	7月	8月	9月	10月
種もみを選ぶ ・塩水を使ってよい種もみを選ぶ 共同作業の計画づくり	①たい肥をまく・種まき ・健康な土をつくる ②なえを育てる	・田に水を入れ平らにならす ③じょ草ざいをまく 水の管理	稲の成長を調べる みぞをほる	農薬をまく ・中干し ・生育調査	・稲を雑草から守る ・肥料をあたえる ・稲を病気、害虫から守る 穂が出る	稲かりの計画づくり ④だっこく	カントリーエレベーターに運ぶ 出荷前にもみすりかんそう

①(　　　　)

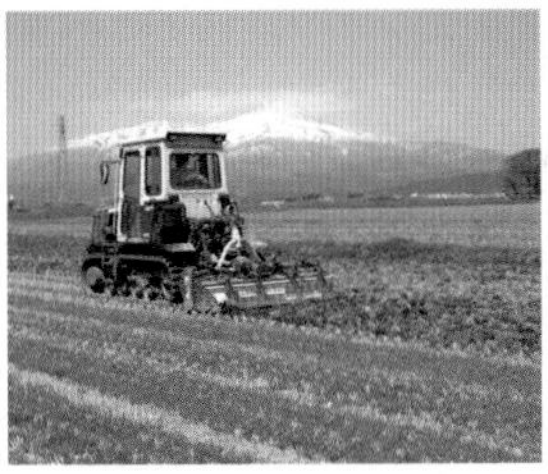

②(　　　　)

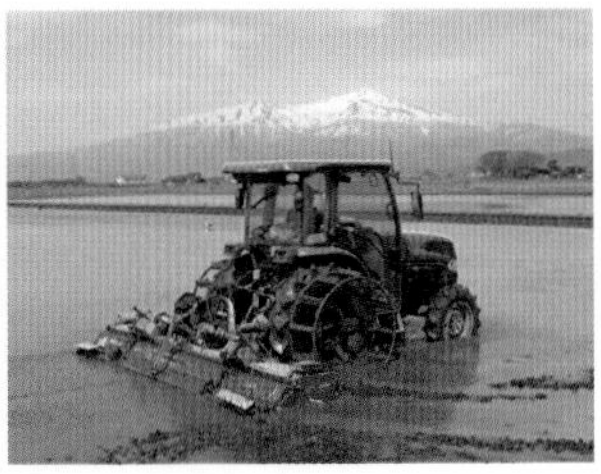

③(　　　　)

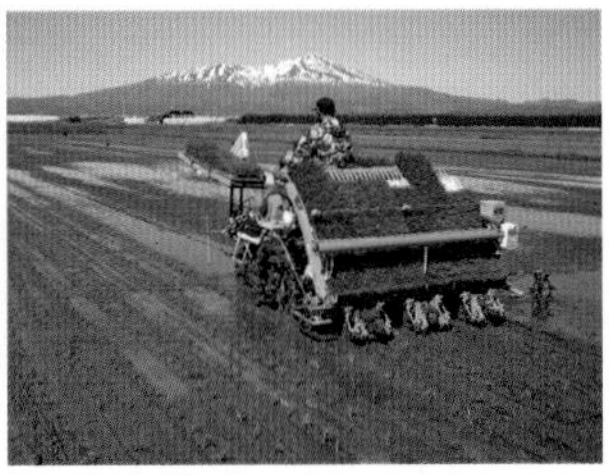

④(　　　　)

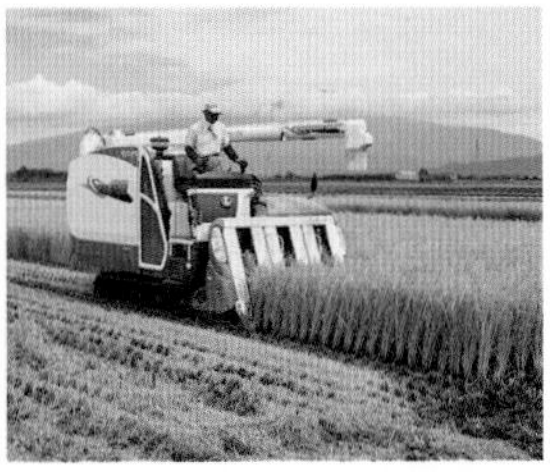

●農家の種類

◆⑤(　　　　)**農家**…農業以外で働く家族がいない農家。

◆⑥(　　　　)**農家**…農業以外で働いている人がいる農家。

最近は兼業農家の方が多いよ。

2 米づくりの仕事のくふう

●水の量を調節する。

◆⑦(　　　　)と**排水路**を分け、水を入れたりぬいたり、深さの調節をしやすくする。

◆ポンプ場を⑧(　　　　)で管理し、全部の田に用水をうまく配分する。

●⑨(　　　　)で**生産性**を高める。

◆田の形を整え、区画を広げる。

◆水路や農道を整備する。

●⑩(　　　　)**化**を進め、労働時間を短しゅくする。

◆**トラクター**、**田植え機**や**コンバイン**を使う。➡高価な農業機械は、共同でこう入して使用する。

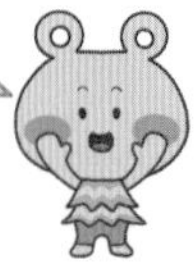

生産性がだんだん上がっているね。

生産性

どれだけの仕事やお金を使って、どれだけのものを生み出せるかの関係。

米づくりの労働時間の変化

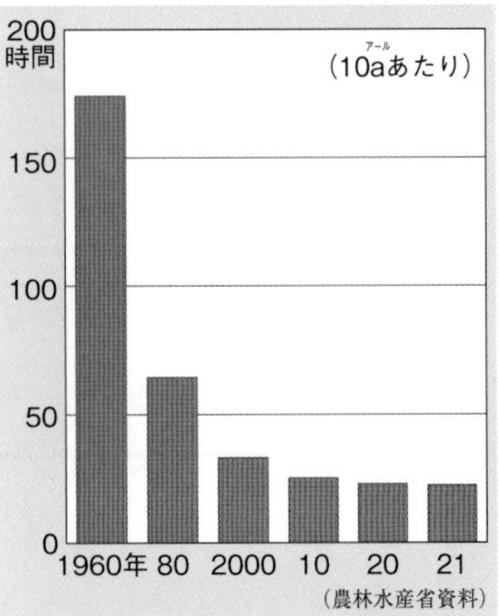

200
時間
(10aあたり)
150
100
50
0
1960年
80
2000
10
20
21

(農林水産省資料)

しゃかいか工場

中干しとは、田の水をいったん全部ぬいてしまうことだよ。そうすると稲の根が水を求めてよくのび、たおれにくいじょうぶな稲が育つんだ。

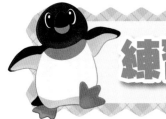

練習のワーク

できた数　／16問中

教科書 ㊤ 80〜83ページ　答え 6ページ

1 米づくりの作業を示した次の図を見て、あとの問いに答えましょう。

Ⓐ 田おこし → なえを育てる → Ⓑ 代かき → Ⓒ 田植え ━━→ Ⓓ 稲かり → Ⓔ かんそう保管

(1) Ⓐ〜Ⓓはどのような作業ですか。次からそれぞれ選びましょう。

Ⓐ(　　)　Ⓑ(　　)　Ⓒ(　　)　Ⓓ(　　)

㋐ なえを水田に植える。　㋑ 田に水を入れ、平らにならす。

㋒ 実った稲をかり取る。　㋓ 土を耕す。

(2) 農家の人がⒺのために、「もみ」を運びこむ倉庫のような施設を何といいますか。

(　　　　)

(3) ━→の時期に行う作業について、次の文の(　)にあてはまる言葉を、□から選びましょう。

農薬	じょ草ざい
中干し	だっこく

●雑草が生えないように①(　　)をまいたり、稲を病気や害虫から守るために②(　　)をまいたりします。また、夏には、田の水をいったん全部ぬく③(　　)を行います。

2 右の図を見て、次の問いに答えましょう。

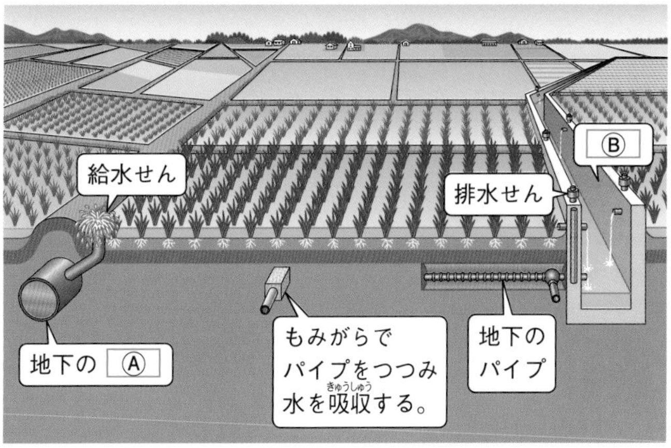

Ⓑ
給水せん
排水せん
地下の Ⓐ
もみがらで
パイプをつつみ
水を吸収する。
地下の
パイプ

(1) Ⓐ・Ⓑを何といいますか。

Ⓐ(　　　　)

Ⓑ(　　　　)

(2) Ⓐ・Ⓑを分けるほかに、耕地整理で行われることを、次から選びましょう。

(　　)

㋐ 区画を小さくする。

㋑ 田の形を長方形に整える。

㋒ 農道をなくす。

(3) 耕地整理を進めたのはなぜですか。次の文の(　)にあてはまる言葉を書きましょう。

●効率的に仕事をして米づくりの(　　　)性を高めるため。

(4) 次の米づくりの作業で使う農業機械を何といいますか。

① 田おこし (　　　)　② 稲かり (　　　)

(5) 米づくりについて、正しい文を次から2つ選びましょう。(　　)(　　)

㋐ 家族全員が農業以外の仕事を持たない農家を専業農家という。

㋑ 肥料をまく時期や水の管理は、それぞれの農家が都合のいい日に行う。

㋒ 高価な農業機械は地域の人とお金を出し合って買い、共同で使うことがある。

㋓ 機械化が進んだため、農作業にかかる時間が長くなった。

ポイント 耕地整理や機械化で米づくりの効率がよくなった。

勉強した日　　月　　日

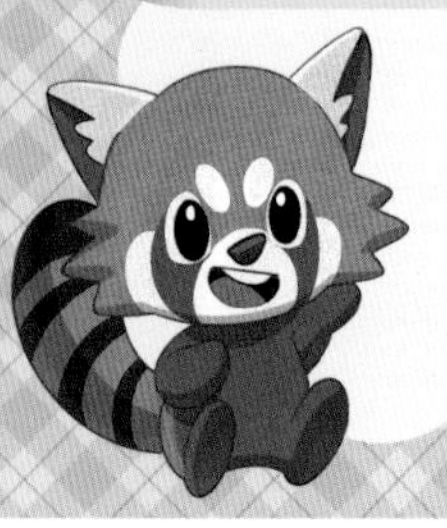

2　米づくりのさかんな地域③

学習の目標
農家を支える人々や、米が消費者にとどく流れを理解しましょう。

基本のワーク

教科書 [上] 84〜87ページ　答え 6ページ

1 庄内平野の米づくりを支える人たち

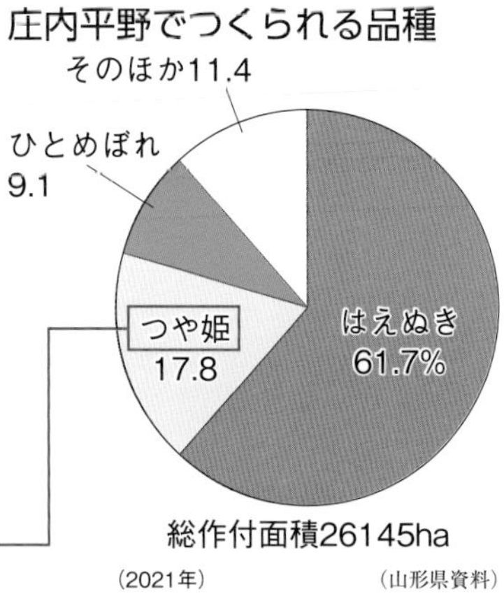

庄内平野でつくられる品種
そのほか11.4
ひとめぼれ 9.1
つや姫 17.8
はえぬき 61.7%
総作付面積26145ha
(2021年)
(山形県資料)

●①(　　　　)(ＪＡ)…農家を中心とした集まり。
- 営農指導員が技術を②(　　　　)する。
- 農家に農機具や肥料を売る。
- 地域全体のさいばい計画を立てる。
- 農家がつくった米をせんでんする。

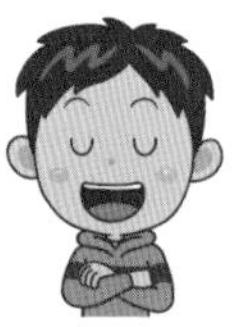

農家以外の人も、よりよい米づくりに協力しているんだね。

●**水田農業研究所**…山形県鶴岡市。
- **品種改良**を行う➡新しく
③「(　　　　)」や「雪若丸」という品種を開発した。
- 肥料のあたえ方などのさいばい方法の④(　　　　)もする。

よみトク！資料

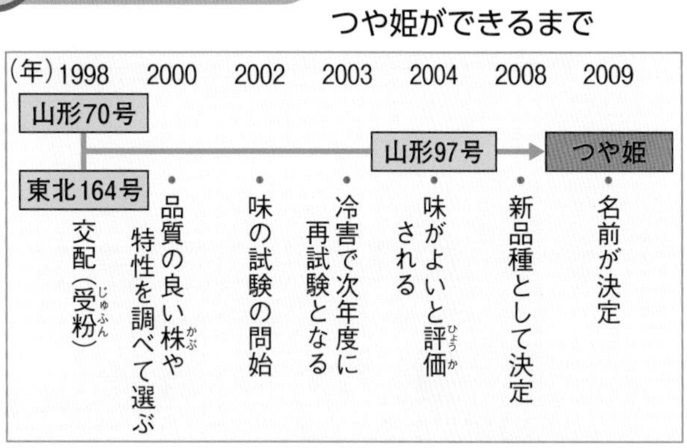

つや姫ができるまで
(年) 1998 2000 2002 2003 2004 2008 2009
山形70号
東北164号
山形97号
つや姫
交配(受粉)
品質の良い株や特性を調べて選ぶ
味の試験の開始
冷害で次年度に再試験となる
味がよいと評価される
新品種として決定
名前が決定

●⑤(　　　　)…いろいろな品種のよい性質をかけ合わせ、土地や気候に合った新しい品種をつくる。
- 品質や味が⑥(　　　　)て、⑦(　　　　)の好みに合う米。
- 庄内平野で最も多くつくられている⑧「(　　　　)」もつくられた。
- 夏の高温に対して、⑨(　　　　)に強い品種の開発も進めている。

2 おいしい米を全国に

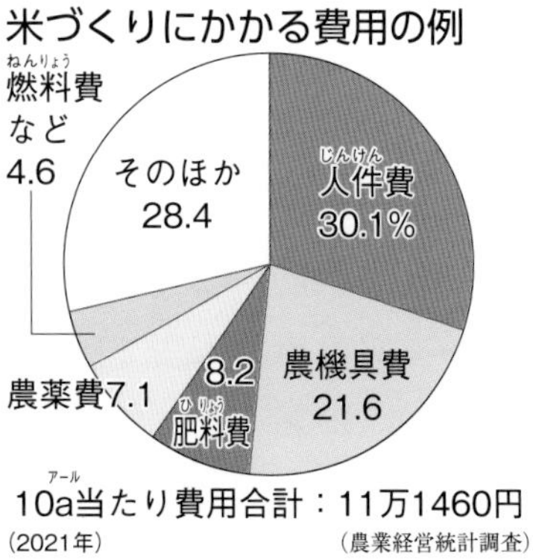

米づくりにかかる費用の例
燃料費など 4.6
そのほか 28.4
人件費 30.1%
農薬費7.1
8.2 肥料費
農機具費 21.6
10a当たり費用合計：11万1460円
(2021年)
(農業経営統計調査)

●庄内米の出荷
- 江戸時代から北前船などで東京や大阪に米が運ばれていた。
- 今は、米を⑩(　　　　)に集めて保管し、ＪＡの計画にしたがって全国に出荷している。

●米の輸送…北海道へは**フェリー**で、そのほかの地域へは鉄道や⑪(　　　　)で運ばれる。

●米のはん売
- 米屋やスーパーマーケットで買うことができる。
- 農家から直接買い、⑫(　　　　)でとどけてもらう。

●米のねだん…米づくりにかかる**費用**のほか、⑬(　　　　)やはん売にかかる費用がふくまれている。

●最近は、米を食べる人が⑭(　　　　)ってきている。

費用
生産・輸送・はん売などの活動に対してしはらわれるお金。

しゃかいか工場　品種改良は米だけでなく、野菜や果物、家畜などでも行われているよ。「桃太郎」はトマトの品種、「あまおう」「とちおとめ」はイチゴ、「ふじ」「つがる」はリンゴの品種だよ。

練習のワーク

教科書 ㊤ 84〜87ページ　答え 6ページ

1 右の図を見て、次の問いに答えましょう。

(1) 図のように、いろいろな品種のよいところを集めて新しい品種をつくり出すことを何といいますか。（　　　　　）

(2) 山形県鶴岡市にある、(1)の研究をしているところはどこですか。（　　　　　）

(3) 次の文の（　　）にあてはまる言葉を右の⌐ ̄ ̄¬から選びましょう。

● 米の生産には、農家や①（　　　　　）だけでなく、市役所の人も関わっている。

● 最近は、夏に②（　　　　　）の日が多いため、暑さに強い品種の開発や、肥料のあたえ方などの③（　　　　　）方法の研究が行われている。

| (年)1998 | 2000 | 2002 | 2003 | 2004 | 2008 | 2009 |

山形70号　→　山形97号　→　つや姫

東北164号

・交配（受粉）
・品質の良い株や特性を調べて選ぶ
・味の試験の問始
・冷害で次年度に再試験となる
・味がよいと評価される
・新品種として決定
・名前が決定

⌐- - - - - - - - - - - - - - - - - - ¬
　低温　さいばい　ＪＡ　高温　気候
└- - - - - - - - - - - - - - - - - - ┘

2 右の図を見て、次の問いに答えましょう。

(1) 庄内平野の米が最も多く運ばれているのは何地方ですか。（　　　　　）地方

(2) 次の文の□にあてはまる言葉を、あとからそれぞれ選びましょう。

①（　　）　②（　　）　③（　　）

┌─────────────────────┐
│　庄内平野の米は、各地に運ばれている。貨物用の ① を利用して運ばれたり、高速自動車国道を使って ② で運ばれたりする。また、北海道へは ③ で運ばれている。│
└─────────────────────┘

㋐ フェリー　　㋑ トラック　　㋒ 鉄道

庄内平野の米が全国にとどくまで

庄内平野の米がとどけられる地方別のわりあい

中国・四国地方1.5
中部地方6.7　北海道地方0.4
　　　　　　　九州地方0.1
近畿地方14.7
東北地方21.8
関東地方54.8%

(2021年)(JA全農山形資料)

北海道地方（資料なし）
東北地方
中国・四国地方
中部地方
関東地方
近畿地方
九州地方

── 高速自動車国道
── 鉄道（貨物）
（2022年）

0　200　400km

3 右のグラフを見て、次の問いに答えましょう。

(1) 右のグラフは、何を示していますか。□にあてはまる言葉を答えましょう。（　　　　　）

(2) スーパーマーケットで米を買うときにはらうお金にふくまれているものを、次から2つ選びましょう。（　　）（　　）

㋐ 生産地からスーパーマーケットまでの輸送費

㋑ スーパーマーケットから自宅までの配達料

㋒ 自宅からスーパーマーケットにいく交通費

㋓ スーパーマーケットの店員の給料

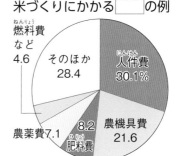

米づくりにかかる□の例

燃料費など4.6
そのほか28.4
人件費30.1%
農機具費21.6
肥料費8.2
農薬費7.1

10a当たり費用合計：11万1460円
(2021年)（農業経営統計調査）

勉強した日　　月　　日

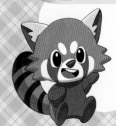

2　米づくりのさかんな地域④
福井平野の新しい米づくり
基本のワーク

学習の目標
農家の課題とその解決方法をかくにんしましょう。

教科書 [上] 88～93ページ　答え 7ページ

1 米づくり農家のかかえる課題と新しい取り組み／新聞にまとめる

よみトク！資料

米の生産量と消費量の変化

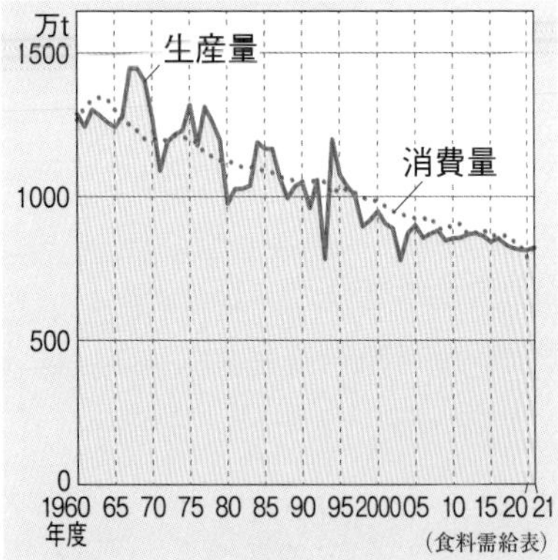

万t
1500
1000
500
0
生産量
消費量
1960 65 70 75 80 85 90 95 2000 05 10 15 20 21
年度
（食料需給表）

米の１人あたりの消費量は、この50年で半分になったよ。

農家をめぐる問題

●1965年ごろから、米の①（　　　　）量が②（　　　　）量を上回る➡米が余る。

●米の生産量をおさえる③（　　　　）が行われた。
➡多くの農家が米づくりをやめて、大豆やねぎなど野菜をつくるなどの**転作**をした。

●農業で働く人が④（　　　　）いる。

●現在、半分以上が⑤（　　　　）の人
➡高齢化が進む。

農業で働く人数の変化

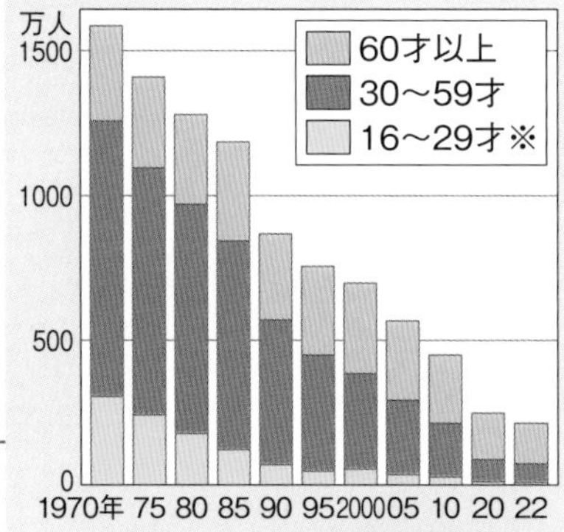

万人
1500
1000
500
0
60才以上
30～59才
16～29才※
1970年 75 80 85 90 95 2000 05 10 20 22

※1995年からは15～29才（農業構造動態調査ほか）

SDGs 新しい取り組み

●農作業の⑥（　　　　）**化**…農家が共同で農作業する。
●消費者と結びつく…小学校で米づくりの出前授業を行う。
●⑦（　　　　）にやさしい肥料づくり…安全な米をつくる。
●農作業の効率化…種もみを⑧（　　　　）する。

直まきするとなえづくりの手間が省けるんだって！

2 福井平野に広がるパイプライン

「2　米づくりのさかんな地域」の発展的内容です。

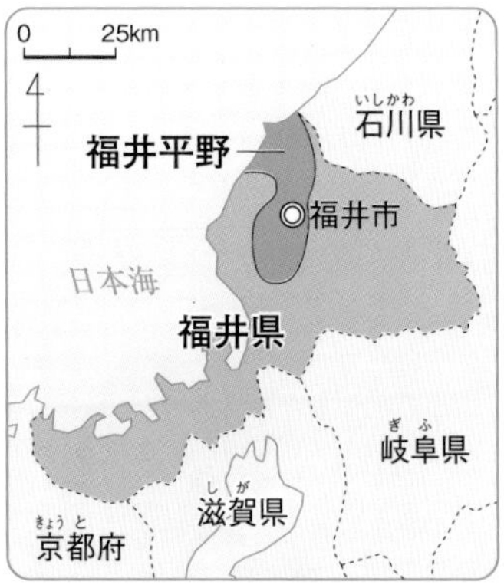

0 25km
福井平野
石川県
福井市
日本海
福井県
岐阜県
滋賀県
京都府

●⑨（　　　　）県の福井平野は、昔から米づくりがさかん。
●水をめぐる問題が発生する。
◆用水路が古くなり、水がよごれる。
◆海沿いでは塩水で作物が育たなくなる。
●問題の解決のため、地下に⑩（　　　　）を建設する。
◆コンピューターでパイプラインを流れる用水の量を調節。
➡広大な福井平野で安定的に水を送れるようになった。

パイプライン

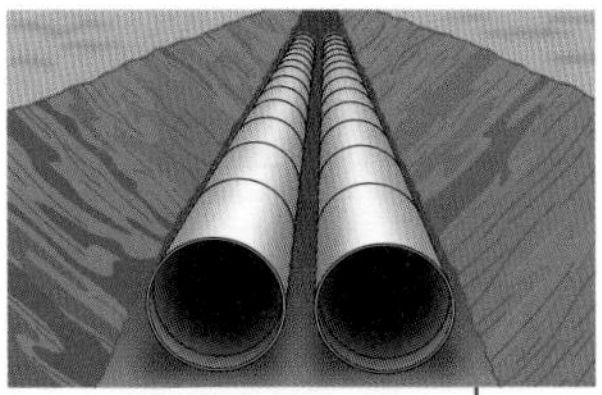

●水の管理が効率的になる。
●⑪（　　　　）**農業**の機械を導入。ＧＰＳの利用。
➡農作業の効率化や省力化。大規模な米づくりが可能に。
●キャベツなど⑫（　　　　）づくりもさかんになる。

スマート農業
ロボットの技術や情報通信技術（ＩＣＴ）を活用する農業。

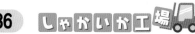

しゃかいか工場
米の消費量を増やすために、米の新しい使いみちが開発されているよ。今では、米粉を使ったパンや、米をえさにして育てた豚の肉が売られるようになっているよ。

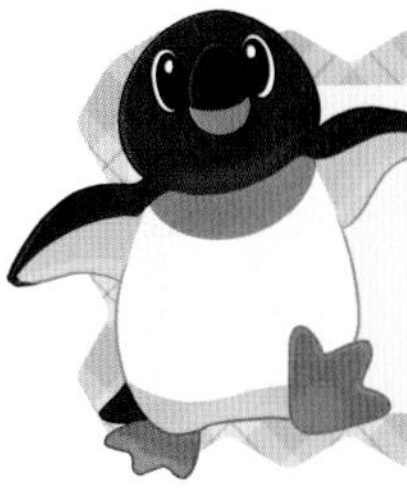

練習のワーク

教科書 [上] 88～93ページ　答え 7ページ

できた数　／12問中

1 次の問いに答えましょう。

(1) 右のグラフを見て、次の文のうち、正しいものを２つ選びましょう。　(　　)(　　)

㋐ 農業で働く人数はしだいに減ってきている。

㋑ 2020年に農業で働く人の半分以上は60才以上である。

㋒ 農業で働く30～59才の人数はあまり変わらない。

㋓ 農業で働く29才以下の人はしだいに増えている。

農業で働く人数の変化

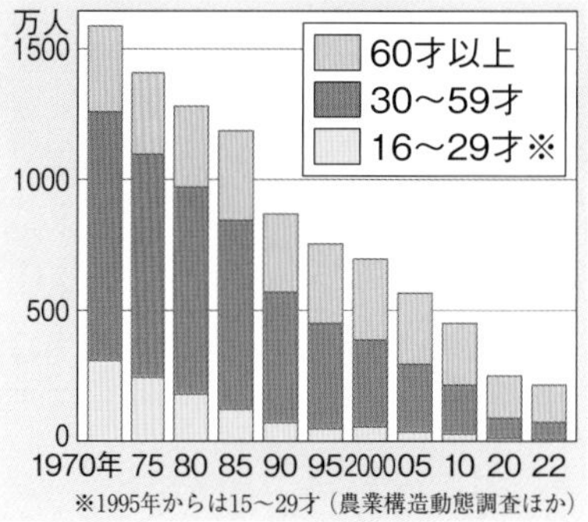

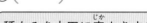

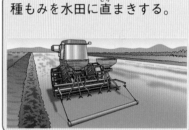

※1995年からは15～29才（農業構造動態調査ほか）

(2) 水田を畑にして、大豆や野菜など米以外の作物をつくることを何といいますか。　(　　)

(3) 次の取り組みの目的は何ですか。あとからそれぞれ選びましょう。

①(　　)　②(　　)　③(　　)

ヘリコプターを使い、地域のいくつかの農家で農薬をまく。

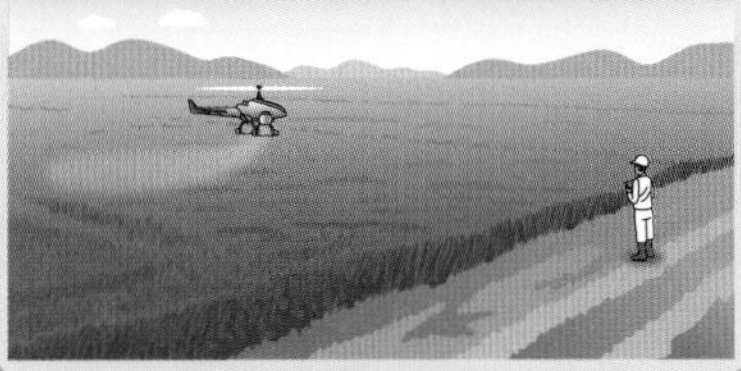

稲のもみがらから環境にやさしい肥料をつくる。

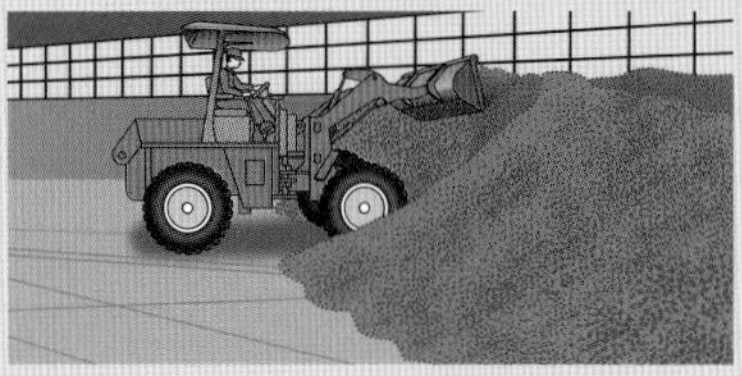

種もみを水田に直まきする。

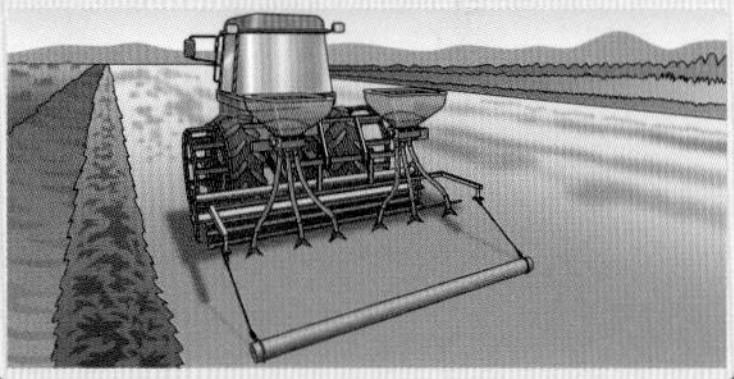

㋐ 農作業の効率化　㋑ 消費者との結びつき

㋒ 農作業の共同化　㋓ 安全な米づくり

2 福井平野の米づくりについて、右の図を見て、次の問いに答えましょう。

(1) 次の文の□にあてはまる言葉を答えましょう。

①(　　)　②(　　)

③(　　)

●用水路が古くなり水が[①]るなどの課題があったため、九頭竜川の上流に[②]をつくり、土地の高低差を利用して下流に[③]で用水を送った。

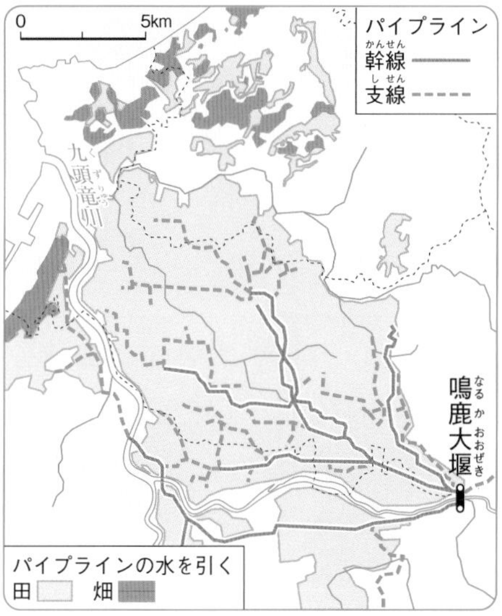

(2) (1)でよくなった点を、次から２つ選びましょう。　(　　)(　　)

㋐ 水を安定して使えるようになった。

㋑ 塩水を用水に使えるようになった。

㋒ 水の温度を変えられるようになった。

㋓ 水の管理の作業が効率的になった。

(3) ＧＰＳを利用したスマート農業の機械で行えることを、次から選びましょう。　(　　)

㋐ 米の保管　㋑ 自動運転　㋒ かり取った稲の天日ぼし

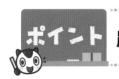

ポイント　農家は米の消費量の減少や高齢化の課題をかかえている。

まとめのテスト

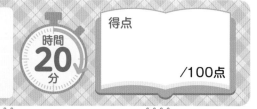

2　米づくりのさかんな地域

時間 20分

得点　　/100点

勉強した日　月　日

教科書 [上] 76～93ページ　答え 7ページ

1 [庄内平野の米づくり] 次の問いに答えましょう。　1つ3〔24点〕

(1) 庄内（しょうない）平野はどこの県にありますか。**地図**の㋐～㋓から選びましょう。（　　）

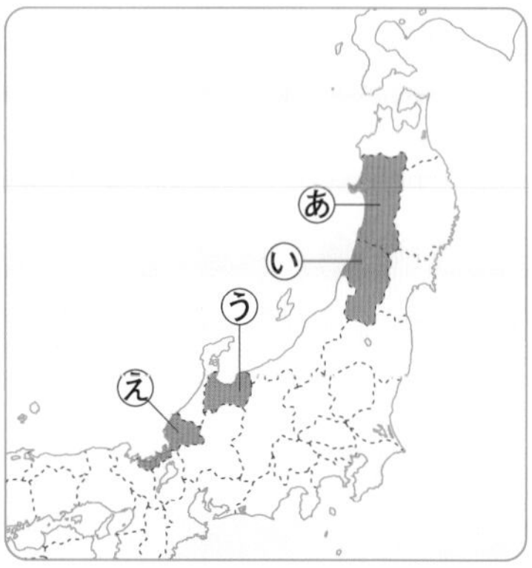

あ
い
う
え

(2) 庄内平野を流れる川を、次から選びましょう。（　　）

㋐ 石狩（いしかり）川　㋑ 北上（きたかみ）川　㋒ 信濃（しなの）川　㋓ 最上（もがみ）川

(3) 庄内平野の米づくりに合った自然条件（じょうけん）を、次から２つ選びましょう。（　　）（　　）

㋐ 水が豊（ゆた）かである。　㋑ 海岸近くに砂丘（さきゅう）がある。

㋒ 夏の日照（にっしょう）時間が長い。　㋓ 夏の昼と夜の気温差がない。

[よく出る] (4) 庄内平野には、形の整った広い田が広がっています。これは何を行ったからですか。

（　　　　）

(5) 右の**グラフ**について、次の問いに答えましょう。

① **グラフ**のたてと横はそれぞれ何を表していますか。

●たて…米の（　　　　）

●横…（　　　　）の名前

② 次の文の□にあてはまる言葉を書きましょう。（　　　　）

●長野県や山形県の米づくりは□性が高い。

10a（アール）あたりの米の生産量が多い都道府県

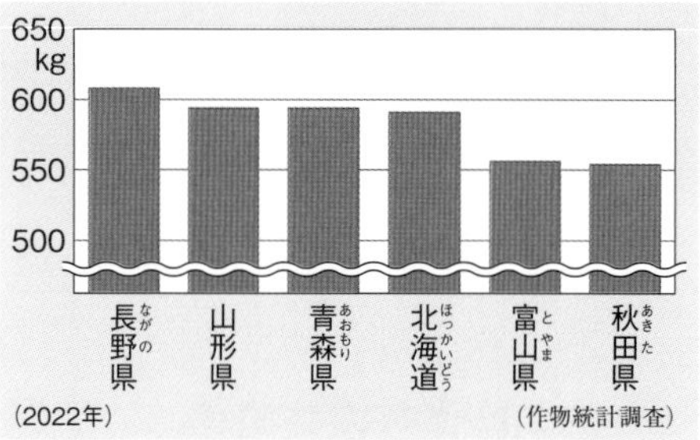

650
kg
600
550
500
長野県
山形県
青森県
北海道
富山県
秋田県
(2022年)
(作物統計調査)

2 [米づくり] 次の農作業ごよみを示（しめ）した図を見て、あとの問いに答えましょう。　1つ4〔24点〕

3月	4月	5月	6月	7月	8月	9月	10月
種もみを選ぶ 共同作業の計画づくり ・塩水を使って よい種もみを用意する	たい肥（ひ）をまく 種まき [①] なえを育てる ・健康な土をつくる [②]	[③] ・田に水を入れ、平らにならす じょ草ざいをまく 水の管理	稲（いね）の成長を調べる みぞをほる	㋐農薬をまく ・中干（なかぼ）し ・生育調査 ・雑草（ざっそう）から稲を守る	・肥料をあたえる ・病気や害虫から稲を守る 穂（ほ）が出る	稲かりの計画づくり [④] だっこく	㋑稲を施設に運ぶ かんそう 出荷前にもみすり

(1) [①]～[④]にあてはまる作業を、次からそれぞれ選びましょう。

①（　　）　②（　　）　③（　　）　④（　　）

㋐ 田植え　㋑ 稲（いね）かり

㋒ 代（しろ）かき　㋓ 田おこし

(2) ㋐に使われるものを、次から選びましょう。（　　）

㋐ トラクター　㋑ パイプライン

㋒ コンバイン　㋓ ヘリコプター

(3) ㋑にあてはまる右の施設（しせつ）を何といいますか。

（　　　　）

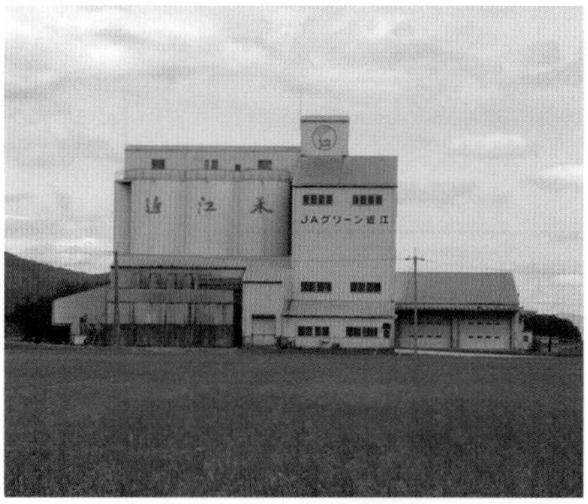

JAグリーン近江

3 米づくりを支える人たち　右のグラフを見て、次の問いに答えましょう。　　　1つ4〔16点〕

(1) ⓐについて、次の文の□□□にあてはまる言葉を書きましょう。（　　　　　　　）

● 「つや姫」は、鶴岡市にある水田農業研究所で□□□により開発された。

(2) 新しい品種の米をせんでんするのは農業協同組合です。農業協同組合のアルファベットの略称を書きましょう。

（　　　　　　　）

(3) ⓘの米づくりにかかる費用のうち、最も費用がかかるものは何ですか。　　　　　（　　　　　　　）

記述▶ (4) ⓘの農機具費について、高価な機械はどのようにしていますか。**お金、共同**の言葉を用いてかんたんに書きましょう。

（　　　　　　　）

ⓐ庄内平野でつくられる品種

総作付面積
26145ha
（2021年）　　（山形県資料）

ⓘ米づくりにかかる費用

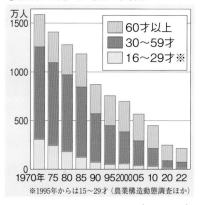

10a当たり
費用合計：
11万1460円
（2021年）　（農業経営統計調査）

4 米づくりの課題　次の資料を見て、あとの問いに答えましょう。　　　1つ4〔36点〕

ⓐ米づくりの労働時間の変化

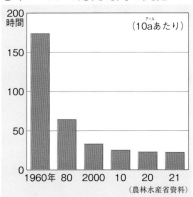

（農林水産省資料）

ⓘ米の生産量と消費量の変化

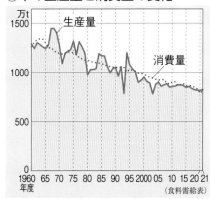

（食料需給表）

ⓤ農業で働く人数の変化

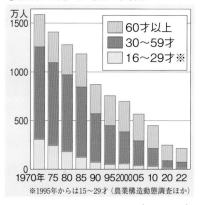

※1995年からは15〜29才（農業構造動態調査ほか）

(1) ⓐから読み取れる労働時間の変化が起こった理由を、次から選びましょう。　（　　　　）

　㋐ 専業農家が増えたから。　　　㋑ 農家に直接注文する人が増えたから。

　㋒ 機械化が進んだから。

(2) ⓘから読み取れる生産量と消費量の変化に対し、政府が進めた政策を何といいますか。

（　　　　　　　）

(3) ⓤから読み取れる農家で働く人数の変化に対し、農家はどのような取り組みをしていますか。次から選びましょう。　（　　　　）

　㋐ 共同で農作業をする。

　㋑ 米づくりをやめ野菜づくりをする。

　㋒ トラックや鉄道を利用して米を運ぶ。

思考▶ (4) 次の文の{　　}にあてはまる言葉に〇を書きましょう。また、それがわかる**資料**をⓐ〜ⓤからそれぞれ選びましょう。

①（　　　）　②（　　　）　③（　　　）

① 現在、農業で働く人の半分以上は{ わかい人　高齢者 }である。

② 米づくりにかかる時間はこの約60年間で約{ 3分の1　7分の1 }になった。

③ { 米が余るように　米が足りなく }なったのは今から60年ほど前のことである。

3 水産業のさかんな地域①

基本のワーク

教科書 ㊤ 94〜99ページ 答え 7ページ

学習の目標
日本の水産業がさかん
な地域と、その理由を
おさえましょう。

① 魚を食べる日本

● ①( )業…魚をとったり育てたりする仕事。日本人は魚をよく食べる。
● 漁業（ぎょぎょう）と、魚を加工したり魚の売買（ばいばい）を行ったりする仕事を合わせて**水産業**という。

よみトク！ 地図

● 日本近海は、**暖流**（だんりゅう）と**寒流**（かんりゅう）がぶつかる**三陸沖**（さんりくおき）を
　中心によい漁場となっている。
● 日本近海には、水深200mくらいまでの
　②( )が広がる。
　◆ 海そうがよく育ち、魚が多い。
　◆ えさになる③( )
　　が多い。

④( )

枝幸（えさし）44　紋別（もんべつ）74
広尾（ひろお）70　　湧別（ゆうべつ）38
　　　　　　常呂（ところ）37
平内（ひらない）39

寒流

寒流

リマン海流

網走（あばしり）50
釧路（くしろ）205
八戸（はちのへ）44

⑥( )

日本海（にほんかい）

境（さかい）91

松浦（まつうら）59

長崎（ながさき）52

北浦（きたうら）41
山川（やまがわ）40

枕崎（まくらざき）62

気仙沼（けせんぬま）75
女川（おながわ）42
石巻（いしのまき）96
銚子（ちょうし）280
焼津（やいづ）148

太平洋

⑤( )

東（ひがし）シナ海（かい）

暖流

暖流

主な漁港の水あげ量

(2021年)　　(単位千t)　(水産物流通調査)

② かつお漁の方法／枕崎漁港から食卓へ

● 漁業の分類
　◆ ⑦( )漁業…遠くの海に出かけ、長期間にわたって漁をする。
　◆ ⑧( )漁業…10 t 以上の船で、数日がかりで漁をする。
　◆ ⑨( )漁業…10 t 未満の船や**定置あみ**（ていち）、**地引きあみ**（じびき）を使う。
● 鹿児島県（かごしま）の南は⑩( )が東シナ海から太平洋に流れ込む。
● かつおについて
　◆ 赤道（せきどう）近くで生まれる ➡ 夏ごろ三陸沖に ➡ 秋に南の海へ帰る（回遊）（かいゆう）
　◆ かつおをとる漁の方法…⑪( )づり、**まきあみ漁**。
　　■ 魚群探知機（ぎょぐんたんちき）で魚のいる場所を見つけ、あみで魚を囲（かこ）いこむ。
● 漁港から食卓（しょくたく）へ
　◆ **水あげ**された魚を手作業で種類や大きさごとに分ける。
　◆ せりにかけられ、⑫( )**機能**（きのう）のついたトラックで運ぶ。
● 魚の**価格**（かかく）には、漁の経費のほか、市場での費用や**輸送費**（ゆそうひ）がふくまれる。

水あげ

魚などの船の荷物
を陸にあげるこ
と。または、漁業
の収穫（しゅうかく）のこと。

せり

売り物に対して買
いたい人が値段を
示（しめ）し、値段と買う
人を決めること。

暖流と寒流がぶつかるところを潮目（しおめ）といって、あわやもなどがういていて波が立っている
から、目で見てもわかるよ。黒潮と親潮の潮目は、三陸沖から千葉県沖まで移動（いどう）するんだ。

練習のワーク

でた数

／16問中

教科書 ⊕ 94〜99ページ　答え 7ページ

1 右の地図を見て、次の問いに答えましょう。

(1) Ⓐ、Ⓑは暖流、寒流のどちらですか。

Ⓐ（　　　　　）　Ⓑ（　　　　　）

(2) ⓐ〜ⓒの港の名前を、 [ ] から選びましょう。

ⓐ（　　　　　）

ⓑ（　　　　　）

ⓒ（　　　　　）

> 銚子　釧路
> 八戸　焼津

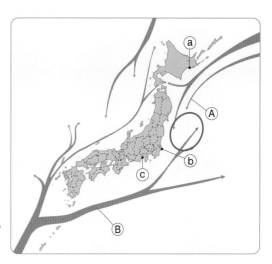

(3) ◯がよい漁場である理由を、次から選びましょう。（　　　　　）

㋐　水深が浅いから。　　㋑　魚の種類が多いから。

㋒　いつも波がおだやかだから。

(4) 漁業や、魚を加工して食品にする仕事、魚の売買をする仕事を合わせて何といいますか。

（　　　　　　　）

2 枕崎漁港のかつお漁について、次の問いに答えましょう。

(1) かつお漁のように、遠くの海に出かけ、長期間にわたって漁をする漁業を何といいますか。（　　　　　）漁業

(2) ㋐のようなしくみでとる漁法を何といいますか。

（　　　　　）漁

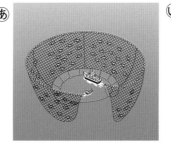

(3) 船に積んで群れをさがす、㋑のような機械を何といいますか。（　　　　　　　）

(4) 次の文の（　　）にあてはまる言葉を [ ] から選びましょう。

●かつおのように、季節によって魚が場所を移動することを①（　　　　　）という。

> 赤道近く　三陸沖
> 回遊　暖流　寒流

●かつおは、夏になると②（　　　　　）まで移動して大きくなる。秋には③（　　　　　）のえいきょうが強まり、南の海に帰っていく。

(5) とった魚のゆくえについて、次の（　　）にあてはまる言葉を書きましょう。

魚が船から①（　　　　　）される。

→ 手作業で種類や大きさごとに分けられる。

→ ②（　　　　　）にかけられる。

→ トラックに積みこんで運ばれる。

(6) 魚などのものやサービスにつけられた金額を何といいますか。（　　　　　　　）

ポイント 暖流や寒流が流れ、大陸だなが広がる日本は漁業がさかん。

3　水産業のさかんな地域②

基本のワーク

> 学習の目標・
> つくり育てる漁業の様子と、漁業のかかえる問題を理解しましょう。

教科書 ⊕ 100〜107ページ　答え 7ページ

❶　かつお節をつくる／つくり育てる漁業

● かつお節（本枯節）は、日本の伝統的な**水産加工品**である。

● かつお節をつくる工場
　◆ 枕崎漁港の近くにかつお節をつくる工場が集まる。
　◆ 1本のかつお節をつくるのに多くの時間と手間がかかる。
　➡ ①（　　　　　　　　）化が難しく、人の手による作業が必要。

● **つくり育てる漁業**…**水産資源**を守り、増やしていくために、養しょくやさいばい漁業を行う。
　◆ ②（　　　　　　　　）…魚などを出荷できる大きさまで育てる。
　◆ ③（　　　　　　　　）**漁業**…たまごからかえした稚魚などを、海や川に放流し、自然の中で育てる。
　◆ 海中の④（　　　　　　　　）が大量に発生する**赤潮**で、酸素が少なくなって魚が死ぬことがある。

> **水産加工**
> 水産物を加工して、冷とう食品やかんづめなどの食品などを生産すること。

漁業の中で養しょくがしめるわりあい

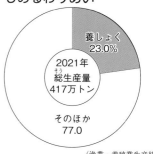

（漁業・養殖業生産統計）

❷　日本の水産業がかかえる課題／プレゼンテーションソフトを使ってまとめる

 よみトク！ 資料

● 遠洋漁業・沖合漁業・沿岸漁業の漁獲量が⑤（　　　　　　　）ってきている。

● 1970年代から⑥（　　　　　　　）漁業の漁獲量が減った。
　➡ 外国の⑦（　　　　　　　）水域での漁を制限されたため。

> インド洋や大西洋でも日本の漁船が遠洋漁業を行っているよ。

> **排他的経済水域**
> 沿岸から200海里（約370km）の海。1977年ごろから設定され、外国の船がとる魚の量がきびしく制限された。

漁業別の生産量の変化

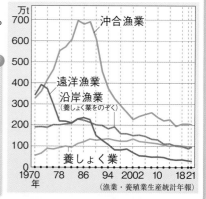

（漁業・養殖業生産統計年報）

● 1990年ごろから⑧（　　　　　　　）漁業や沿岸漁業の漁獲量も減ってきている。
　◆ 漁場の環境の悪化、とりすぎで魚が少なくなったこと、外国からの安い魚の⑨（　　　　　　　）が増えたことが関係する。

● 漁業で働く人が⑩（　　　　　　　）きている。
　➡ 多くの外国人技能実習生が日本国内で働く。

SDGs ● MSC「**海のエコラベル**」。
　◆「⑪（　　　　　　　）な漁業」でとれた水産物であることを示すラベル。

> 海のエコラベル
> 持続可能な漁業で獲られた水産物
> MSC認証
> www.msc.org/jp

漁業で働く人数の変化

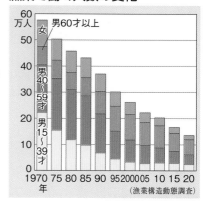

（漁業構造動態調査）

しゃかいか工場　日本は、さけ・ます、えびなどの水産物を多く輸入しているよ。さけ・ますはチリやノルウェーから、えびはインドやベトナムから輸入されているんだ。

練習のワーク

教科書 ⊕ 100〜107ページ 　答え 7ページ

1 次の問いに答えましょう。

(1) かつおなどの水産物を原料に、かつお節などの食品をつくることを何といいますか。

（ 　　　　　 ）

(2) 右の図のような方法で行われる、つくり育てる漁業を何といいますか。

（ 　　　　　 ）

たまごを
かえす

魚を海に放す

魚をとる

岩をしずめて
岩場をつくる

人工の
魚のすみか

(3) いけすの中で大きくなるまで育てる漁業で、鹿児島県（かごしま）の生産量が全国一である魚は何ですか。次から選びましょう。　（ 　　 ）

　㋐ さば 　　 ㋑ かんぱち 　　 ㋒ あじ

(4) 魚や貝などの人間がとって利用する水産物をまとめて何といいますか。（ 　　　 ）

(5) 海中のプランクトンが大量に発生し、海の色が赤くなる現象（げんしょう）を何といいますか。

（ 　　　　　 ）

2 右の図を見て、次の問いに答えましょう。

(1) 日本の漁業生産量が最も多い海洋はどこですか。　（ 　　 ）

　㋐ 太平洋（たいへいよう）
　㋑ インド洋
　㋒ 大西洋（たいせいよう）

(2) 排他的経済水域（はいたてきけいざいすいいき）では、どのようなことを制限（せいげん）していますか。次から選びましょう。　（ 　　 ）

　㋐ 自国の船がとる魚の量。

　㋑ 外国の船がとる魚の量。

　㋒ 外国の船が放流する魚の量。

あ 排他的経済水域と世界の漁場別に見た日本の漁業生産量

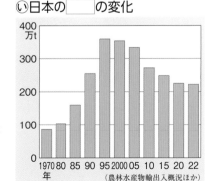

295万t

1万t

18万t

1万t　1万t　1万t

太平洋（たいへい）

大西洋（たいせいよう）

インド洋

1万t

● 排他的経済水域 　● 日本の漁業生産量 　（2021年）（農林水産省資料ほか）

(3) Ⓐなどで行われ、排他的経済水域によって漁獲量（ぎょかくりょう）が減（へ）った漁業を何といいますか。

（ 　　　　　 ）

(4) いの □ にあてはまる言葉を、次から選びましょう。

（ 　　 ）

　㋐ 水産物の輸出量（ゆしゅつ）
　㋑ 養しょくの生産量

　㋒ 水産物の輸入量（ゆにゅう）

(5) 次の文の{ }にあてはまる言葉に○を書きましょう。

　●水産業で働く人の数はしだいに①{ 減って　増えて }おり、特に②{ 高齢者（こうれい）　わかい人 }が少なくなっている。

(6) 漁業や水産加工の工場など水産業で働いている、外国から日本の技術（ぎじゅつ）を学びに来た人を何といいますか。

い 日本の □ の変化

400
万t

300

200

100

0
1970 80 85 90 95 2000 05 10 15 20 22
年
（農林水産物輸出入概況ほか）

外国人（ 　　　　　 ）

ポイント とる漁業が減り、つくり育てる漁業に力を入れている。

まとめのテスト

3　水産業のさかんな地域

時間 20分

得点　/100点

教科書 [上] 94〜107ページ　答え 8ページ

1 主な漁場と漁港　右の地図を見て、次の問いに答えましょう。　(2)完答、1つ4〔28点〕

よく出る

(1)　Ⓐ・Ⓑの海流名を、次からそれぞれ選びましょう。

Ⓐ(　　　)　Ⓑ(　　　)

㋐　黒潮　　㋑　リマン海流

㋒　親潮　　㋓　対馬海流

(2)　Ⓐ〜Ⓓのうち、暖流はどれですか。２つ選びましょう。(　　　)(　　　)

記述

(3)　　　はよい漁場になっています。その理由をかんたんに書きましょう。

(　　　　　　　　　　　　　　)

(4)　水あげ量の多い漁港はどこに集まっていますか。次から２つ選びましょう。(　　　)(　　　)

㋐　北海道　　㋑　中部地方の日本海側　　㋒　九州

㋓　瀬戸内　　㋔　東北地方の日本海側

海流と主な漁港

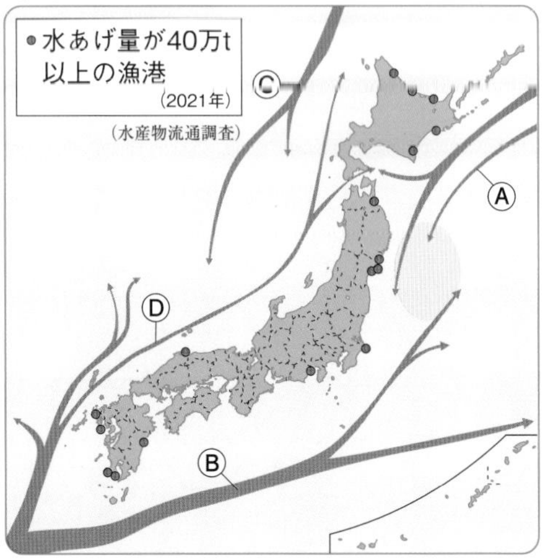

●水あげ量が40万t以上の漁港
(2021年)
(水産物流通調査)
Ⓐ
Ⓑ
Ⓒ
Ⓓ

(5)　日本の近海に広がる、水深200mぐらいまでのゆるやかなかたむきのある海底を何といいますか。(　　　　　)

2 魚を消費する日本　次の資料を見て、あとの問いに答えましょう。　(2)完答、1つ4〔16点〕

[あ]都道府県別の漁業生産額のわりあい

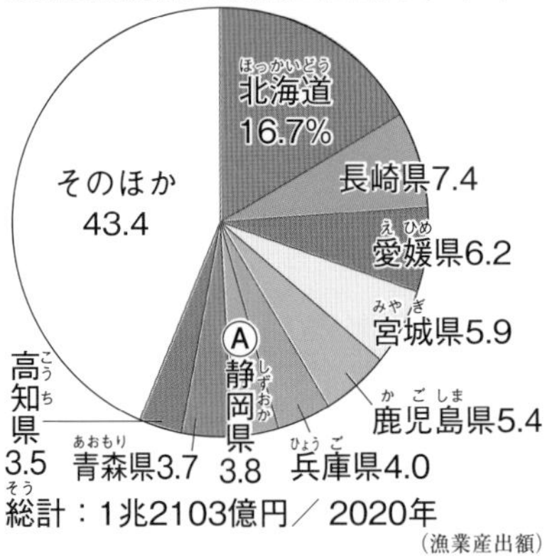

北海道 16.7%
長崎県7.4
愛媛県6.2
宮城県5.9
鹿児島県5.4
兵庫県4.0
Ⓐ 静岡県 3.8
青森県3.7
高知県 3.5
そのほか 43.4

総計：1兆2103億円／2020年

(漁業産出額)

[い]主な国の1人1年あたりの魚や貝の消費量

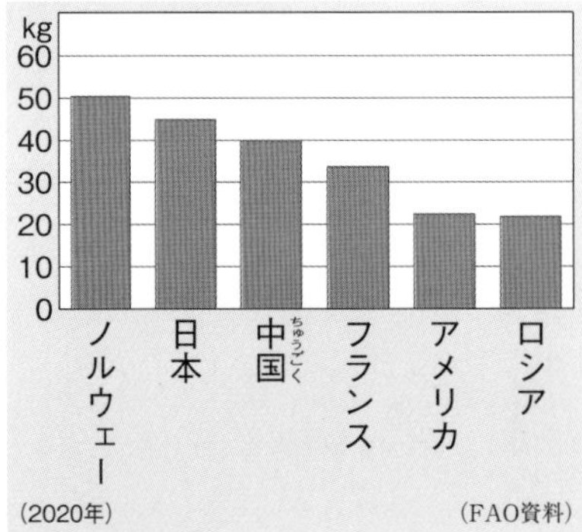

kg
60
50
40
30
20
10
0
ノルウェー
日本
中国
フランス
アメリカ
ロシア
(2020年)
(FAO資料)

[う]主な水産物の加工品

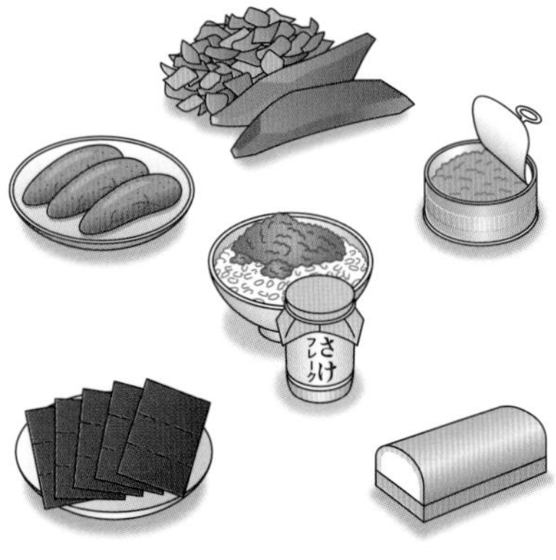

さけフレーク

(1)　[あ]について、Ⓐの県にある港を次から選びましょう。(　　　)

㋐　八戸港　　㋑　銚子港　　㋒　焼津港

思考

(2)　次の文の□にあてはまる言葉を**資料**から選びましょう。また、それがわかる**資料**の記号を書きましょう。

①(　　　・　　　)　②(　　　・　　　)

③(　　　・　　　)

①　日本で最も漁業生産額が多いのは□で、次いで長崎県が多い。

②　日本では、１人１年あたり、アメリカや□の約２倍の魚や貝を消費している。

③　かまぼこや明太子などは、水産物を□してつくられている。

3 かつお漁の様子 次の資料を見て、あとの問いに答えましょう。

1つ4〔28点〕

あかつおが回遊するはんい

凡例
- わかいかつおの回遊するはん囲
- 1年間を通じてかつおがいるはん囲
- → 春から夏にかけての動き
- ┄► 秋から冬にかけての動き

0 1000 2000km

7～11月　7～9月
4～5月　5～6月
6～9月
1～5月 10～12月 1～5月 6～12月
1～12月 1～5月
赤道

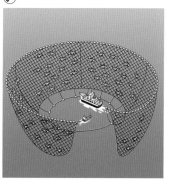

う魚の価格の内わけ

- 生産者（漁師など）の経費 31.6%
- 店（スーパーマーケットなど）の経費 31.4
- Ⓐ出荷業者の経費 25.8
- 消費地の市場の経費9.7
- 生産地の市場の経費1.5

（2017年度）　（食品流通段階別価格形成調査）

(1) あについて、正しい文を次から2つ選びましょう。　（　　）（　　）

　㋐　わかいかつおは、赤道よりも南には移動しない。

　㋑　かつおは、夏に北上し、三陸沖までやってくる。

　㋒　かつおは、秋から冬にかけて、太平洋側から日本海側に移動する。

　㋓　赤道付近のはん囲には、1年間を通じてかつおがいる。

(2) いについて、次の文の◻️にあてはまる言葉をそれぞれ書きましょう。

①（　　　　　　）②（　　　　　　）

　●いに示されている漁法を①漁という。この漁は、一本づりに比べて、より②の魚をとることができる。

(3) 漁港に水あげされた魚は、何を行って値段が決められますか。

（　　　　　　　　）

(4) うのⒶにふくまれる費用を、次から選びましょう。　（　　　）

　㋐　せんでん費　　㋑　えさ代　　㋒　輸送費

(5) かつおからつくられる、えの水産加工品を何といいますか。

（　　　　　　　　）

4 水産業のかかえる課題 右のグラフを見て、次の問いに答えましょう。

1つ4〔28点〕

(1) Ⓐ～Ⓓはどのような漁業ですか。次からそれぞれ選びましょう。

Ⓐ（　　）Ⓑ（　　）Ⓒ（　　）Ⓓ（　　）

　㋐　10ｔ未満の船や定置あみ、地引きあみを使った漁業。

　㋑　10ｔ以上の船で、数日がかりでする漁業。

　㋒　遠くの海に出かけ、長期間にわたってする漁業。

　㋓　たまごからかえした稚魚を放流し、自然の中で大きく育ててからとる漁業。

　㋔　魚や貝を出荷できる大きさまでいけすなどで育てる漁業。

漁業別の生産量の変化

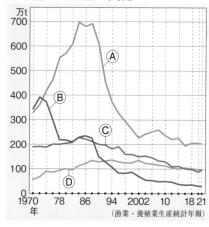

（漁業・養殖業生産統計年報）

(2) Ⓑの漁業の生産量は、1970年代後半ごろに大きく落ちこんでいます。その理由を、**各国、制限**の言葉を使って、かんたんに書きましょう。

（　　　　　　　　　　　　　　　　　　　　　　　　　）

(3) ⒶやⒸの漁業の生産量が減った理由を、次から2つ選びましょう。　（　　）（　　）

　㋐　外国からの輸入量が増えたから。　　㋑　とりすぎで魚の量が減ったから。

　㋒　赤潮の発生が減ったから。　　㋓　漁業で働く人が増えたから。

勉強した日　月　日

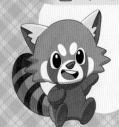

- 香川県の特色ある養しょく
- 関東平野のレタスづくり
- 福島盆地の果物づくり
- 宮崎県の肉牛の飼育

学習の目標
養しょく、野菜・果物づくり、畜産の農家の様子を確かめましょう。

基本のワーク

教科書 [上] 108〜113ページ　答え 8ページ

1 「オリーブハマチ」と「讃岐さーもん」

オリーブハマチの養しょく地

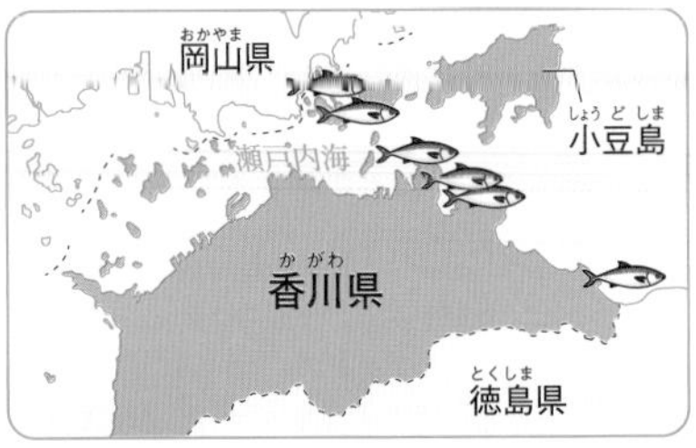

岡山県
小豆島
瀬戸内海
香川県
徳島県

1年じゅう養しょくできるんだね。

●①(　　　　　)県の養しょく
- 1928年、②(　　　　　)の養しょくに世界で初めて成功。
  - ■③(　　　　　)海は秋に水温が急低下する。➡はまちの成長が早まり、9〜12月に出荷する。
- 「オリーブハマチ」…オリーブの葉を加えたえさをあたえる。
- 「讃岐さーもん」…2011年、④(　　　　　)大震災のとき、東北地方から稚魚を買って養しょく(オリーブサーモン)。
  - ■はまち出荷後、いけすに入れられ、4〜5月に出荷する。

●時期をずらし、1年で2種類の**ブランド魚**を出荷している。

2 さかんなレタスづくり

⑤(　　　　　)県坂東市…**レタス**や**ねぎ**などを多く生産。
●岩井地区では、⑥(　　　　　)を春と秋の2回収穫する。

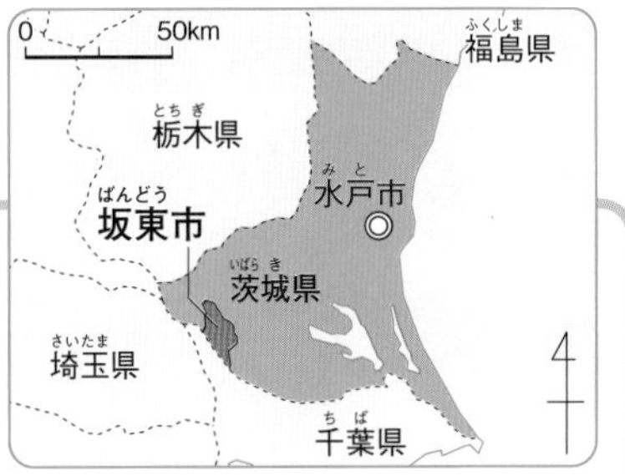

0　50km
福島県
栃木県
坂東市
水戸市
茨城県
埼玉県
千葉県

よみトク！資料

平均して収穫するため、種まきを何回かに分けるんだね。

東京都の市場に出荷されるレタスの県別わりあい

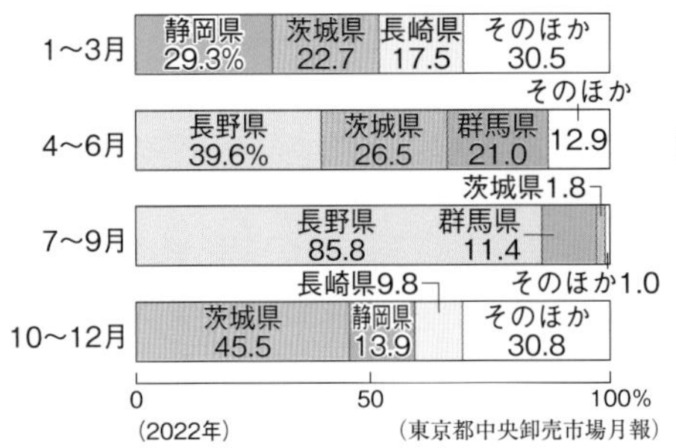

1〜3月
静岡県 29.3%
茨城県 22.7
長崎県 17.5
そのほか 30.5
4〜6月
長野県 39.6%
茨城県 26.5
群馬県 21.0
そのほか 12.9
7〜9月
長野県 85.8
群馬県 11.4
茨城県1.8
そのほか1.0
10〜12月
茨城県 45.5
静岡県 13.9
長崎県9.8
そのほか 30.8
0
50
100%
(2022年)
(東京都中央卸売市場月報)

●農家のくふう
- 冬はビニールのトンネルを開けしめして温度調節する。
- 夏や秋は害虫や病気に注意する。

3 福島盆地の果物づくり／宮崎県の肉牛の飼育

⑦(　　　　　)**県福島盆地**…果物づくりがさかん。
●⑧(　　　　　)川ぞいに水はけのよい土地が広がる。
●夏の気温が⑨(　　　　　)く、ももづくりがさかん。

収穫したももは選果場でいろいろな検査をするよ。

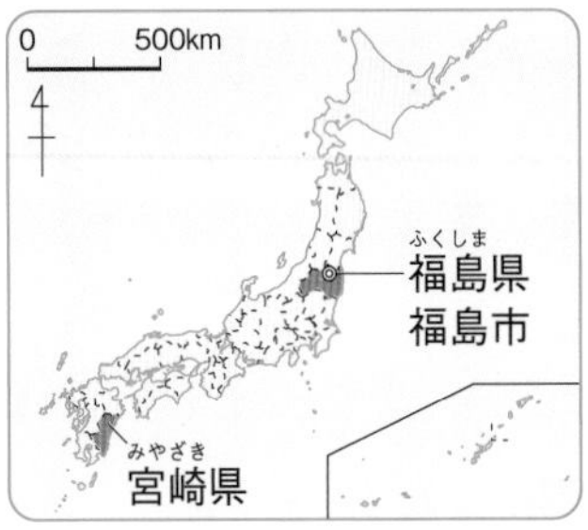

0　500km
福島県
福島市
宮崎県

⑩(　　　　　)**県**…一年じゅうあたたかく自然が豊か。
●⑪(　　　　　)**業**がさかんで、肉牛の生産額が大きい。
- 肉牛の農家には、**繁殖農家**と**肥育農家**がある。
  - ■繁殖農家…子牛を産ませて、8〜9か月ほどまで育てる。
  - ■肥育農家…子牛を買い取り、肉牛として出荷するまで育てる。
- 2010年に**口蹄疫**の感染拡大→てっていした防疫強化で輸出増。

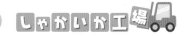

しゃかいか工場　果物は水の少ない土地で育てると、たくさん水をためこもうとして、みずみずしくあまい実ができるよ。色づきをよくするため、木の下に銀色のシートをしくところもあるよ。

練習のワーク

できた数

／14問中

1 次の資料を見て、あとの問いに答えましょう。

あオリーブハマチの養しょく地

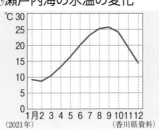

い瀬戸内海の水温の変化

(2021年)　(香川県資料)

う養しょくごよみ

(1) あ、いを見て、次の文の{ }にあてはまる言葉に○を書きましょう。

● 「オリーブハマチ」は、県の①{ 西　東 }の沿岸部で養しょくされている。

● 瀬戸内海は、②{ 春　秋 }になると水温が急激に下がる。

(2) うの2つの魚の養しょくについて、正しいものを2つ選びましょう。（　　）（　　）

　㋐ 生育する月が同じである。　　㋑ 出荷する時期がちがっている。

　㋒ 入荷する月が同じである。　　㋓ 一年じゅう養しょくを行っている。

2 右の図を見て、次の問いに答えましょう。

(1) 茨城県坂東市岩井地区で、最も生産がさかんな野菜を、あから書きましょう。

　　（　　　　　　）

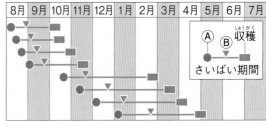

あ岩井地区の野菜の生産額のわりあい

そのほか7.5
サニーレタス3.2
レタス32.2
ねぎ57.1%
総額69億円
(2022年度)　(JA岩井資料)

いレタスの仕事ごよみ

Ⓐ収穫　Ⓑさいばい期間

(2) いのⒶ・Ⓑにあてはまる仕事を、次からそれぞれ選びましょう。Ⓐ（　　）Ⓑ（　　）

　㋐ 代かき　　㋑ 植えつけ　　㋒ 包装　　㋓ 種まき

3 次の問いに答えましょう。

(1) 福島県の福島盆地で夏にさいばいがさかんな果物は何ですか。（　　　　　　）

(2) 福島盆地が(1)づくりに適しているわけを、次から2つ選びましょう。（　　）（　　）

　㋐ 水を豊富に使える。　　㋑ 水はけがよい。

　㋒ 一年じゅうあたたかい。　　㋓ 夏に気温が高くなる。

(3) 右のグラフのⒶ・Ⓑにあてはまるものを、次からそれぞれ選びましょう。Ⓐ（　　）Ⓑ（　　）

　㋐ 肉牛　　㋑ ねぎ　　㋒ ぶた　　㋓ ぶどう

宮崎県の主な農産物の生産額

800億円
600
400
200
Ⓐ にわとり(とり肉用) Ⓑ きゅうり 米
(2021年)　(生産農業所得統計)

(4) 次のような農家をそれぞれ何といいますか。

　① 肉牛として出荷するまで育てる。　（　　　　　）農家

　② 子牛を8、9か月ほどまで育てる。　（　　　　　）農家

ポイント　野菜・果物・畜産物の生産には、農家のくふうがある。

47

勉強した日　月　日

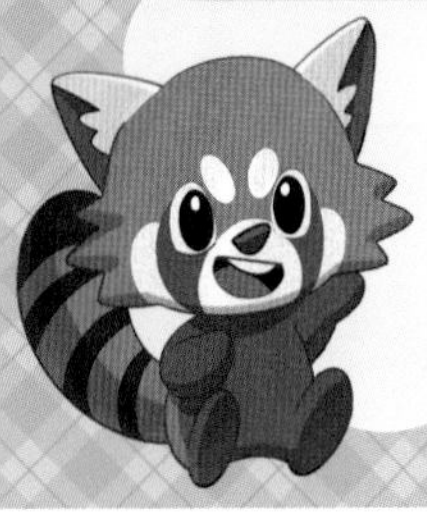

4　これからの食料生産とわたしたち①

学習の目標
日本の食料生産には、どんな問題があるか、学習しましょう。

基本のワーク

教科書 [上] 114～117ページ　答え 8ページ

1 日本の食料生産をめぐる課題

●農業や水産業の課題
- 米の生産量が消費量を上回り、米が①(　　　　　)いる。
- 漁業でとれる魚の量が減り、外国から②(　　　　　)している。
- 農業も水産業も働く人が③(　　　　　)いる。
- 日本は食料の多くを輸入にたよっている。

冷夏の年に外国からたくさん米を輸入したこともあったよ。

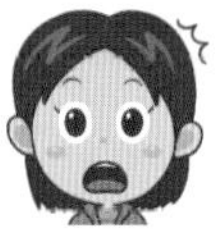

よみトク! SDGs

●日本の食料自給率
- 外国に比べて食料自給率が⑤(　　　　　)。
- 現在の食料自給率は約⑥(　　　　　)%。
- 約50年で約３分の２になった。
- 小麦や大豆はほとんどが輸入。

日本と主な国の食料④(　　　　　)

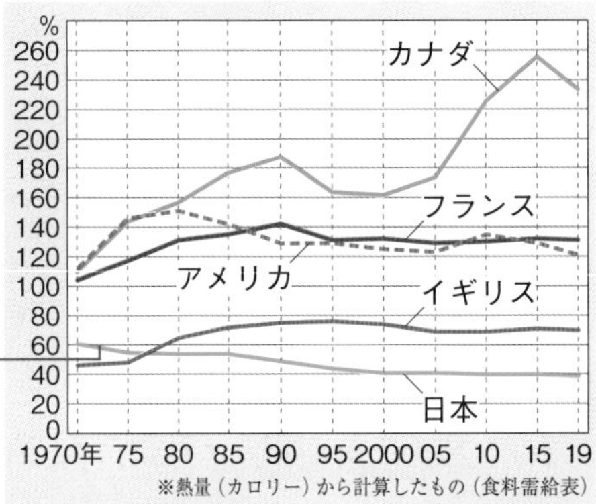

※熱量（カロリー）から計算したもの（食料需給表）

食料自給率
その国の市場で売買される食料のうち、国内で生産された食料のわりあい。

2 わたしたちの食生活の変化と食料自給

●食生活の変化
- パンなどの⑦(　　　　　)が増えた。
- たまご、肉を昔に比べて多く食べるようになった。
- 手に入る食料品の種類が増えた。

和食　洋食

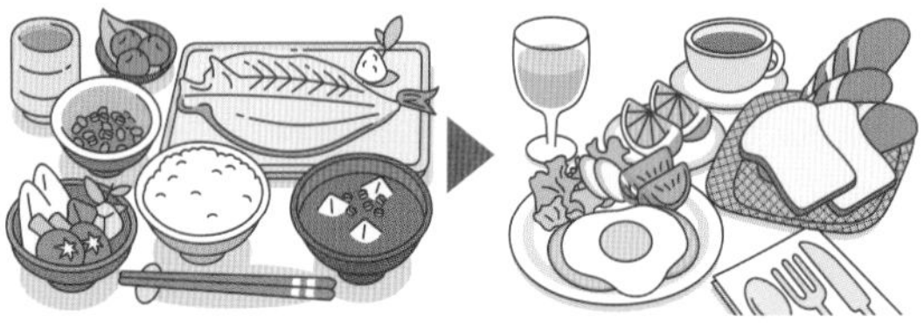

●輸入される食料品
- パンの原料である⑧(　　　　　)の輸入が多い。
- 肉や⑨(　　　　　)製品の輸入も増えている。

●食料輸入の問題

自給率の高い米の消費量が⑩(　　　　　)する。

輸入される食料品が⑪(　　　　　)する。

↓

食料自給率が⑫(　　　　　)がる。

●**食品ロス**の増加…売れ残りや期限をすぎた食品、食べ残しが大量に⑬(　　　　　)られている。
- 世界じゅうで、食品の廃棄を減らす試みが進む。

食料品別の輸入量の変化

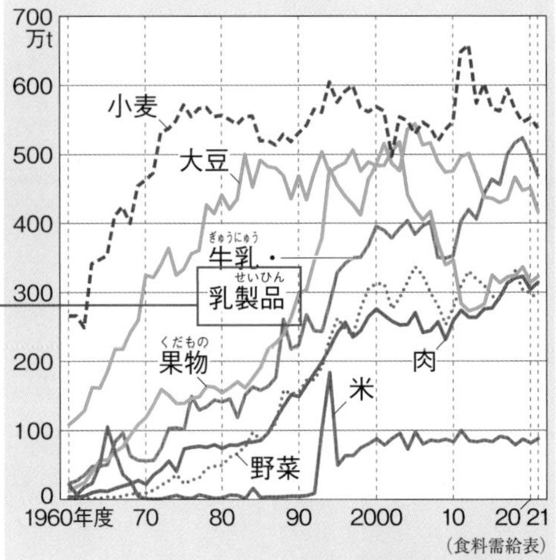

（食料需給表）

しゃかいか工場
日本は、小麦や大豆、肉類をアメリカ合衆国から多く輸入しているよ。野菜や魚介類は中国からの輸入が多いんだ。中国からは冷とう野菜も多く輸入しているよ。

練習のワーク

教科書 ㊤ 114〜117ページ　答え 8ページ

1 右のグラフを見て、次の問いに答えましょう。

(1) ㋐、㋑は、食料の消費量にしめる国内の生産量のわりあいを示しています。これを何といいますか。

（　　　　　　　　）

(2) ㋐の国のうち、2015年の(1)のわりあいが最も高い国はどこですか。　（　　　　　　　　）

(3) 日本の(1)はこの50年ほどの間にどう変わりましたか。次から選びましょう。　（　　　）

　㋐ ほとんど変わっていない。

　㋑ しだいに高くなった。

　㋒ しだいに低くなった。

(4) 次の文にあてはまる食料を、㋑からそれぞれ選びましょう。

　① ほぼ国内産でまかなえる。　（　　　　　）

　② 国内生産量のしめるわりあいが最も低い。

（　　　　　）

　③ 約80%を国内で生産している。　（　　　　　）

(5) 国内生産で足りないものは、どうしていますか。次の文の（　）にあてはまる言葉を書きましょう。

●外国から（　　　　　　　　）している。

㋐日本と主な国の比かく

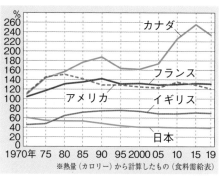

※熱量（カロリー）から計算したもの（食料需給表）

㋑消費量にしめる国内生産量のわりあい

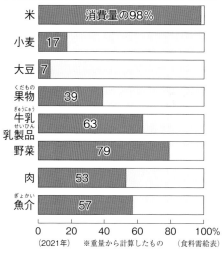

米　消費量の98%
小麦　17
大豆　7
果物　39
牛乳乳製品　63
野菜　79
肉　53
魚介　57

（2021年）　※重量から計算したもの　（食料需給表）

2 右のグラフを見て、次の問いに答えましょう。

(1) 次の食べ物のわりあいは、1960年度と2021年度でどのように変化しましたか。あとからそれぞれ選びましょう。

　① 米（　　　　）　② 小麦（　　　　）

　㋐ 少し増えた。

　㋑ 2分の1以下になった。

　㋒ 3分の1以下になった。

(2) 畜産物にあてはまるものを、次から3つ選びましょう。

（　　　）（　　　）（　　　）

　㋐ ベーコン　　㋑ かまぼこ

　㋒ 乳製品　　　㋓ オレンジジュース

　㋔ たまご　　　㋕ とうふ

(3) 食べられる食品が大量にすてられることを何といいますか。　（　　　　　　　　）

1人1日あたりの食べ物のわりあいの変化

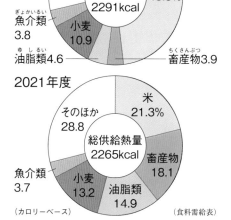

1960年度

そのほか 28.5
総供給熱量 2291kcal
米 48.3%
魚介類 3.8
油脂類4.6
小麦 10.9
畜産物3.9

2021年度

そのほか 28.8
総供給熱量 2265kcal
米 21.3%
畜産物 18.1
魚介類 3.7
小麦 13.2
油脂類 14.9

（カロリーベース）　（食料需給表）

ポイント 洋食を多く食べるようになり、食料自給率が下がった。

49

勉強した日　　月　　日

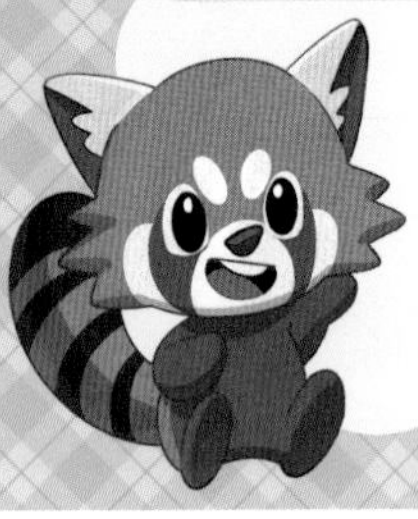

4　これからの食料生産とわたしたち②

学習の目標
食の安心・安全を守るためのさまざまな取り組みを理解しましょう。

基本のワーク

教科書 [上] 118〜123ページ　答え 8ページ

1 食の安心・安全への取り組み

●消費者の食の**安心**・**安全**への関心が高まる。

●スーパーマーケットの取り組み

◆野菜に①(　　　　　)者の名前や写真を表示して売る。

◆**トレーサビリティ**のしくみを整え、②(　　　　　)者に生産の情報を伝える。

■牛肉は、**産地**を表示し、③(　　　　　)番号で生産者や生産の記録がわかるようにする。

トレーサビリティ
食品が、いつどこでどのようにつくられ、運ばれたかの記録を、消費者にもわかるようにすること。

牛肉のシール

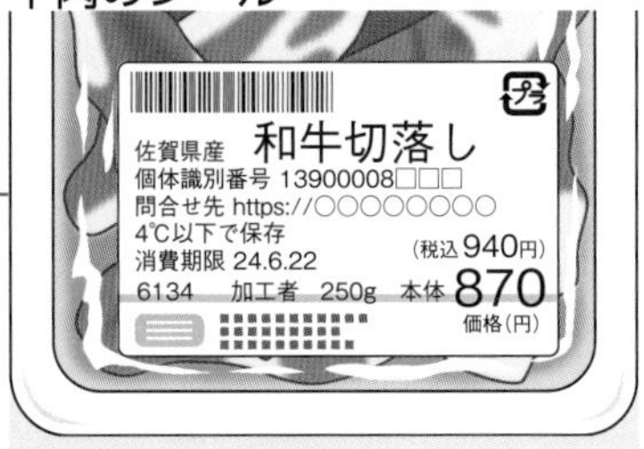

佐賀県産 和牛切落し
個体識別番号 13900008□□□
問合せ先 https://○○○○○○○
4℃以下で保存
(税込940円)
消費期限 24.6.22
6134 加工者 250g 本体870
価格(円)

●輸入食料の問題

◆どんな農薬や食品てんか物が使われているかわからない。

➡港や空港の**検疫所**で、日本の法律にあっているかどうか、④(　　　　　)性を検査する。

◆気候の変動などで輸入先の生産量が減ると、輸入できなくなる。

◆船や飛行機での輸送に大量の⑤(　　　　　)が使われるため、環境への負担が大きい。

■食料の生産地から食卓までのきょりを表す⑥(　　　　　)。

2 食料を安定して確保する／意見文にまとめる

●輸入された食料が増える一方で、国内での農業生産や漁業生産が減っている。

よみトク！資料

産業別の人口のわりあいの変化

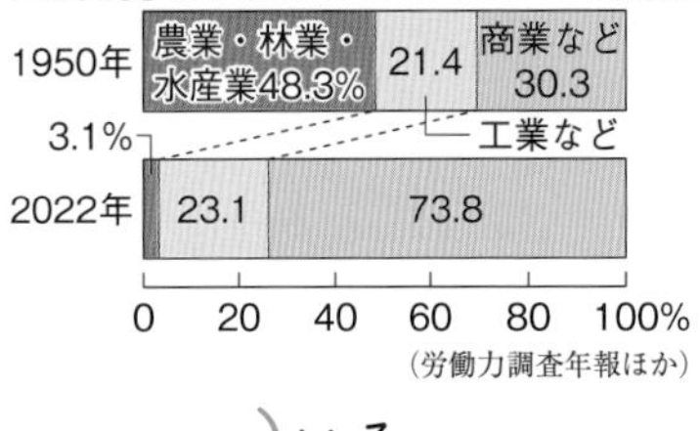

1950年
農業・林業・水産業48.3%
21.4
商業など 30.3
3.1%
工業など
2022年
23.1
73.8
0
20
40
60
80
100%
(労働力調査年報ほか)

農業法人数の変化

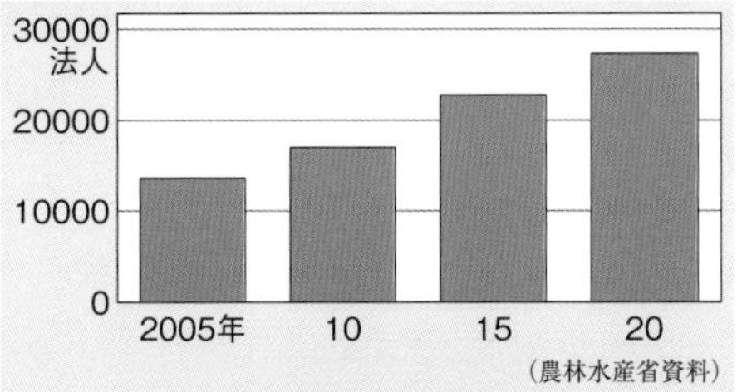

30000 法人
20000
10000
0
2005年
10
15
20
(農林水産省資料)

●農業・林業・水産業で働く人が⑦(　　　　　)いる。

●**農業法人**の数が⑧(　　　　　)いる。

SDGs ●食料を安定して確保するために、**食料自給率**を⑨(　　　　　)取り組みが必要。

◆地元の食材を食べる⑩(　　　　　)を進める。

地産地消
住んでいる土地のそばでつくられたものを使うこと。

SDGs 3 食料生産の新たな取り組み

●高知県馬路村…ゆずの**生産**・**加工**・**はん売**を、地域の人が協力して行っている。

●鹿児島県伊佐市…さつまいもをふくんだえさで黒ぶたを飼育し、価値を高めている。

●青森県五所川原市…大切な⑪(　　　　　)資源を守るため、**持続可能な漁業**を進める。

●沖縄県南大東村…最新の技術をいかした⑫(　　　　　)**農業**で葉物野菜を育てる。

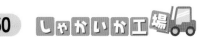

しゃかいか工場
ＢＳＥという肉牛の病気や事故米問題の発生をきっかけに、米・牛肉にトレーサビリティが義務化されたよ。種選びから生産、出荷、はん売、ごみのしょ分まで追跡できるんだ。

練習のワーク

教科書 [上] 118〜123ページ　答え 8ページ

できた数　／14問中

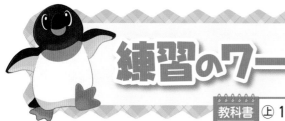

1 次の問いに答えましょう。

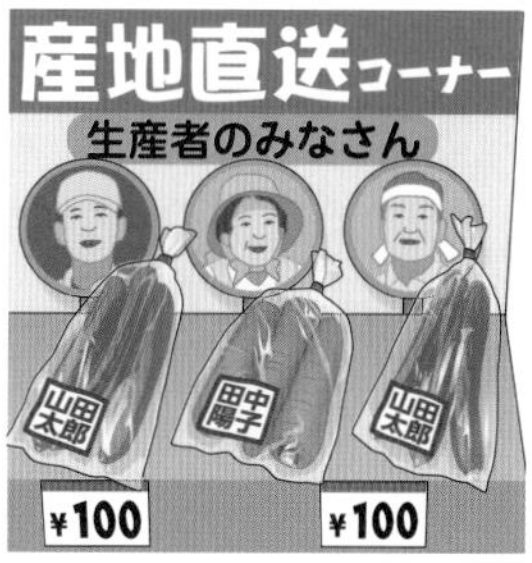
産地直送コーナー
生産者のみなさん
山田太郎
田中陽子
山田太郎
¥100
¥100

(1) 次の文の(　　)にあてはまる言葉を書きましょう。

●スーパーマーケットでは、消費者が(　　　　　)して買えるように、右の**図**のように野菜に生産者の名前を表示している。

(2) 食品をどこで、だれが、どのように生産したかが消費者にわかるようにするしくみを何といいますか。(　　　　　)

(3) 1頭1頭に個体識別番号をつけてはん売されている畜産物は何ですか。(　　　　　)

(4) 港や空港で、輸入される食料品の衛生管理を行っているところを何といいますか。

(　　　　　)

(5) 食料の輸入について、正しいものを2つ選びましょう。(　　)(　　)

㋐ 食料輸入は、日本の農業・漁業の発展につながる。

㋑ 輸入先の国がかんばつになると、輸入できなくなるおそれがある。

㋒ 外国産の食料品には、農薬や食品てんか物はまったく使われていない。

㋓ 輸入食料品を運ぶためには、多くの石油が必要になる。

(6) フードマイレージについて、次の文の(　　)にあてはまる言葉を書きましょう。

●生産地から食卓までのきょりが(　　　　　)食料の方が環境への負担が少ない。

2 次の問いに答えましょう。

(1) 食料生産について、増えているものを次から選びましょう。(　　)

㋐ 農業生産額　　㋑ 耕地面積

㋒ 農業や漁業で働く人　　㋓ 食料の輸入量

(2) 食料を安定して確保するために、しなければならないことは何ですか。次の文の(　　)にあてはまる言葉を書きましょう。

●食料(　　　　　)率を高めること。

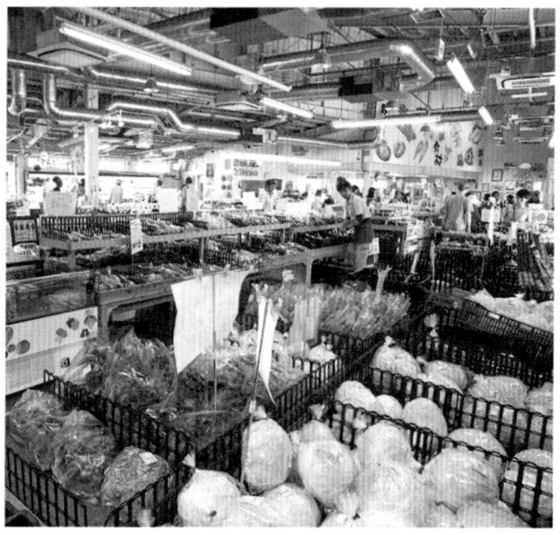

(3) **写真**は地元の農産物のはん売所です。これは何を進める取り組みですか。(　　　　　)

(4) 次の新しい取り組みの目的を、あとからそれぞれ選びましょう。

① ゆずを生産し、ジュースに加工して売る。(　　)

② さつまいもをえさにして、おいしい豚を育てる。(　　)

③ しじみのとり方、とる量、とる期間を決める。(　　)

④ コンテナ型の植物工場で野菜をつくる。(　　)

㋐ 生産物の価値を高める。　　㋑ 天候のえいきょうを受けずに安定して生産する。

㋒ 地域の産業を活性化する。　　㋓ 持続可能な漁業を進める。

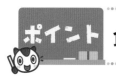

ポイント **食料自給率を上げるため、地産地消が進められている。**

4　これからの食料生産とわたしたち

時間20分

得点　/100点

教科書 [上] 114～123ページ　答え 9ページ

1 食料自給率　次の資料を見て、あとの問いに答えましょう。

(2)完答、1つ4〔20点〕

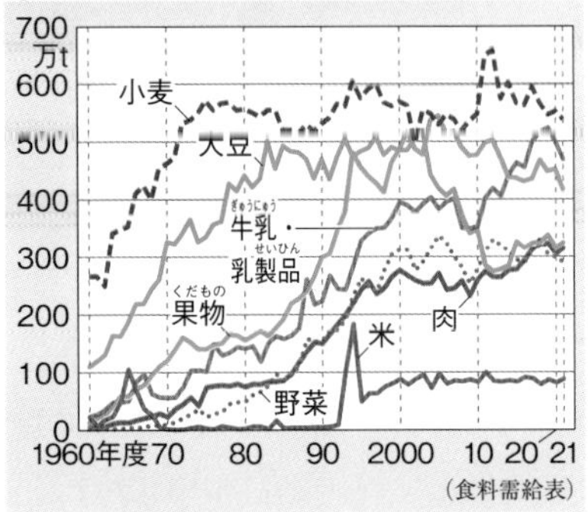
あ食料品別の輸入量の変化
700万t
600
500
400
300
200
100
0
小麦
大豆
牛乳・乳製品
果物
米
肉
野菜
1960年度70　80　90　2000　10 20 21
（食料需給表）

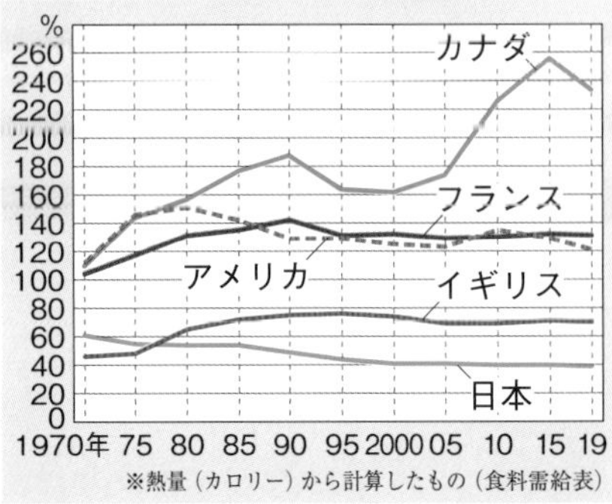
い日本と主な国の食料自給率
%
260
240
220
200
180
160
140
120
100
80
60
40
20
0
カナダ
フランス
アメリカ
イギリス
日本
1970年 75 80 85 90 95 2000 05 10 15 19
※熱量（カロリー）から計算したもの（食料需給表）

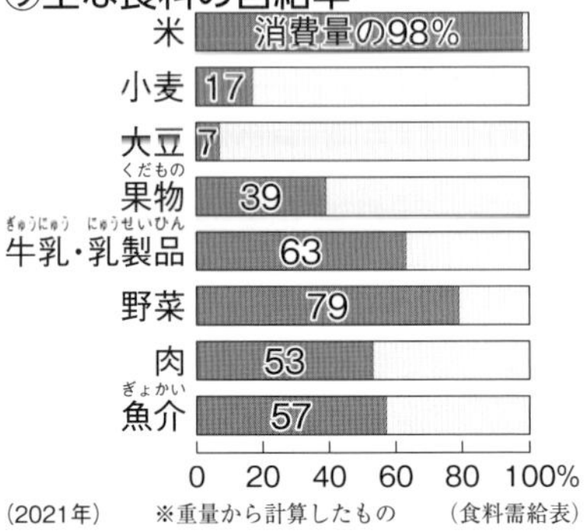
う主な食料の自給率
米　消費量の98%
小麦　17
大豆　7
果物　39
牛乳・乳製品　63
野菜　79
肉　53
魚介　57
0 20 40 60 80 100%
(2021年)　※重量から計算したもの　（食料需給表）

よく出る

(1)　食料自給率とは何ですか。次の文の（　）にあてはまる言葉を、[　]から選びましょう。

生産　消費　輸入　輸出

●食料の①（　　　）量にしめる、国内の②（　　　）量のわりあい。

思考

(2)　次の文の[　]にあてはまる言葉を、**資料**を見て書きましょう。また、その**資料**の記号を書きましょう。

①　主な国の中で、最も食料自給率が低いのは[　]である。（　・　）

②　主な食料のうち、日本で最も自給率が低いのは[　]である。（　・　）

③　現在、輸入量が最も多い主な食料品は[　]である。（　・　）

2 食生活の変化　右の資料を見て、次の問いに答えましょう。

1つ4〔16点〕

(1)　食料品の輸入量が変化したのは、右の㋐、㋑のどちらのような食生活が増えてきたからですか。（　）

㋐

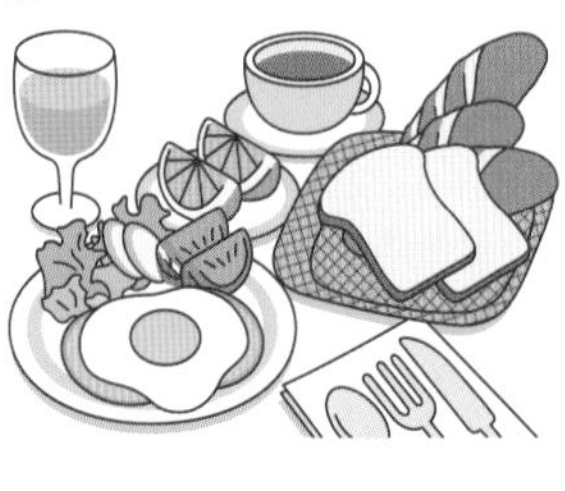

㋑

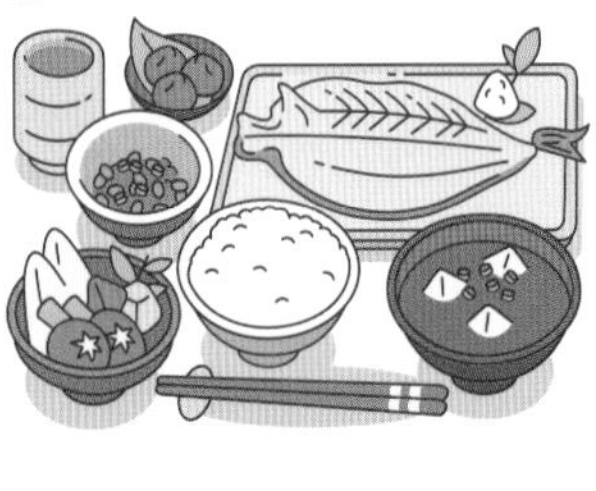

思考

(2)　右の**グラフ**について、1960年度から2021年度への変化として正しい文を、次から２つ選びましょう。（　）（　）

㋐　総供給熱量が大きく減った。

㋑　米のわりあいは、20%以上減った。

㋒　小麦のわりあいは減ったが、魚介類のわりあいは増えた。

㋓　畜産物のわりあいは、油脂類や小麦より高くなった。

1人1日あたりの食べ物のわりあいの変化

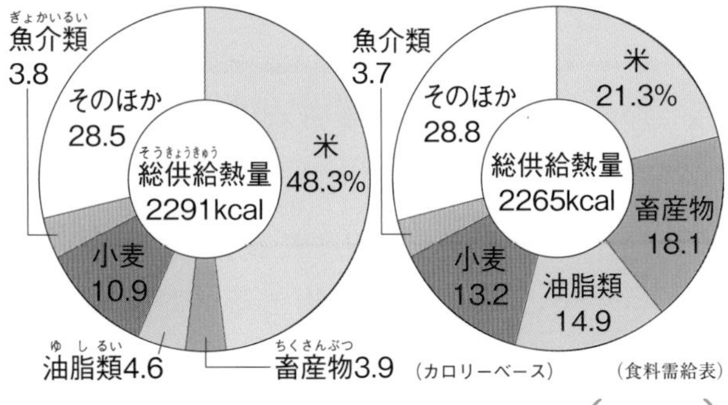
1960年度
魚介類 3.8
そのほか 28.5
総供給熱量 2291kcal
米 48.3%
小麦 10.9
油脂類4.6
畜産物3.9
2021年度
魚介類 3.7
そのほか 28.8
米 21.3%
総供給熱量 2265kcal
畜産物 18.1
小麦 13.2
油脂類 14.9
（カロリーベース）
（食料需給表）

(3)　最近問題になっている「食品ロス」とはどのようなことですか。次から選びましょう。（　）

㋐　食料が足りなくなること。　㋑　食べられる食料が大量に捨てられていること。

㋒　食料の種類が減っていること。　㋓　日本産の食料が減っていること。

3 食の安心・安全 右の図を見て、次の問いに答えましょう。　　　　1つ4〔48点〕

スーパーマーケットで売られている食品の表示

(1) Ⓐは何を示していますか。

食品の（　　　　　　　）

(2) Ⓑにあてはまる、地域の農家が協力するためにある団体名をアルファベットで書きましょう。　　　（　　　　　　　）

(3) 消費者が安心して買うことができるような表示を、**図中**のⓐ〜ⓞから2つ選びましょう。　　　　（　　　）（　　　）

(4) (3)の表示を食品にするしくみをカタカナで何といいますか。（　　　　　　　　　　　）

(5) 食品の輸入について、次の問いに答えましょう。

① 食品を輸入するとき、検疫所がチェックしていることを次から選びましょう。　（　　　）

　　ⓐ 日本に住む人の好みにあうか。　　　　ⓘ 値段が高すぎたり安すぎたりしないか。

　　ⓤ 日本の法律にあう原材料でつくられているか。

② 輸入食品について、次のカードにあてはまる理由をあとからそれぞれ選びましょう。

| あ急に輸入ができなくなることがある。 | い輸入食品は環境に負担をかけている。 |

あ（　　　）
い（　　　）

　　ⓐ 輸入先の国が天候不順で不作になることがあるから。

　　ⓘ 日本で突然の災害が起こって不作になることがあるから。

　　ⓤ 輸送に大量の石油が必要だから。　　　ⓔ 日本から農産物の輸出ができなくなるから。

(6) 生産地から食卓までのきょりを数字で表す考え方を何といいますか。（　　　　　　　　　）

思考 (7) 右の**グラフ**を見て、次の文の▢にあてはまる言葉をあとから選びましょう。

①（　　　）②（　　　）③（　　　）

●「重視する」のわりあいが最も高いのは①であり、最も低いのは②である。

●あといを合わせたわりあいが最も高いのは③である。

　　ⓐ 安全性　　ⓘ おいしさ　　ⓤ 鮮度

　　ⓔ 価格　　　ⓞ 産地

食の安全に関する意識調査

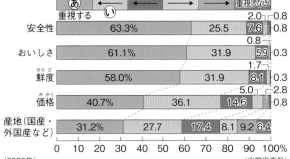

	あ 重視する	い			重視しない	
安全性	63.3%	25.5	7.6		2.0	0.8
おいしさ	61.1%	31.9	5.9		0.8	0.3
鮮度	58.0%	31.9	8.1		1.7	0.3
価格	40.7%	36.1	14.6		5.0	2.8 0.8
産地（国産・外国産など）	31.2%	27.7	17.4	8.1	9.2	6.4

（2020年）　　　　　　　（内閣府資料）

---

4 安定した食料の確保 次の問いに答えましょう。　　　　1つ4〔16点〕

(1) 右の**グラフ**のⓐ〜ⓤのうち、①「農業・林業・水産業」にあてはまるもの、②「工業など」にあてはまるものをそれぞれ選びましょう。　　①（　　　）②（　　　）

記述 (2) 地産地消とはどのような取り組みですか。**地元、消費**の言葉を用いて、かんたんに書きましょう。

（　　　　　　　　　　　　　　　　　）

(3) 次の文の（　　）にあてはまる言葉を書きましょう。

●（　　　　　　　　）な漁業を進めるため、水産資源を保護する取り組みが行われている。

産業別の人口のわりあいの変化

	ⓐ	ⓘ	ⓤ
1950年	48.3%	21.4	30.3

3.1%

2022年	23.1	73.8

0　20　40　60　80　100%
（労働力調査年報ほか）

勉強した日　　月　　日

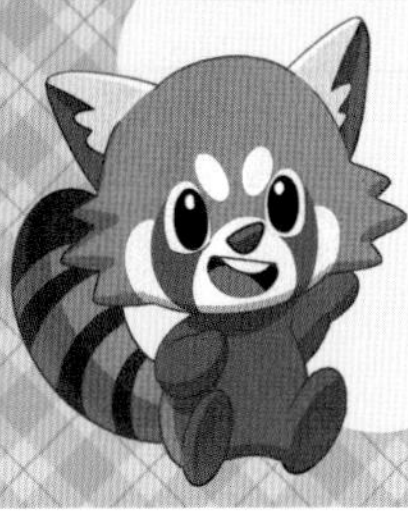

1 くらしを支える工業生産①

基本のワーク

学習の目標
工業にはどのような種類があるか、理解しましょう。

教科書 [下] 2〜5ページ　答え 9ページ

1 わたしたちの生活をとりまく工業製品

- **工業**…原材料に手を加えて、①(　　　　　)にすること。
- わたしたちの身のまわりには、さまざまな**工業製品**がある。
- 1970年ごろから、日本の工業生産額が大きくのびた。
  - ◆工業製品が増えて生活が便利になった。

工業
ものに道具や機械を使って手を加え、組み立てたり、形や性質を変えたりして、人の役に立つものをつくる産業。

70年くらい前	60年くらい前	現在
せんたく機	カラー③(　　　　)	電子レンジ
②(　　　　)	自動車	④(　　　　)電話
そうじ機	クーラー	

- 工業製品の**性能**がよくなってきている。
  - ◆電気せんたく機…最初はだっ水**機能**がなかったが、今はせんたくからだっ水まで全自動で行われ、⑤(　　　　)機能もついている。

2 わたしたちの生活に役立つ工業製品

よみトク！資料
- 工業の種類…**機械**・**金属**・**化学**・**食料品**・**せんい工業**などに分けられる。

◆⑥(　　　　　)工業

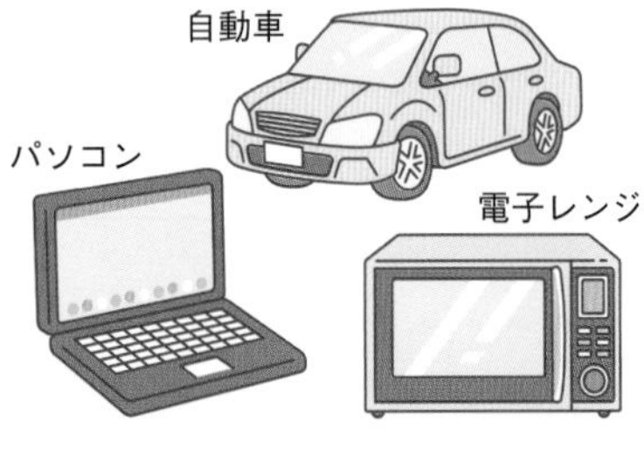
自動車
パソコン
電子レンジ

◆⑦(　　　　　)工業

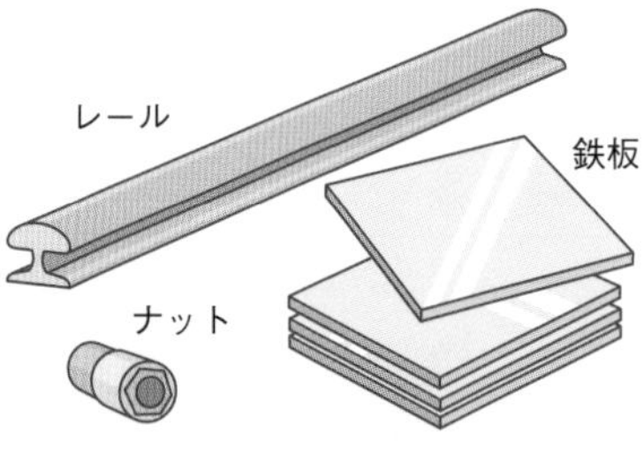
レール
鉄板
ナット

◆⑧(　　　　　)工業

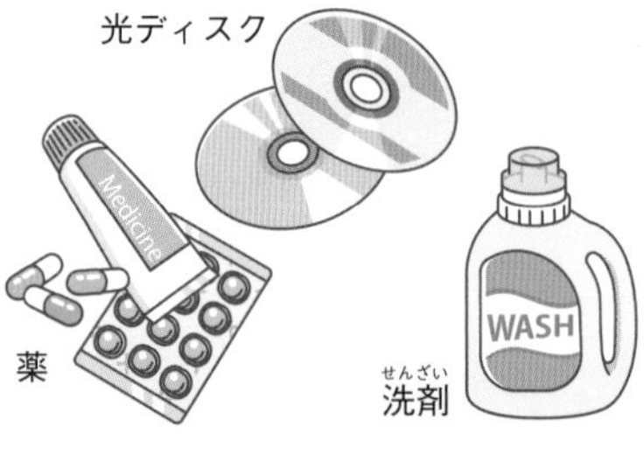
光ディスク
薬
WASH
洗剤

◆⑨(　　　　　)工業

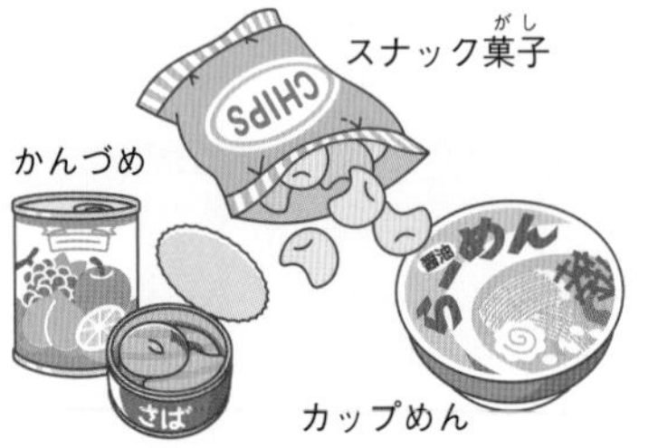
スナック菓子
CHIPS
かんづめ
さば
カップめん

◆⑩(　　　　　)工業

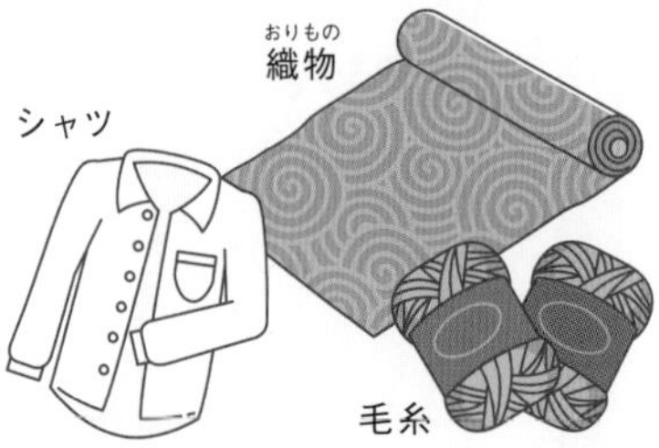
織物
シャツ
毛糸

◆そのほかの工業

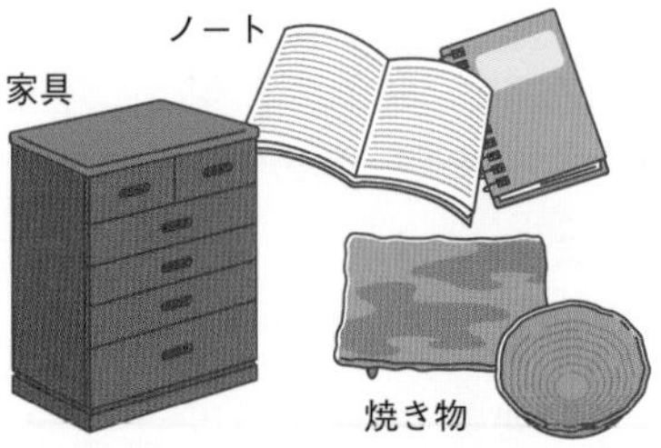
ノート
家具
焼き物

3 日本各地でつくられている工業製品

- 日本各地にあるたくさんの⑪(　　　　　)で、さまざまな工業製品がつくられている。
  - ◆岩手県の南部鉄器、静岡県のピアノ、愛媛県のタオルなど、特色ある工業製品もある。

しゃかい工場
1950年代、白黒テレビ、冷蔵庫、せんたく機は「三種の神器」とよばれたよ。1960年代にはカラーテレビ、自動車（カー）、クーラーの頭文字をとって3Cとよばれたんだ。

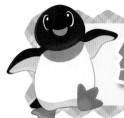

練習のワーク

できた数　／14問中

教科書 [下] 2〜5ページ　答え 9ページ

1 次の問いに答えましょう。

日本の工業生産額の変化

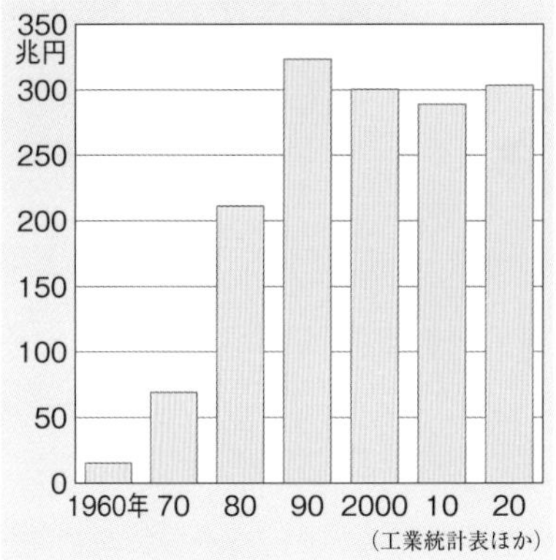
350
兆円
300
250
200
150
100
50
0
1960年 70
80
90
2000
10
20
（工業統計表ほか）

(1) ものに道具や機械を使って手を加え、組み立てたり、形や性質を変えたりして、人の役に立つものをつくる産業を何といいますか。（　　　　）

(2) 右の**グラフ**を見て、日本の工業生産額が大きく増えたのは、いつごろですか。次から選びましょう。（　　）

㋐ 1960 〜 1980年　㋑ 1980 〜 2000年

㋒ 2000 〜 2020年

(3) 1955年ごろから広まった製品を、次から３つ選びましょう。（　　）（　　）（　　）

㋐ 携帯電話　㋑ せんたく機　㋒ そうじ機

㋓ パソコン　㋔ 液晶テレビ　㋕ 冷蔵庫

(4) 身のまわりに工業製品が増えていくことで、毎日の生活はどうなりましたか。次から選びましょう。（　　）

㋐ 工業製品を使うことで、家事に時間がかかるようになった。

㋑ 昔より生活はとても便利になった。

㋒ 学校では工業製品が使われていないので、昔から様子が変わらない。

(5) 次の文の（　　）にあてはまる言葉を、[　　]から選びましょう。

●工業製品が①（　　　　）されるにつれ、製品の②（　　　　）もよくなってきた。

性能	種類
工場	改良

2 右の地図を見て、次の問いに答えましょう。

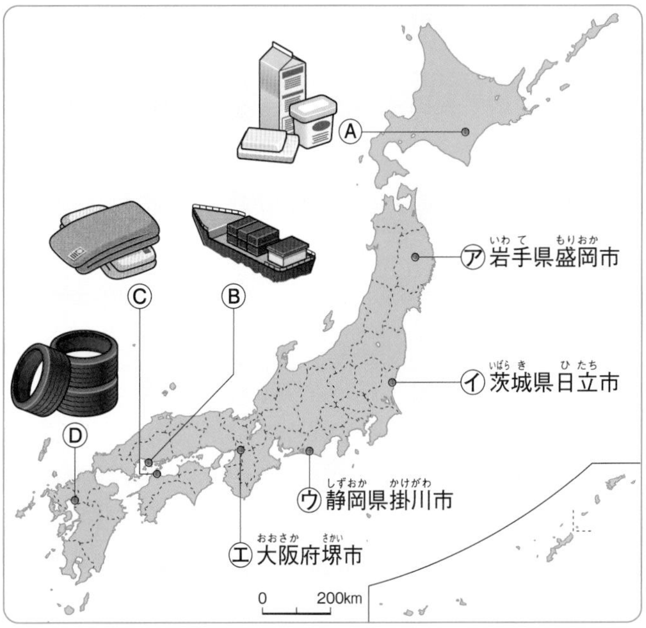
Ⓐ
Ⓑ
Ⓒ
Ⓓ
㋐岩手県盛岡市
㋑茨城県日立市
㋒静岡県掛川市
㋓大阪府堺市
0
200km

(1) Ⓐ〜Ⓓをつくる工業を何といいますか。

Ⓐ（　　　　）工業

Ⓑ（　　　　）工業

Ⓒ（　　　　）工業

Ⓓ（　　　　）工業

(2) 次の工業製品が多くつくられているところを、**地図**の㋐〜㋓からそれぞれ選びましょう。①（　　）②（　　）

①
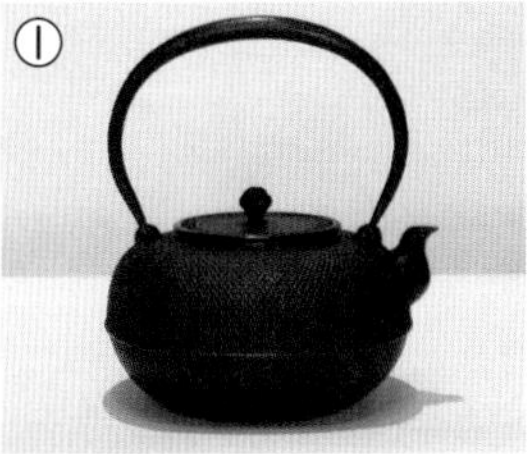

②
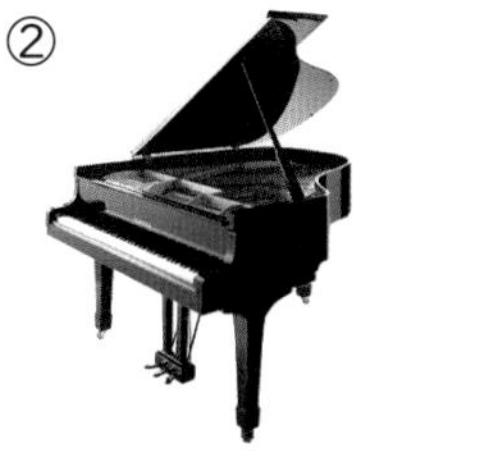

ポイント　工業には、機械・金属・化学・食料品・せんい工業がある。

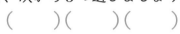

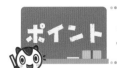

勉強した日　月　日

1 くらしを支える工業生産②

基本のワーク

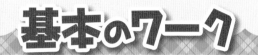

学習の目標
日本の工業の特色を理解し、工業地域・地帯の名前を覚えましょう。

教科書 [下] 6～9ページ　答え 9ページ

1 工業がさかんな地域の分布と特色

よみトク！資料

●主な工業地域・工業地帯と工業生産額
◆京浜・中京・阪神を工業地帯という。

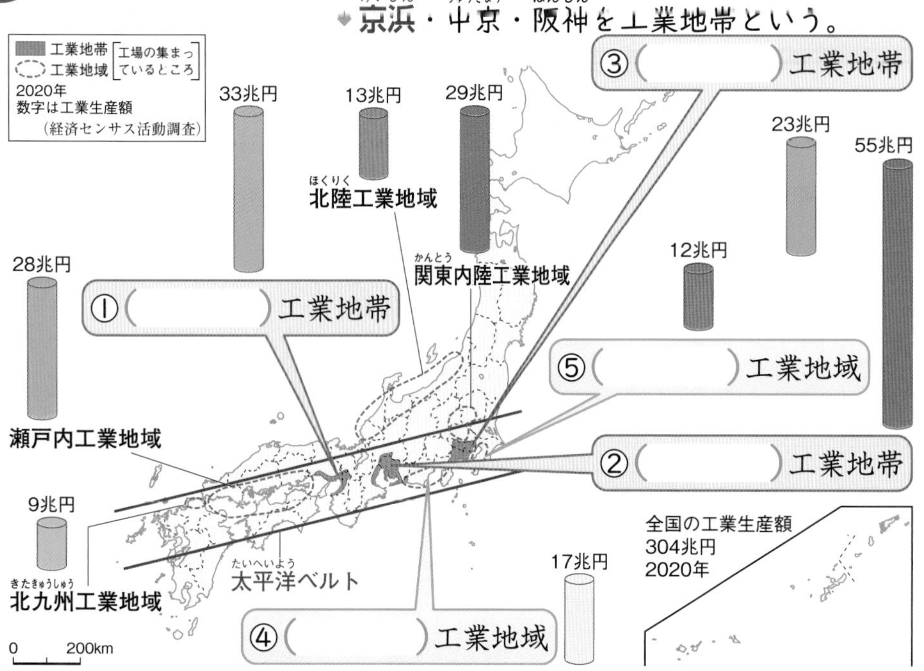

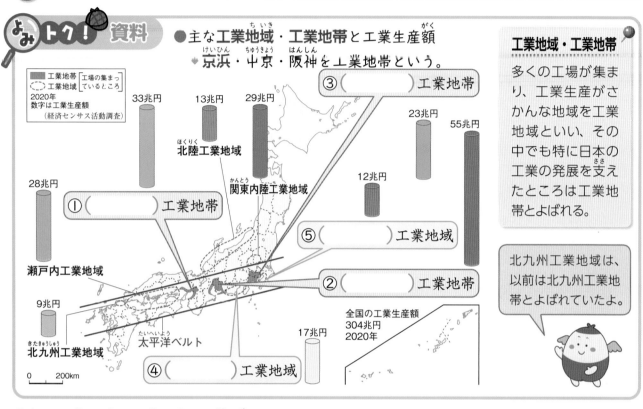

工業地域・工業地帯
多くの工場が集まり、工業生産がさかんな地域を工業地域といい、その中でも特に日本の工業の発展を支えたところは工業地帯とよばれる。

北九州工業地域は、以前は北九州工業地帯とよばれていたよ。

●主な工業地域・工業地帯は、**海ぞい**に広がっている。
◆特に東の⑥（　　　　）地方南部から、西の⑦（　　　　）地方北部にかけては**太平洋ベルト**とよばれ、日本の⑧（　　　　）額の２分の１以上をしめる。
●⑨（　　　　）が開通して交通が便利になり、内陸部にも工業地域が広がっている。

2 日本の工業生産の特色／ノートにまとめる

●工場のきぼのちがい

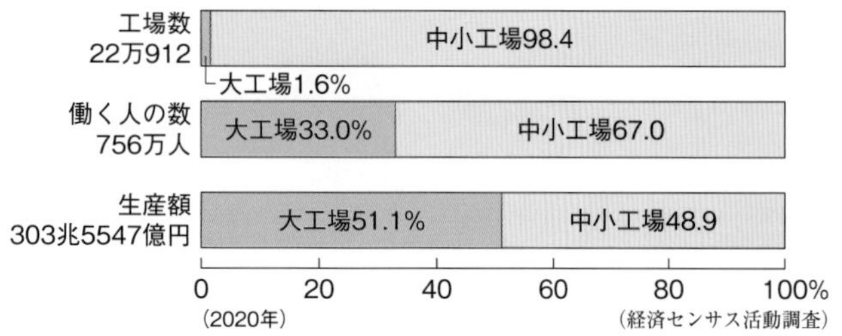

●工業種類別の工業生産額のわりあいの変化

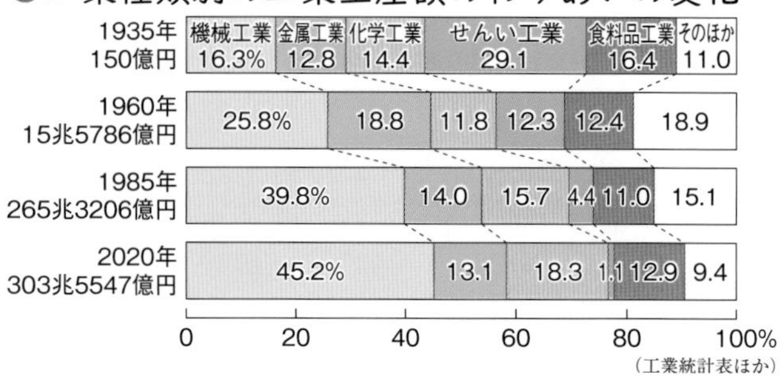

◆工場数のほとんどは⑩（　　　　）**工場**。　◆昔は⑫（　　　　）工業がさかん。
◆生産額は⑪（　　　　）**工場**のほうが多い。　◆今は⑬（　　　　）工業が中心。
●海ぞいに広がる太平洋ベルトは、原材料や燃料を⑭（　　　　）で輸送するのが便利。
◆工場でできた製品を輸出しやすい。

しゃかい工場
中小工場は、大工場に比べて、１人あたりの生産額は低いけど、世界にほこる高い技術をもっているところも多いよ。日本の工業は中小工場に支えられているともいえるね。

練習のワーク

できた数　　／17問中

教科書 [下] 6〜9ページ　答え 9ページ

1 次の地図を見て、あとの問いに答えましょう

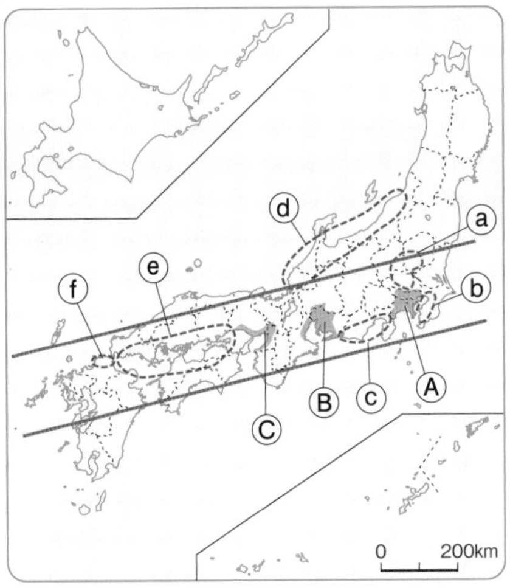

ⓓ
ⓐ
ⓔ
ⓕ
ⓑ
Ⓐ
Ⓑ
ⓒ
Ⓒ
0　200km

場所	工業地帯・地域	主な都道府県
Ⓐ	京浜工業地帯	東京都、⑤□
Ⓑ	中京工業地帯	⑥□、三重県
Ⓒ	阪神工業地帯	⑦□、兵庫県
ⓐ	①（　　　）工業地域	栃木県、群馬県、埼玉県
ⓑ	京葉工業地域	千葉県
ⓒ	東海工業地域	静岡県
ⓓ	②（　　　）工業地域	新潟県、富山県、石川県、福井県
ⓔ	③（　　　）工業地域	岡山県、広島県、山口県、香川県、愛媛県
ⓕ	④（　　　）工業地域	⑧□

(1) **表**の（　　）にあてはまる工業地域名を書きましょう。

(2) **表**の□にあてはまる都道府県名を書きましょう。

(3) 日本で最も工業生産額が多い工業地帯を、**表**のⒶ〜Ⓒから選びましょう。（　　）

(4) 次の文の（　　）にあてはまる言葉を、「地帯」「地域」から選びましょう。

●多くの工場が集まり、工業生産がさかんな地域を工業⑨（　　　　）という。中でも、特に日本の産業の発展を支え、生産額の大きいところを工業⑩（　　　　）という。

(5) 工業地域・工業地帯が帯のように広がる地図の＿＿を何といいますか。（　　　　）

(6) ＿＿の工業生産額は、日本全体のどれくらいですか。次から選びましょう。（　　）

㋐ 4分の1　㋑ 3分の1　㋒ 2分の1以上

2 次の問いに答えましょう。

(1) 右の**グラフ**の㋐・㋑のうち、働いている人が300人未満の中小工場を示しているのはどちらですか。（　　）

大工場と中小工場のわりあい

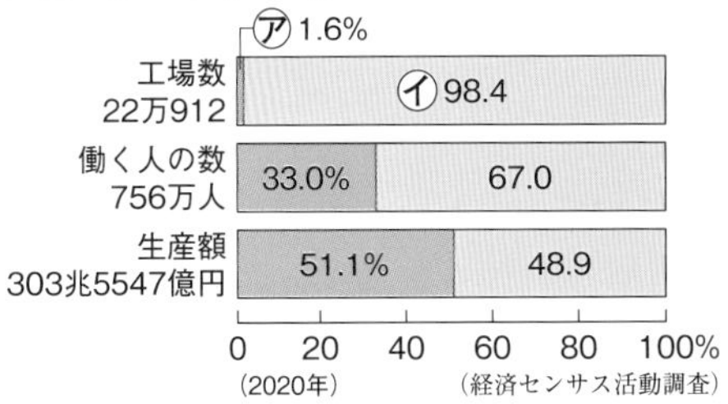

㋐1.6%
工場数 22万912
㋑98.4
働く人の数 756万人
33.0%
67.0
生産額 303兆5547億円
51.1%
48.9
0
20
40
60
80
100%
(2020年)
(経済センサス活動調査)

(2) 現在、日本で生産額が最も多い工業は何ですか。次から選びましょう。（　　）

㋐ 金属工業　㋑ せんい工業　㋒ 機械工業

(3) 工業地域・工業地帯に見られる特長を、次から2つ選びましょう。（　　）（　　）

㋐ 夏に雨が多く、水を豊富に使える。　㋑ 原材料を船で運ぶのが便利。

㋒ 人口が少なく、工場を建てやすい。　㋓ 製品を輸出しやすい。

ポイント **工業地域・地帯は輸送に便利な太平洋ベルトに多い。**

勉強した日　月　日

まとめのテスト

1　くらしを支える工業生産

時間 20分

得点　/100点

教科書 [下] 2〜9ページ　答え 10ページ

1 身のまわりの工業製品　次の問いに答えましょう。

1つ4〔36点〕

(1) 次の文の(　)にあてはまる言葉を、[　]から選びましょう。

●工業とは、①(　　　)に道具や②(　　　)を使って手を加え、形や③(　　　)を変えたり、組み立てたりして、人の役に立つ④(　　　)をつくる産業のことである。

[原材料　製品(せいひん)　性質(せいしつ)　機械]

(2) 工業でつくられるものではないものを、次から２つ選びましょう。　(　　)(　　)

㋐
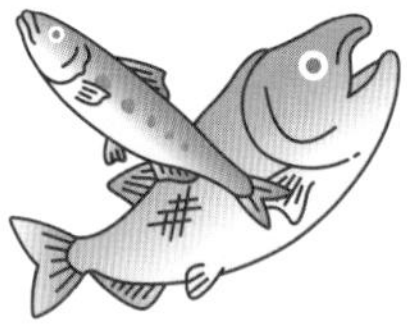
㋑
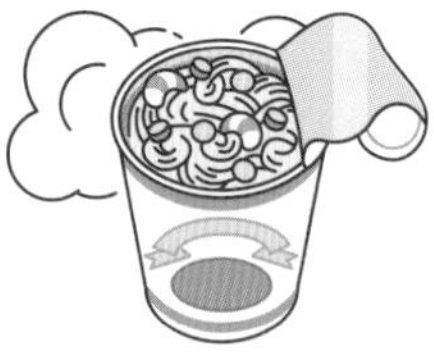
㋒
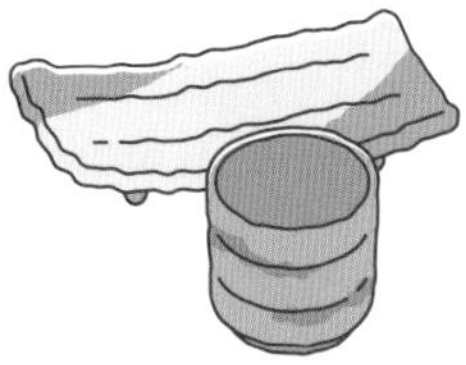
㋓
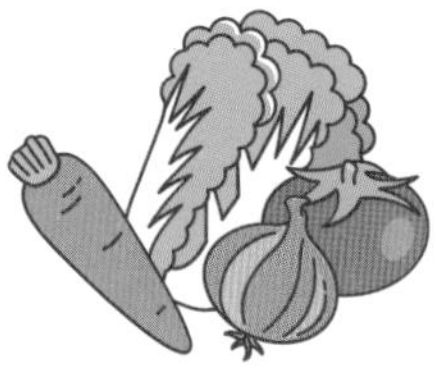
㋔
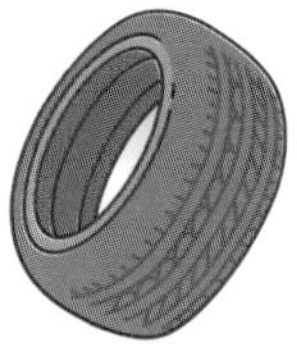

(3) 次のものをつくる工業の種類を答えましょう。

①(　　　　)工業　②(　　　　)工業　③(　　　　)工業

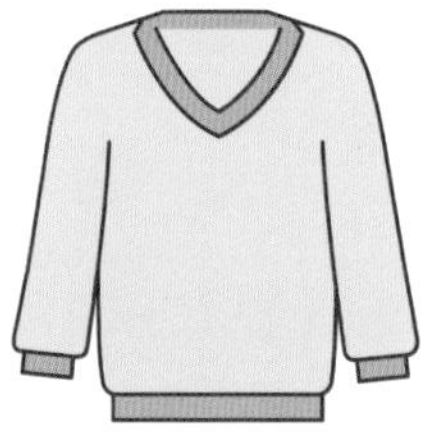
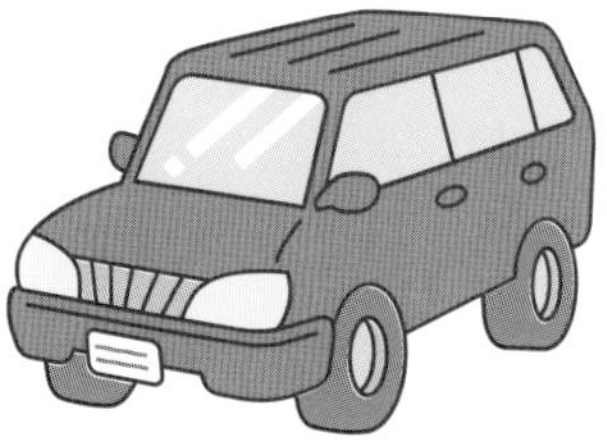
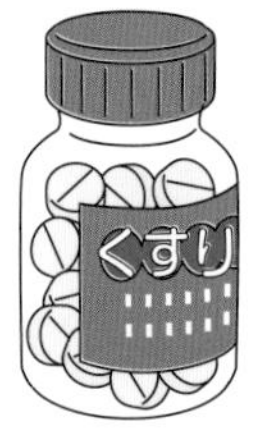
くすり

2 工業生産額の変化　右のグラフを見て、次の問いに答えましょう。

1つ4〔16点〕

(1) 1960年から1985年の間に、日本の工業生産額(がく)は約何倍になりましたか。次から選びましょう。　(　　)

㋐ 約７倍　㋑ 約10倍

㋒ 約17倍

工業種類別の工業生産額のわりあいの変化

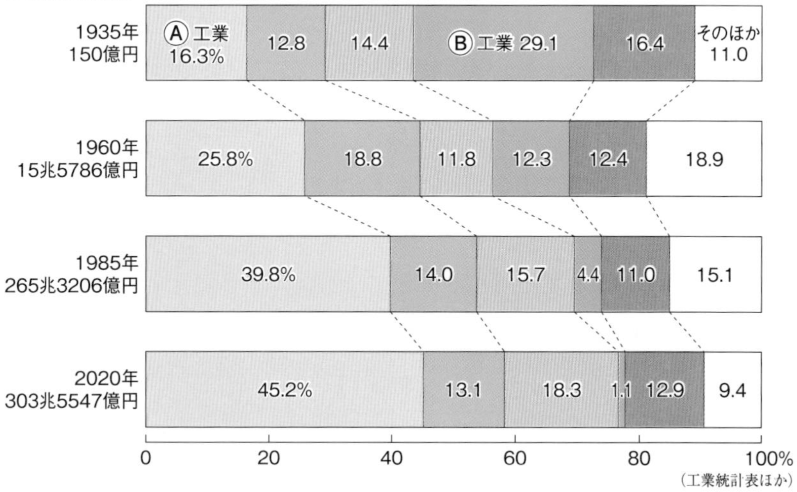
1935年
150億円
Ⓐ工業
16.3%
12.8
14.4
Ⓑ工業 29.1
16.4
そのほか
11.0
1960年
15兆5786億円
25.8%
18.8
11.8
12.3
12.4
18.9
1985年
265兆3206億円
39.8%
14.0
15.7
4.4
11.0
15.1
2020年
303兆5547億円
45.2%
13.1
18.3
1.1
12.9
9.4
0
20
40
60
80
100%
(工業統計表ほか)

よく出る

(2) Ⓐ・Ⓑにあてはまる工業を、次からそれぞれ選びましょう。

Ⓐ(　　)　Ⓑ(　　)

㋐ せんい　㋑ 機械

㋒ 食料品　㋓ 金属(きんぞく)

チャレンジ!

(3) 「そのほか」の工業でつくられる製品を、次から選びましょう。　(　　)

㋐ みかんのかんづめ　㋑ 光ディスク

㋒ 鉄道のレール　㋓ 学習ノート

3 工業のさかんな地域 **次のグラフと地図を見て、あとの問いに答えましょう。** 1つ4〔40点〕

工業地域・工業地帯の工業種類別の工業生産額のわりあい

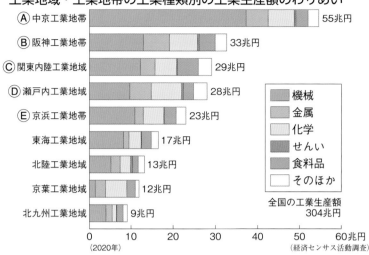

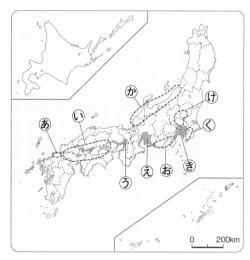

(1) グラフのⒶ～Ⓔの工業地域・工業地帯の位置を、**地図**のあ～けからそれぞれ選びましょう。

Ⓐ( )　Ⓑ( )　Ⓒ( )

Ⓓ( )　Ⓔ( )

(2) 次の文にあてはまる工業地域・工業地帯名を、**グラフ**から選んで書きましょう。

① 機械工業のわりあいが高く、工業地域・工業地帯の中で、工業生産額が最も多い。

( )

② 化学工業のわりあいが、工業生産額の約40％をしめている。 ( )

(3) 太平洋ベルトのはん囲を、**地図**に▭で示しましょう。

(4) 太平洋ぞいに工業生産額が多い地域が集まっている理由を、**原材料**、**製品**の言葉を使って、かんたんに書きましょう。

( )

(5) 最近は**地図**のけのような内陸部でも工業が発達してきています。その理由を次から選びましょう。 ( )

　㋐ 高速道路が通るなど、交通が便利だから。

　㋑ 工業の原材料となるものがたくさんとれるから。

　㋒ 広くて平らな平野が広がっているから。

4 大工場と中小工場 **右のグラフを見て、日本の工業生産について正しいものを、次から2つ選びましょう。** 1つ4〔8点〕

( )( )

　㋐ 工場数のほとんどを中小工場がしめている。

　㋑ 働く人の数では、中小工場が約30％をしめている。

　㋒ 生産額では、中小工場より大工場のほうが多い。

　㋓ 働く人1人あたりの生産額は、大工場より中小工場のほうが多い。

大工場と中小工場のわりあい

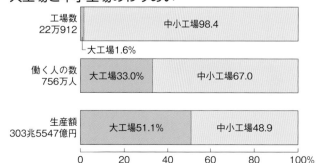

勉強した日　月　日

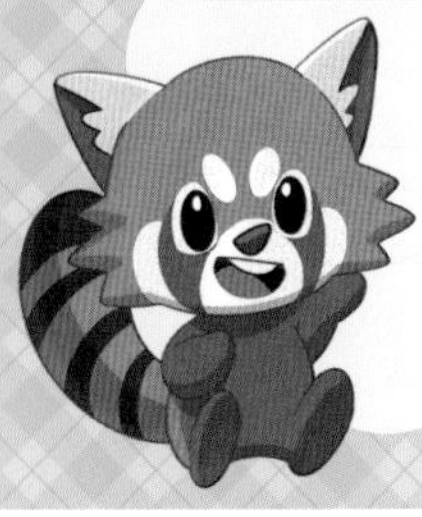

2　自動車をつくる工業①

基本のワーク

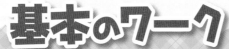

学習の目標
自動車生産がさかんな地域と自動車工場の様子を確かめましょう。

教科書 [下] 10～15ページ　答え 10ページ

1 日本の自動車工業／さかんな自動車工業

自動車の生産

● 日本では、①(　　　　)工業がもっともさかん。
- 機械工業の中でも②(　　　　)用機械のわりあいが高い。
- 輸送用機械の中心は自動車で、多くの家庭にある。

● 日本では１年に約700万台の自動車を生産している。

日本の乗用車生産台数の変化

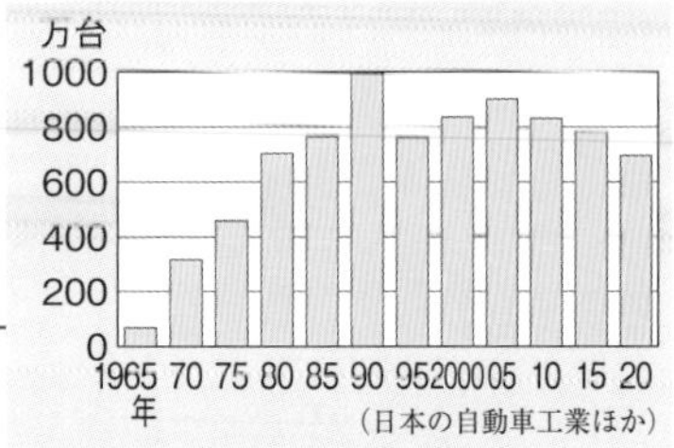

万台
1000
800
600
400
200
0
1965 70 75 80 85 90 95 2000 05 10 15 20
年

（日本の自動車工業ほか）

自動車生産のさかんな地域

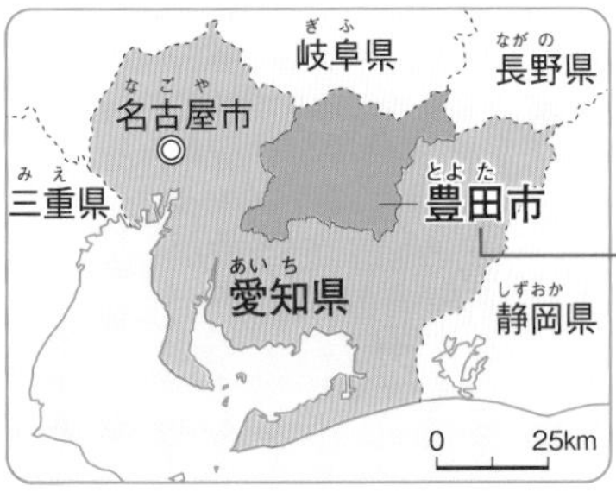

岐阜県
長野県
名古屋市
三重県
豊田市
愛知県
静岡県
0　25km

● ③(　　　　)県は、自動車の生産額が最も多い。

● 特に④(　　　　)市は、自動車の生産がさかん。

● １台の自動車には約３万個の部品が使われる。

都道府県別の輸送用機械の生産額のわりあい

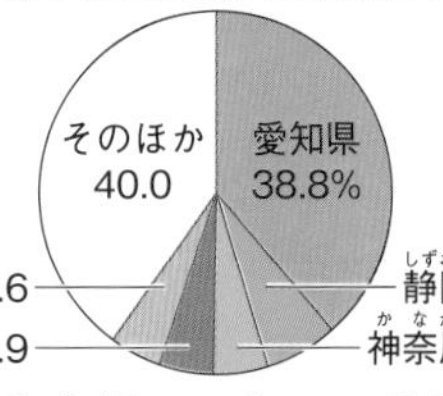

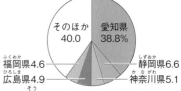

そのほか 40.0
愛知県 38.8%
福岡県4.6
広島県4.9
静岡県6.6
神奈川県5.1

総生産額：60兆2308億円
（2020年）（経済センサス活動調査）

2 自動車を組み立てる工場

よみトク！資料

● 一つの流れの中で、消費者の注文に合わせて、車の種類・使う⑤(　　　　)・色を変えて正確につくる。
- 部品が大きくて重いときは、⑥(　　　　)や機械を使う。

自動車ができるまで

① プレス

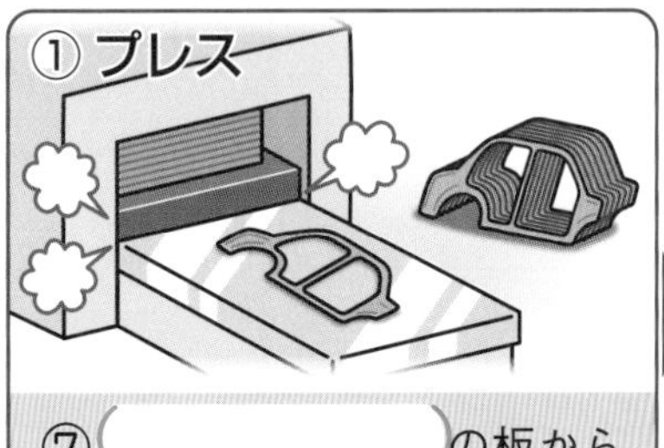

⑦(　　　　)の板からドア、ゆか、屋根などをつくる。

② ようせつ

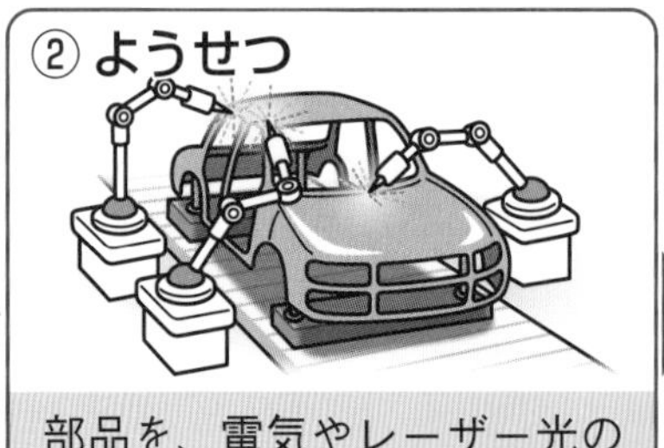

部品を、電気やレーザー光の⑧(　　　　)でとかしてつなぎ合わせる。

③ とそう

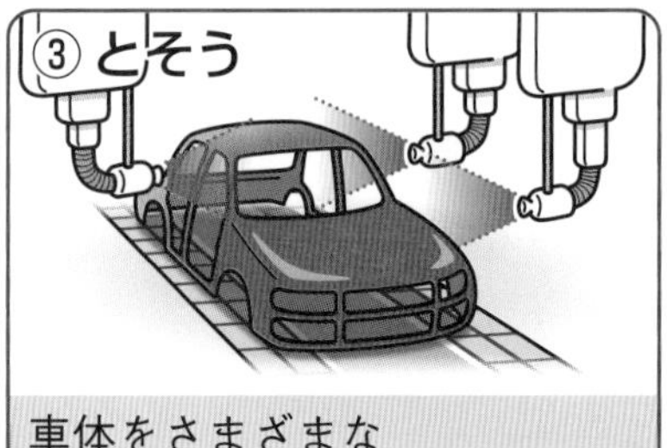

車体をさまざまな⑨(　　　　)にぬり分ける。

④ 組み立て

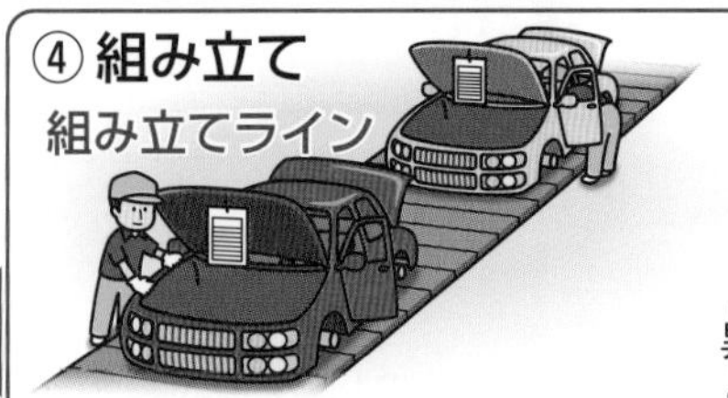

組み立てライン

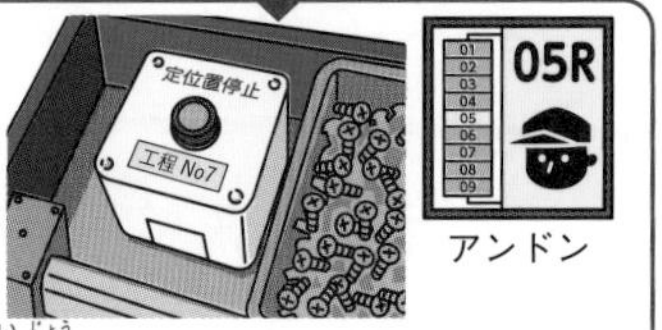

定位置停止
工程No7
05R
アンドン

異常が起きたら、よび出しボタンとアンドンで知らせる。

車体をのせた⑩(　　　　)が動く間に、エンジン、シートなどを分たんしてとりつける。まちがえないように⑪(　　　　)に注文の内容が書かれている。

⑤ 検査

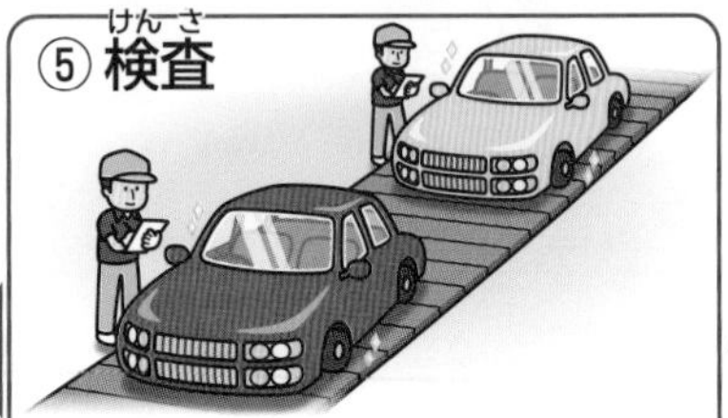

⑫(　　　　)がきくか、水もれはないかなど１台１台検査する。

出荷

しゃかいか工場　豊田市のように１つの会社とその関連工場の生産が産業の大部分をしめている町を企業城下町というよ。豊田市は挙母町という名前だったけど自動車会社の名前に変えたんだ。

練習のワーク

教科書 ⊕ 10～15ページ　答え 10ページ

1 次の問いに答えましょう。

(1) あのア～ウのうち、機械工業にあてはまるものはどれですか。（　　）

(2) いの□□は自動車などのことです。□□にあてはまることばを、次から選びましょう。（　　）

　　ア　通信用機械
　　イ　生産用機械
　　ウ　輸送用機械

あ工業種類別の生産額のわりあい

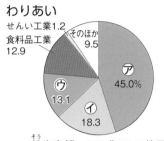

せんい工業1.2
食料品工業 12.9
そのほか 9.5
ア 45.0%
イ 18.3
ウ 13.1

総生産額：303兆5547億円
（2020年）（経済センサス活動調査）

い機械工業の工業生産額のうちわけ

そのほか 56.0
□□ 44.0%

総生産額：136兆7483億円
（2020年）（経済センサス活動調査）

(3) 右の**グラフ**を見て、次の問いに答えましょう。

　① 日本の乗用車生産台数が急に増えた時期を、次から選びましょう。（　　）

　　ア　1965～1975年　　　イ　1985～1995年
　　ウ　2000～2010年

　② 現在の乗用車生産台数は約何万台ですか。
　　　　　　　　　約（　　　　　）万台

日本の乗用車生産台数の変化

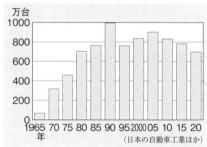

万台
1000
800
600
400
200
0
1965 70 75 80 85 90 95 2000 05 10 15 20
年
（日本の自動車工業ほか）

2 次の自動車ができるまでの作業をまとめた表を見て、あとの問いに答えましょう。

Ⓐ	Ⓑ	Ⓒ	Ⓓ	Ⓔ
さびを防ぎ、見ばえをよくするため、買う人の希望に合わせ、と料を4回ふきつける。	一定の速さで進むコンベヤーにのって流れてくる車体に、部品が次々と取りつけられる。	電気やレーザー光の熱で、部品をつなぎ合わせ、車体の形にする。	自動車が正確に組み立てられたか、水もれがないかなどを確かめる。	機械で鉄の板を打ちぬいたり、曲げたりして、車体のドアや屋根などをつくる。

(1) Ⓐ～Ⓔの作業をそれぞれ何といいますか。　Ⓐ（　　　　　）　Ⓑ（　　　　　）
　　　　　　　　　　　　　　　　　　　　　Ⓒ（　　　　　）　Ⓓ（　　　　　）　Ⓔ（　　　　　）

(2) Ⓐ～Ⓔを、自動車ができるまでの順にならべましょう。

　　　　　　　　　　　　（　　　　→　Ⓒ　→　　　　→　　　　）

(3) Ⓑの――部の一連の流れを何といいますか。（　　　　　　）

(4) 組み立て工場で行われているくふうについて、右の**資料**の□□にあてはまることばを□□から選びましょう。

　①（　　　　　）　②（　　　　　）

　　アンドン　かんばん　指示ビラ

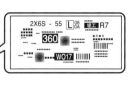

異常をしらせるボタンをおした人の位置が ① でわかる。
部品箱の ② という紙により部品の種類や数がわかりやすい。

ポイント 愛知県豊田市などは自動車をつくる工業がさかん。

勉強した日 月 日

2 自動車をつくる工業②

基本のワーク

学習の目標
関連工場の役わりと、これからの自動車生産を理解しましょう。

教科書 下 16～23ページ　答え 10ページ

1 自動車の部品をつくる工場

●愛知県豊田市とその周りに部品をつくる工場が多い。
●①(　　　　)工場…シートやハンドル、ライトなどの部品をつくる。
◆組み立て工場から情報を受け取り、取りつける②(　　　　)に合わせて必要な③(　　　　)だけの部品をとどける。
◆とどけるときは、組み立てる車種の順番通りにならべる。
◆部品をつくる工場に、さらに小さな④(　　　　)をおさめる工場がある。
◆１つの部品がとどかないと、自動車工場の⑤(　　　　)が止まってしまうこともある。

関連工場
組み立て工場から注文を受けて、部品をつくっている工場。

2 世界とつながる自動車

●完成した自動車の輸送
◆近くのはん売店には、⑥(　　　　)を使って輸送する。
◆国内の遠い地域や海外へは、港から自動車⑦(　　　　)で運ぶ。
◆自動車の価格には、はん売費・輸送費などもふくまれる。

キャリアカー
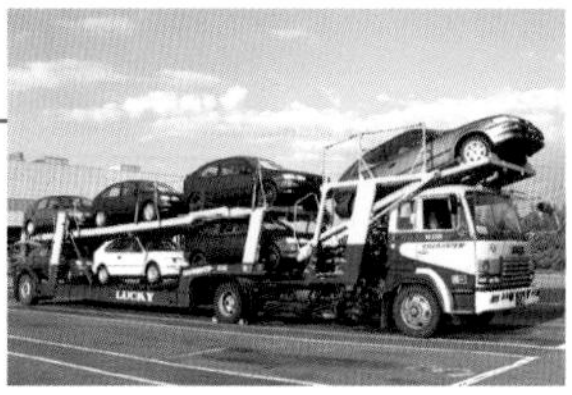

自動車専用船
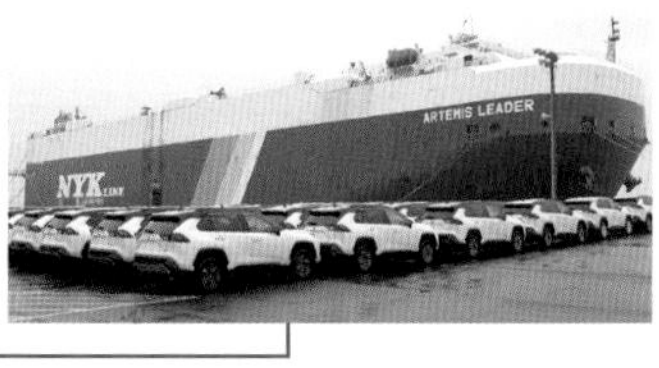
ARTEMIS LEADER
NYK

よみトク！資料

●自動車の海外生産
◆はじめはほとんどを国内で生産し、海外に輸出していた。
◆今は**現地生産**が⑧(　　　　)いる。
■現地の人のくらしや好みに合った車を、より早く安くとどけられる。
■その国の⑨(　　　　)を増やし、技術を伝えて産業発展に役立てる。

アジアやアメリカに多く進出しているよ！

自動車の海外生産台数の変化
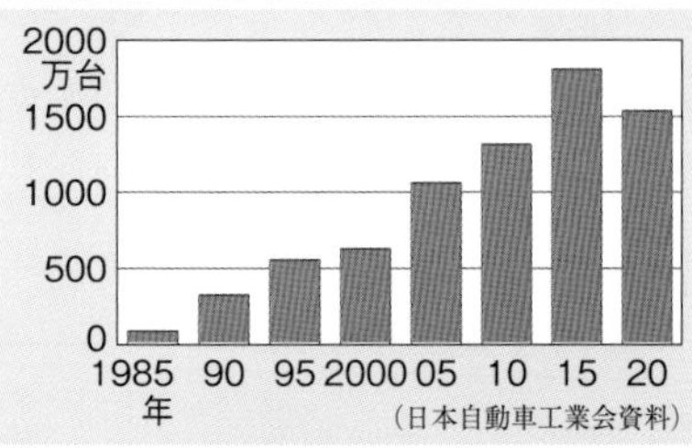
2000 万台
1500
1000
500
0
1985年
90
95
2000
05
10
15
20
（日本自動車工業会資料）

現地生産
いろいろな国に工場をつくり、現地で工業製品をつくること。

3 人々の願いに合わせた自動車開発／CMにまとめる

●1997年、⑩(　　　　)のよいハイブリッド車がはん売されるようになる。➡2014年には⑪(　　　　)を出さない自動車が走る。
[SDGs] ●環境にやさしい自動車…⑫(　　　　)**社会**をめざして、走行時に二酸化炭素を排出しない燃料電池自動車や電気自動車を開発。
[SDGs] ●人にやさしい自動車…⑬(　　　　)やエアバッグが安全を守る。高齢者や体の不自由な人が車いすで乗りおりしやすい車や**自動運転**の技術も開発されている。

つながるSDGs
地球温暖化の原因となる二酸化炭素などの温室効果ガスを減らす脱炭素社会がめざされている。

しゃかいか工場
今までのガソリン車の排出ガスは大気おせんや地球温暖化の原因になっているよ。ハイブリッド車などの環境にやさしい車はエコカーとよばれ、注目されているんだ。

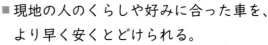

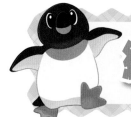

練習のワーク

できた数 ／11問中

教科書 ㊦ 16〜23ページ　答え 10ページ

1 右の図を見て、次の問いに答えましょう。

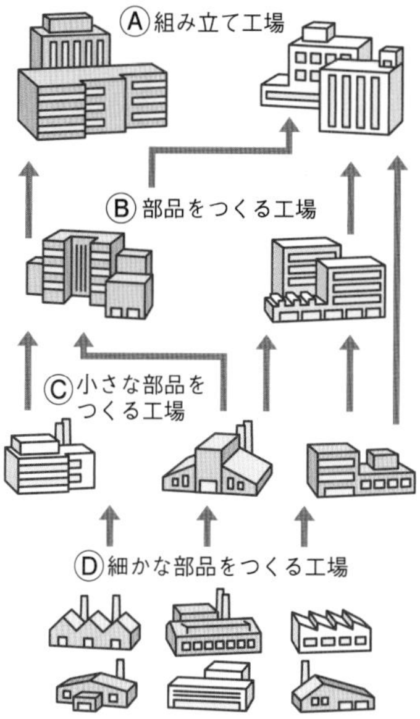
Ⓐ組み立て工場
Ⓑ部品をつくる工場
Ⓒ小さな部品をつくる工場
Ⓓ細かな部品をつくる工場

(1) 自動車に必要な部品をつくってⒶにとどけている、Ⓑ〜Ⓓの工場を何といいますか。（　　　）

(2) 次のうち、正しい文を2つ選びましょう。（　　）（　　）

㋐ 組み立て工場は、部品をつくる工場の情報にしたがって、自動車を組み立てている。

㋑ 部品をつくる工場は、部品を必要な時間に必要な数だけ、組み立て工場にとどけている。

㋒ 細かな部品をつくる工場は、色や形が同じ部品ごとに分けて、組み立て工場にとどけている。

㋓ 部品をつくる工場が１つ止まっただけで、自動車生産にえいきょうが出ることがある。

2 次の問いに答えましょう。

(1) 右の**地図**を見て、日本が特に多く自動車を輸出している地域を、**地図**中の[あ]〜[お]から２つ選びましょう。（　　）（　　）

自動車会社の日本からの主な輸出先

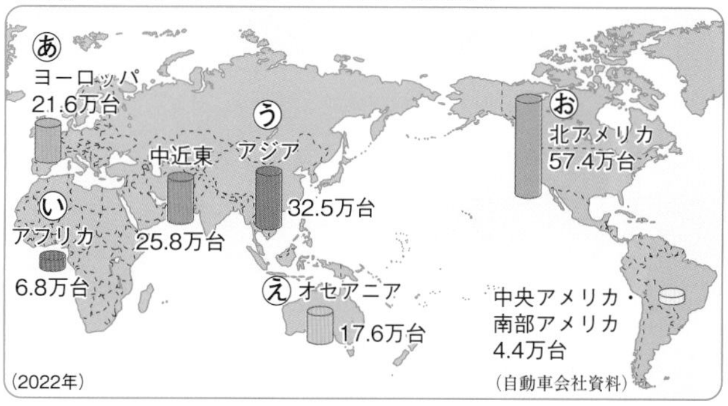
[あ] ヨーロッパ 21.6万台
[い] アフリカ 6.8万台
中近東 25.8万台
[う] アジア 32.5万台
[え] オセアニア 17.6万台
[お] 北アメリカ 57.4万台
中央アメリカ・南部アメリカ 4.4万台
(2022年)
(自動車会社資料)

自動車会社の地域別自動車はん売台数

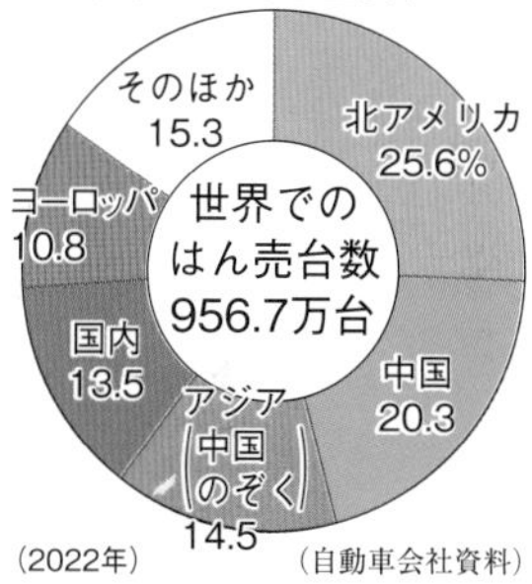
世界でのはん売台数 956.7万台
北アメリカ 25.6%
中国 20.3
アジア（中国のぞく）14.5
国内 13.5
ヨーロッパ 10.8
そのほか 15.3
(2022年)
(自動車会社資料)

(2) 右の**グラフ**を見て、日本国内・中国をふくめたアジアでのはん売台数がしめるわりあいを書きましょう。（　　　）%

(3) 自動車会社が海外に工場をつくり、その国で自動車を生産・はん売することを何といいますか。（　　　）

3 次の問いに答えましょう。

(1) 次の自動車にあてはまるものをそれぞれ選びましょう。①（　　）②（　　）

① 水素と酸素から電気をつくり、水だけ排出する車。

② 充電して走り、走るときには二酸化炭素を出さない車。

㋐ 自動運転ができる自動車　　㋑ 燃料電池自動車

㋒ ハイブリッド車　　㋓ 電気自動車

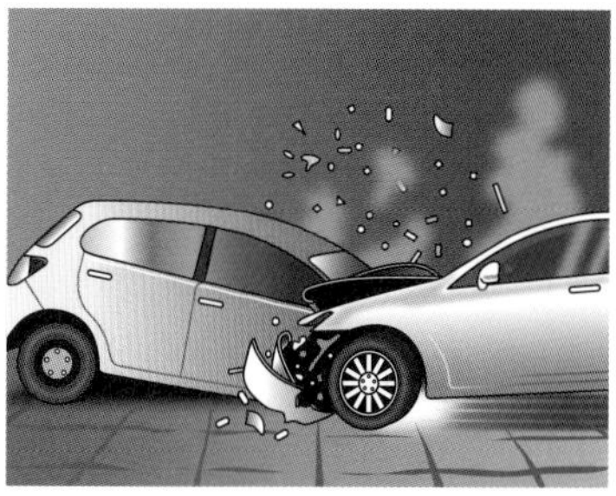

(2) 右の**絵**のような事故のとき、運転している人を守るそうちを２つ書きましょう。（　　　）（　　　）

ポイント **関連工場は組み立て作業に合わせ、必要な部品をとどける。**

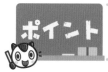

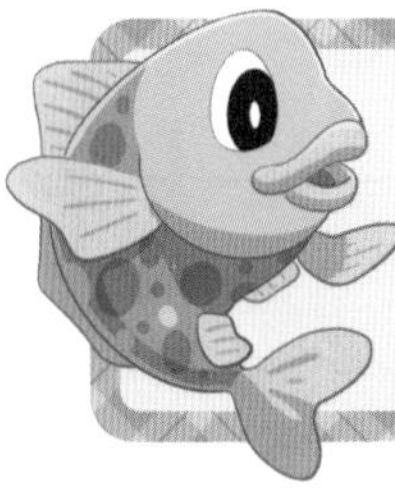

まとめのテスト

2　自動車をつくる工業

時間 20分

得点　/100点

教科書 [下] 10〜23ページ　答え 11ページ

1 変わってきた自動車 **次の資料(しりょう)を見て、あとの問いに答えましょう。** (4)①②完答、1つ4〔28点〕

[あ]工業種類別の生産額(がく)のわりあい

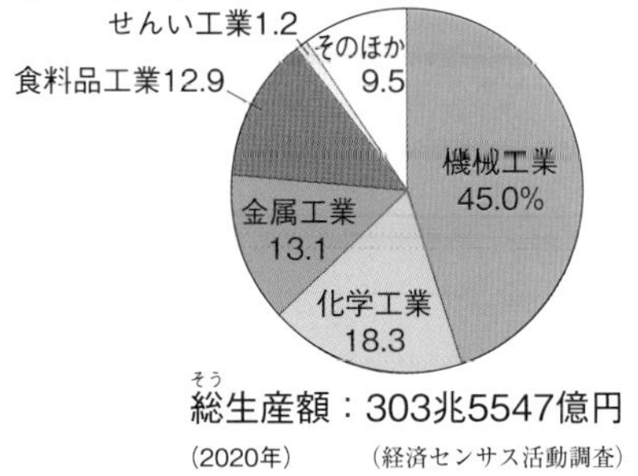

せんい工業1.2
そのほか 9.5
食料品工業12.9
機械工業 45.0%
金属工業 13.1
化学工業 18.3
総(そう)生産額：303兆5547億円
(2020年)
(経済センサス活動調査)

[い]日本の乗用車生産台数の変化

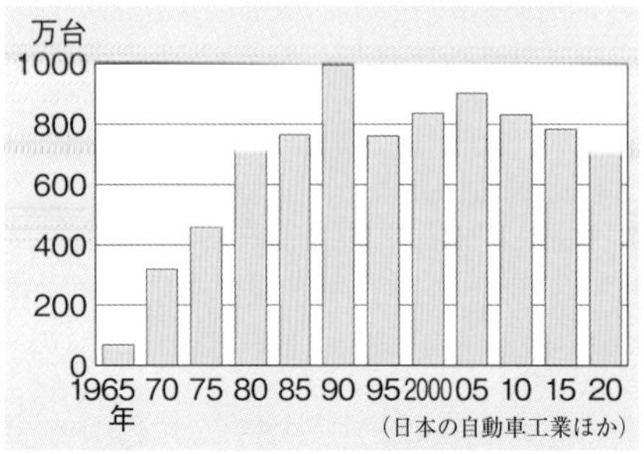

万台
1000
800
600
400
200
0
1965 70 75 80 85 90 95 2000 05 10 15 20
年
(日本の自動車工業ほか)

[う]都道府県別の輸送(ゆそう)用機械の生産額のわりあい

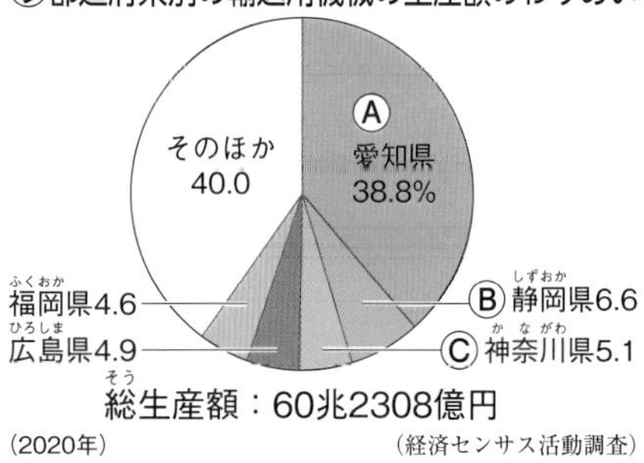

そのほか 40.0
Ⓐ 愛知県 38.8%
福岡(ふくおか)県4.6
広島(ひろしま)県4.9
Ⓑ 静岡(しずおか)県6.6
Ⓒ 神奈川(かながわ)県5.1
総(そう)生産額：60兆2308億円
(2020年)
(経済センサス活動調査)

(1) 自動車を生産する工業の種類を[あ]から書きましょう。（　　　）

(2) [い]について、1970年と2020年の乗用車の生産台数を比べるとどのようになりましたか。次から選びましょう。（　　）

㋐ 約半分になった　㋑ 変わらない　㋒ 約2倍になった　㋓ 約4倍になった

チャレンジ！ (3) [う]のⒶ〜Ⓒの県がふくまれる工業地域(ちいき)・工業地帯名を書きましょう。

Ⓐ（　　　）Ⓑ（　　　）Ⓒ（　　　）

思考 (4) 次のことが調べられる**資料**の記号と、その答えを書きましょう。

①（　　・　　）②（　　・　　）

①
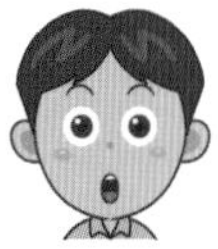
乗用車がとくに多くつくられた年は何年かな。

②
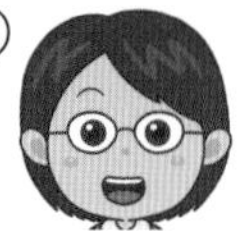
輸送用機械の生産が一番さかんな都道府県はどこかな。

2 自動車を組み立てる工場 **自動車工場へ見学に行き、気づいたことやわかったことを見学カードに書きました。みんなが見た作業は何ですか。［　　］からそれぞれ選びましょう。** 1つ2〔8点〕

Ⓐ（　　　）Ⓑ（　　　）Ⓒ（　　　）Ⓓ（　　　）

Ⓐ
- 車体をあらって、いろいろなえき体をふきつけていた。
- 買う人の希望に合わせて、いろいろな色にぬり分けるそうだ。まちがえないのか疑問(ぎもん)に思った。

Ⓑ
- うでのような形をしたロボットが、高熱で部品をとかしてつなぎ合わせると、車の形になった。
- 火花が散ってすごかった。きけんな作業だと思う。

Ⓒ
- 長いコンベヤーがゆっくり動いていく間に、車体にエンジンなどをとりつけていった。
- 大きく重たい部品が多くて、働く人は協力しながらとりつけていたよ。

Ⓓ
- 機械が鉄の板を打ちぬいたら、屋根やドアの形にできあがっていた。
- 1台につき400点くらいも部品をつくるそうだ。

［ 出荷　ようせつ　プレス　とそう　検査(けんさ)　組み立て ］

3 自動車の部品をつくる工場　右の図を見て、次の問いに答えましょう。

1つ4〔24点〕

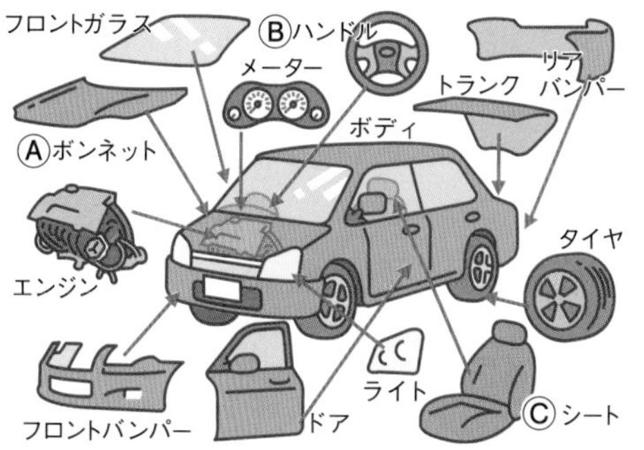

フロントガラス
Ⓑハンドル
メーター
リア バンパー
トランク
ボディ
Ⓐボンネット
タイヤ
エンジン
ライト
フロントバンパー
ドア
Ⓒシート

(1) Ⓐの材料である鉄の板をつくる工業は、何工業にふくまれますか。　(　　　　　　　)工業

(2) 自動車は約何万個の部品からつくられていますか。　約(　　　　　　)万個

記述 (3) ⒷやⒸなどの部品は、どこからどのように、組み立て工場に運ばれてきますか。**時間**の言葉を用いて、かんたんに書きましょう。

(　　　　　　　　　　　　　　　　　　　　　　　　　　　　　)

(4) 次の文の(　　)にあてはまる言葉を、[　　]から選んで書きましょう。

●部品をつくる工場は、組み立て工場からの①(　　　　　　)を受け取り、組み立て工場で組み立てる作業の②(　　　　　　)通りに部品をつくり、③(　　　　　　)してトラックに積みこむ。

検査	情報
正確	順番

4 世界とつながる自動車　右の図を見て、次の問いに答えましょう。

1つ4〔20点〕

(1) 右の**絵**について、次の文の[　　]にあてはまる言葉を、あとからそれぞれ選びましょう。

①(　　　)　②(　　　)　③(　　　)

●組み立てられた車は、近くのはん売店には[①]で、遠くのはん売店や海外へは[②]で運ばれる。このように、自動車を運ぶためにはたくさんの人の手が必要になるため、[③]費がかかる。

㋐ トラック　㋑ 飛行機　㋒ 鉄道

㋓ 船　㋔ 輸送　㋕ 材料

自動車の値段にふくまれるもの

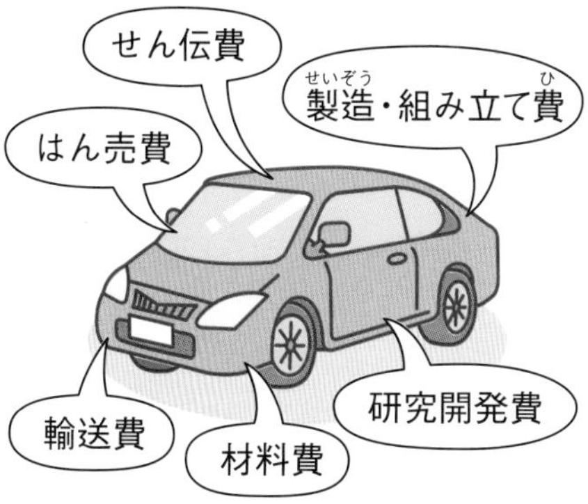

せん伝費
製造・組み立て費
はん売費
輸送費
材料費
研究開発費

(2) 右の**グラフ**のように現地生産を行うわけを、次から２つ選びましょう。(　　)(　　)

㋐ 現地の人の技術指導を受け、高い品質の自動車をつくるため。

㋑ 日本の工場で働く人の作業時間を増やすため。

㋒ その国の産業の発展にこうけんするため。

㋓ その国の人の好みに合った自動車を早くとどけるため。

自動車の海外生産台数の変化

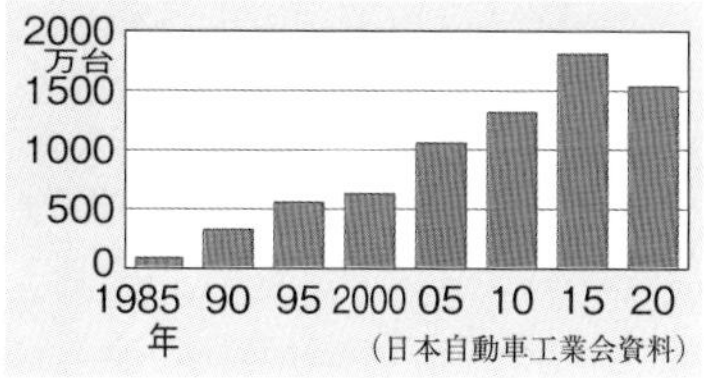

2000
万台
1500
1000
500
0
1985年
90
95
2000
05
10
15
20

（日本自動車工業会資料）

5 人々の願いに合わせた自動車開発　次の問いに答えましょう。

1つ4〔20点〕

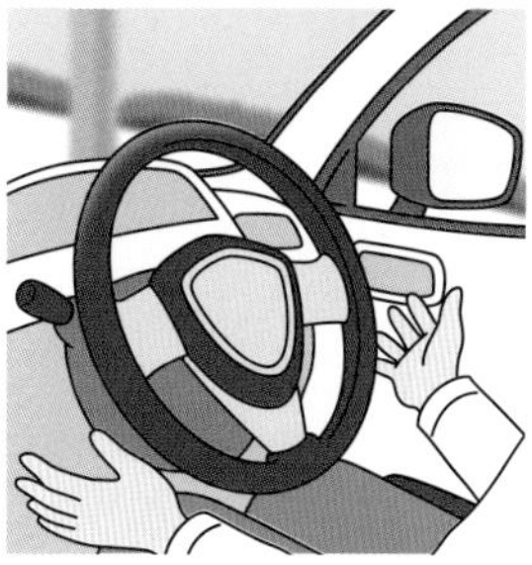

(1) 次の自動車が環境にやさしい車なら㋐、人にやさしい車なら㋑を書きましょう。　①(　　　)　②(　　　)　③(　　　)

① 車いすで乗りおりしやすい車　② 二酸化炭素を出さない車

③ シートベルトやエアバッグのある車

(2) 右の**絵**のように、ハンドル操作を行わなくても運転できる技術を何といいますか。　(　　　　　　)技術

(3) 地球温暖化の原因となる温室効果ガスの排出量がゼロになることをめざす社会を何といいますか。　(　　　　　　)社会

3 わたしたちの生活と工業生産

●くらしを支える造船業
●くらしを支える製鉄業

基本のワーク

学習の目標・

造船業と製鉄業の様子について学習しましょう。

教科書 下 24〜25ページ　答え 11ページ

1 くらしを支える造船業

●船ができるまで

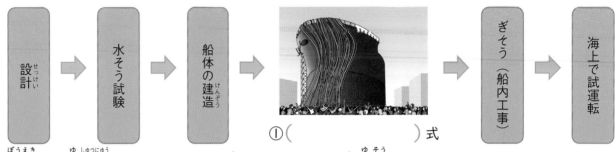

設計（せっけい） → 水そう試験 → 船体の建造（けんぞう） → ①（　　　　）式 → ぎそう（船内工事）（ぎじゅつ） → 海上で試運転

●貿易量（ぼうえき）の輸出入（ゆしゅつにゅう）のわりあいは、②（　　　　　　　）輸送（ゆそう）が大半。

●③（　　　　　　　　）業…船をつくる工業。日本は造船の技術（ぎじゅつ）が高い。

◆ 北は④（　　　　　　　）地方から南は⑤（　　　　　　　　）地方まで、日本各地に**造船所**がある。

◆ 世界の中でも日本の船の建造量は多い。

◆ 長崎県（ながさき）では、160年以上前に造船所がつくられた。工場では⑥（　　　　　　　　）**遺産**（いさん）に登録された設備（せつび）が現在（げんざい）も使われている。

◆ 造船には、鉄鋼（てっこう）、機械、電子、化学などの技術（ぎじゅつ）や知識（ちしき）が必要（ひつよう）。

日本の主な造船所の分布

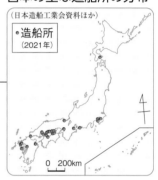

（日本造船工業会資料ほか）

●造船所（2021年）

0　200km

2 くらしを支える製鉄業

●鉄はさまざまなものの原材料で、**金属製品**（きんぞくせいひん）の9わり以上をしめる。

●**製鉄業**（せいてつ）…鉄をつくる工業。日本の鉄は品質（ひんしつ）が高い。

石灰石は100％国内で生産されているよ。

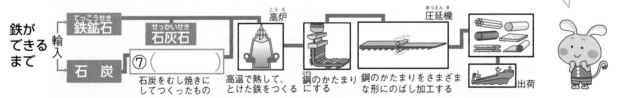

鉄ができるまで｜輸入｜鉄鉱石（てっこうせき）／石灰石（せっかいせき）｜石炭｜⑦（　　　）石炭をむし焼きにしてつくったもの｜高炉（こうろ）高温で熱して、とけた鉄をつくる｜鋼のかたまり（はがね）にする｜圧延機（あつえんき）鋼のかたまりをさまざまな形にのばし加工する｜出荷

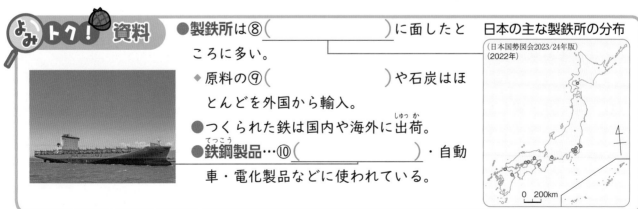

よみトク！資料

●製鉄所は⑧（　　　　　　　）に面したところに多い。

◆ 原料の⑨（　　　　　　）や石炭はほとんどを外国から輸入。

●つくられた鉄は国内や海外に出荷（しゅっか）。

●鉄鋼製品（てっこう）…⑩（　　　　　　）・自動車・電化製品などに使われている。

日本の主な製鉄所の分布

（日本国勢図会2023/24年版）（2022年）

0　200km

●環境対策（かんきょうたいさく）…製鉄所の中に植樹（しょくじゅ）して、"⑪（　　　　　　　）の製鉄所"づくりをめざす。

  しゃかいかエ場　鉄は船や自動車の材料になるから、うすくてじょうぶな鉄をつくることは、輸送のときの燃料（ねんりょう）を少なくして資源（しげん）の節約になり、人々の安全を守ることにもつながるんだ。

1 次の問いに答えましょう。

(1) 船ができるまでの流れを示した次の**図**について、（　）にあてはまるものをあとからそれぞれ選びましょう。　①（　　）②（　　）③（　　）

設計 ➡ ①（　　） ➡ 船体の建造 ➡ ②（　　） ➡ ③（　　） ➡ 試運転

　㋐　進水式　　　㋑　水そう試験　　　㋒　ぎそう（船内工事）

(2) 船をつくる工業を特に何といいますか。　（　　　　　　）

(3) 160年以上前から(2)が行われている県はどこですか。次から選びましょう。　（　　　　）

　㋐　長崎県　　　㋑　奈良県　　　㋒　長野県

(4) 右の**地図**を見て、特に船をつくる工場が多い地方を、次から2つ選びましょう。　（　　）（　　）

　㋐　九州地方　　　㋑　東北地方
　㋒　中部地方　　　㋓　中国・四国地方

日本の主な船をつくる工場の分布
（日本造船工業会資料ほか）

●船をつくる工場
（2021年）
0　200km

2 次の問いに答えましょう。

(1) 次の文の（　）にあてはまる言葉を書きましょう。

●（　　　　　　　　）製品の9わり以上は、鉄からつくられている。

(2) 主に鉄が使われている製品を、次から2つ選びましょう。　（　　）（　　）

㋐　㋑　㋒　㋓　㋔

(3) 鉄をつくる工業を特に何といいますか。　（　　　　　　）

(4) 鉄の原料として使われるコークスは、何をむし焼きにしてつくられますか。次から選びましょう。　（　　）

　㋐　鉄鉱石　　　㋑　石灰石　　　㋒　石炭

(5) 製鉄所が海ぞいに多い理由について、次の文の（　）にあてはまる言葉を書きましょう。

●原料を海外から①（　　　　　　）したり、つくられた鉄を海外に②（　　　　　　）したりするのに便利だから。

(6) 右の**グラフ**の㋐〜㋒のうち、日本にあてはまるものはどれですか。　（　　）

主な国の鉄鋼の輸出量
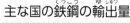
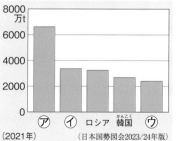
万t
8000
6000
4000
2000
0
㋐　㋑　ロシア　韓国　㋒
（2021年）　（日本国勢図会2023/24年版）

ポイント　製鉄所は鉄鉱石や石炭の輸送に便利な海の近くにある。

67

勉強した日　月　日

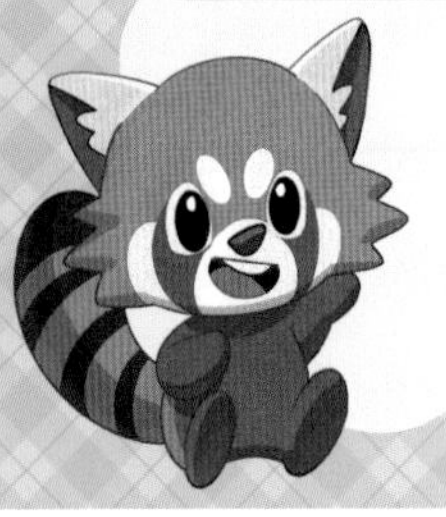

くらしを支える石油工業
食料品をつくる工業
基本のワーク

学習の目標
石油工業と食料品工業の様子について学習しましょう。

教科書 [下] 26～29ページ　答え 11ページ

1 くらしを支える石油工業

●石油…使いみちにあわせた**石油製品**に加工して利用する。
◆ナフサは工業製品の原料、灯油は熱を生み出す燃料、ガソリンはものを動かす①(　　　　)に使われる。
●②(　　　　)発電所では、石油を燃やしたときの熱で**タービン**をまわし、電気をつくっている。
●日本は石油のほぼ全部を③(　　　　)している。
●石油製品は、遠くへは船で、近くへはタンクローリーで運ばれる。

石油製品ができるまで

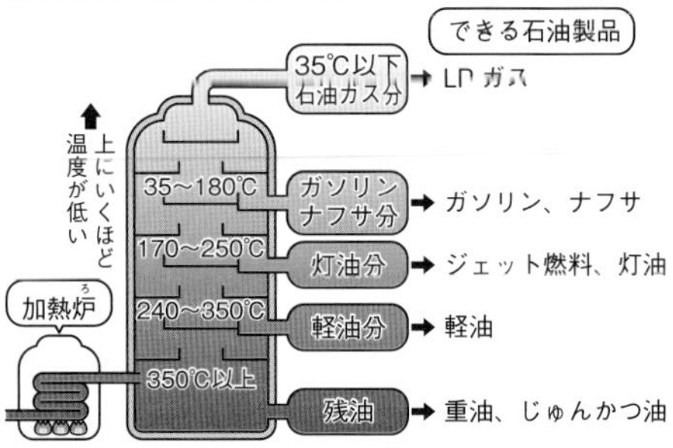

できる石油製品
35℃以下 石油ガス分
LPガス
上にいくほど温度が低い
35～180℃
ガソリン ナフサ分
ガソリン、ナフサ
170～250℃
灯油分
ジェット燃料、灯油
加熱炉
240～350℃
軽油分
軽油
350℃以上
残油
重油、じゅんかつ油

よみトク！資料

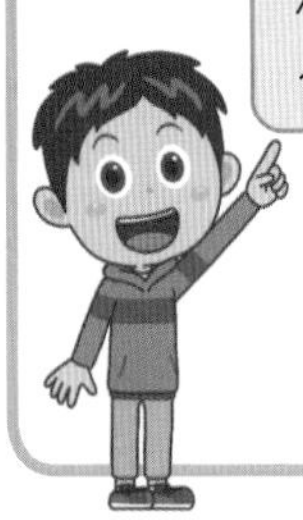

石油化学コンビナートは船で運びやすい海の近くにあるんだね。

●**石油化学コンビナート**…石油工場と、石油製品を原料や燃料にする工場が集まる。
◆石油工場では、④(　　　　)を石油製品に加工する。
◆石油工場のまわりの工場に石油製品が結ばれた**パイプライン**を通じて運ばれる。
●広島県と山口県にまたがる岩国大竹コンビナートは、日本で最も古い⑤(　　　　)コンビナートである。

日本の主な石油化学コンビナート

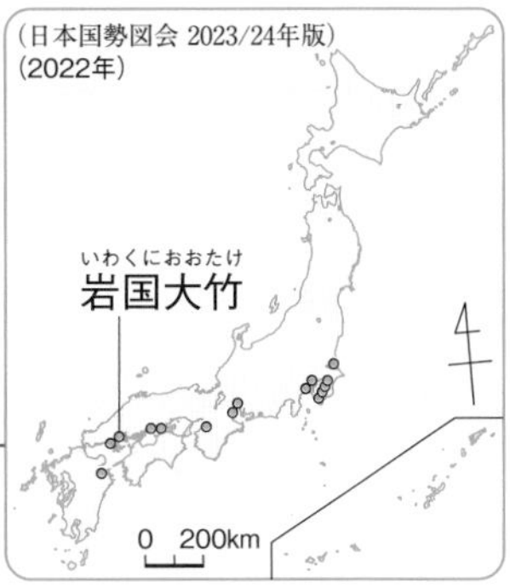

(日本国勢図会 2023/24年版)
(2022年)
岩国大竹
0 200km

2 食料品をつくる工業―ソースをつくる工場

ソースができるまで

●⑥(　　　　)をまぜる

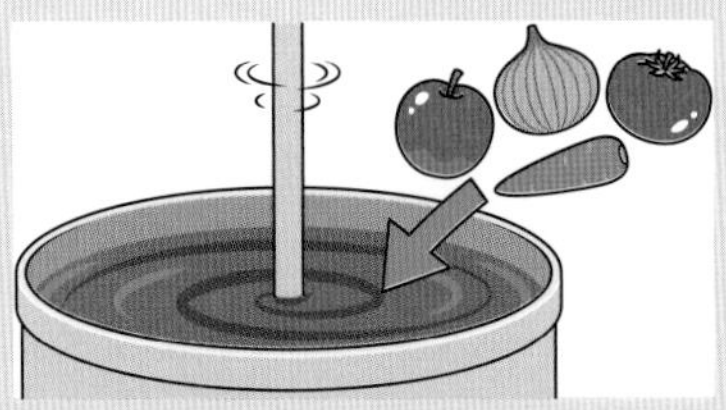

野菜や果物を調合。デーツはソースに甘みとこくを出す。

●たく

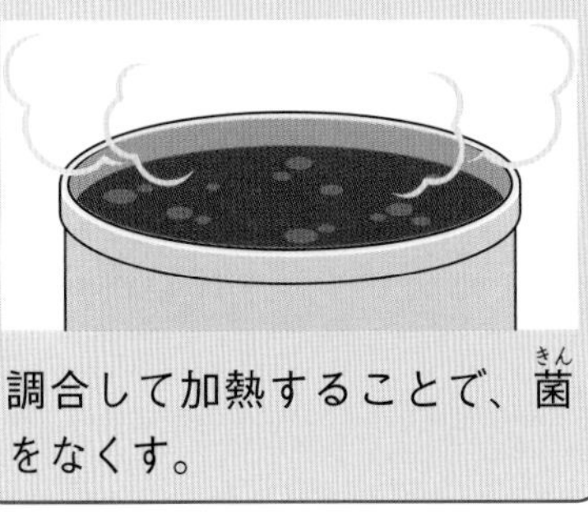

調合して加熱することで、菌をなくす。

●⑦(　　　　)につめる

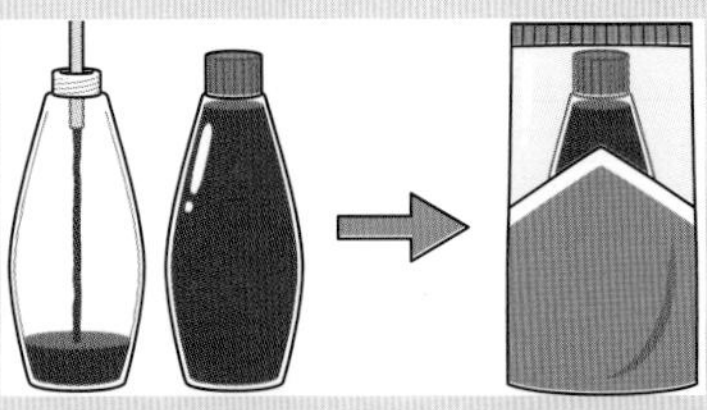

加熱した後のソースをつめていく。

◆ぬきとり検査を行って、製品の品質を確かめている。
●家庭用ソースは海外にも⑧(　　　　)されている。
●工場では、段ボールを運ぶときに⑨(　　　　)を活用して効率よく生産している。
●小学校で⑩(　　　　)授業を行い、お好み焼きなどの食文化を伝えている。

しゃかいか工場
食料品工場は、農業や水産業がさかんな地域で発達しているよ。日本では北海道や鹿児島県が、食料品工業の中心になっているんだ。生産の中心が中小工場なのも特色だね。

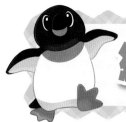

練習のワーク

できた数　／16問中

教科書 ㊦ 26～29ページ　答え 11ページ

1 右の図を見て、次の問いに答えましょう。

(1) [あ]のⒶ～Ⓒにあてはまる石油製品を、次からそれぞれ選びましょう。　Ⓐ(　　)　Ⓑ(　　)　Ⓒ(　　)

㋐ ナフサ　㋑ 灯油　㋒ ガソリン

(2) 火力発電所で電気をつくるときに動かしているエンジンを何といいますか。(　　)

(3) 石油から石油製品をつくる工場を何といいますか。(　　)

(4) 石油製品を運ぶための車を何といいますか。(　　)

(5) [い]のように、(3)を中心に、石油製品を原料や燃料にする工場が集まる所を何といいますか。(　　)

(6) (5)がある都道府県はどこですか。次から２つ選びましょう。(　　)(　　)

㋐ 長崎県　㋑ 山口県　㋒ 岡山県　㋓ 香川県

(7) 次のうち、正しい文を２つ選びましょう。(　　)(　　)

㋐ 日本は、石油のほとんどすべてを国内で産出している。

㋑ プラスチックは、石油からつくられている。

㋒ 石油製品を運ぶときには、主に船が使われている。

㋓ 石油を燃やしても、環境へのえいきょうはない。

[あ]日本の石油の使われ方のうちわけ

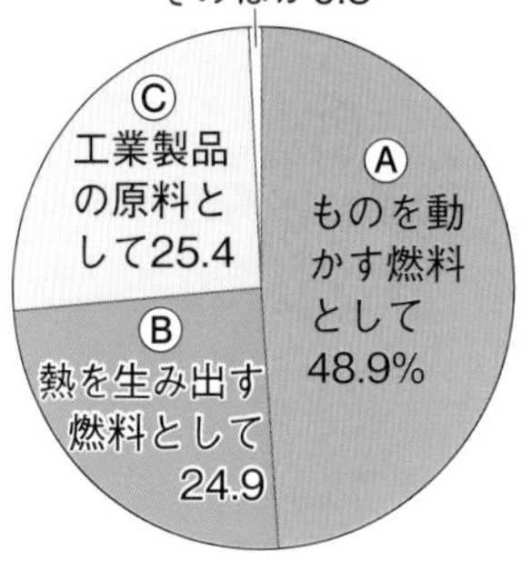
そのほか0.8
Ⓒ 工業製品の原料として25.4
Ⓐ ものを動かす燃料として48.9%
Ⓑ 熱を生み出す燃料として24.9

総量：1億8860万kL

(2019年度)　(石油連盟資料)

[い]工場の分布

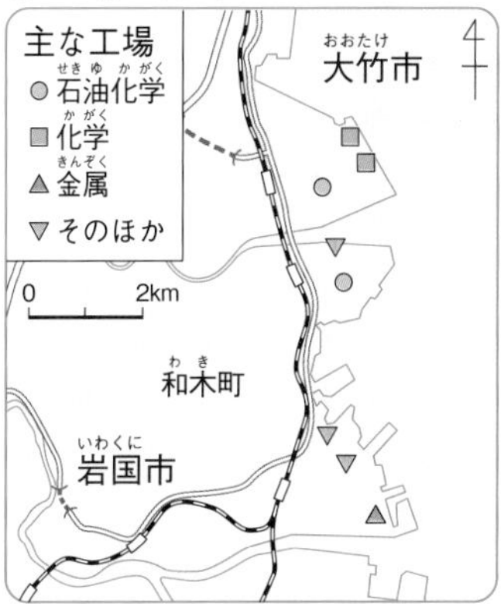
主な工場
○ 石油化学
□ 化学
△ 金属
▽ そのほか
0　2km
大竹市
和木町
岩国市

2 次の問いに答えましょう。

(1) 次のⒶ～Ⓒをソースができるまでの順にならべましょう。(　→　→　)

Ⓐ 調合したものを加熱して、菌をなくす。	Ⓑ ソースを容器につめていく。	Ⓒ 野菜・果物・香辛料などの原料をまぜる。

(2) 次の文にあてはまる言葉を書きましょう。

● ソース工場では、ぬきとり(　　)を行って、香りや味などの品質を機械や人の感覚で確かめている。

(3) 右の**写真**は、ソースの原料に使われているなつめやしの実です。この実をカタカナで何といいますか。(　　)

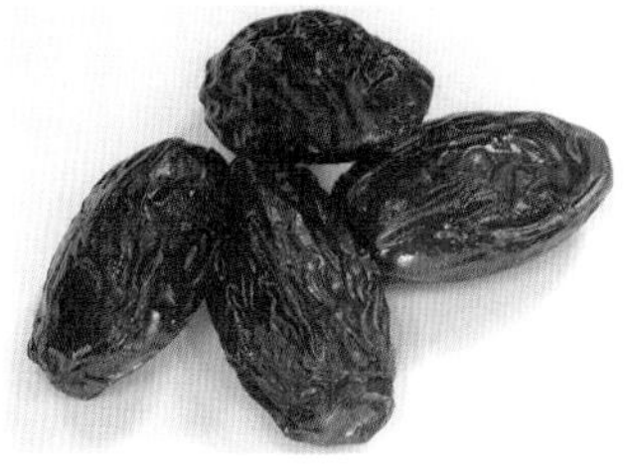

(4) 次のうち、正しい文を２つ選びましょう。(　　)(　　)

㋐ 広島県では、お好み焼きが名物の１つとなっている。

㋑ ソース工場では、すべて手作業で段ボールを運んでいる。

㋒ 海外に輸出されるソースは、日本のソースと同じ原料でつくられている。

㋓ ソースをつくる会社は、小学校でお好み焼きの歴史を伝える出前授業を行っている。

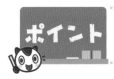

ポイント 石油化学コンビナートの工場はパイプラインで結ばれている。

勉強した日　月　日

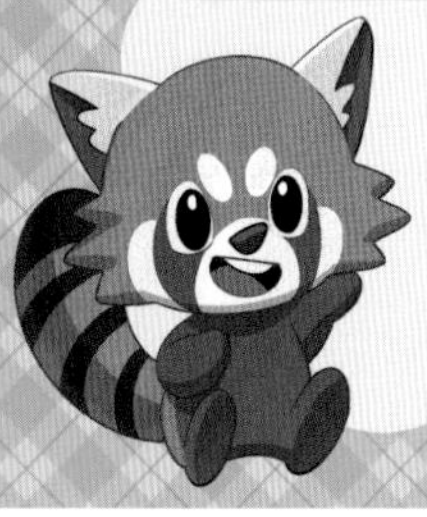

3　工業生産を支える運輸と貿易①

基本のワーク

学習の目標・
工業生産を支える運輸の役わりを理解しましょう。

教科書 [下] 30〜33ページ　答え 12ページ

1 工業製品の輸送と日本の貿易

●工業製品は、**貨物列車**・**トラック**・貨物船（**船**）・貨物専用機（**飛行機**）で輸送される。

いろいろな輸送方法

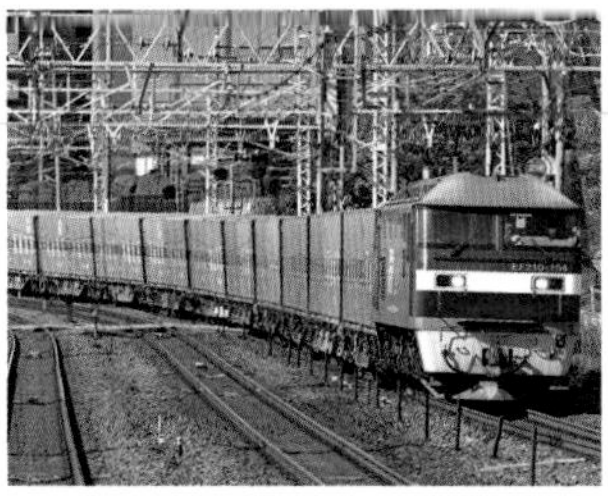 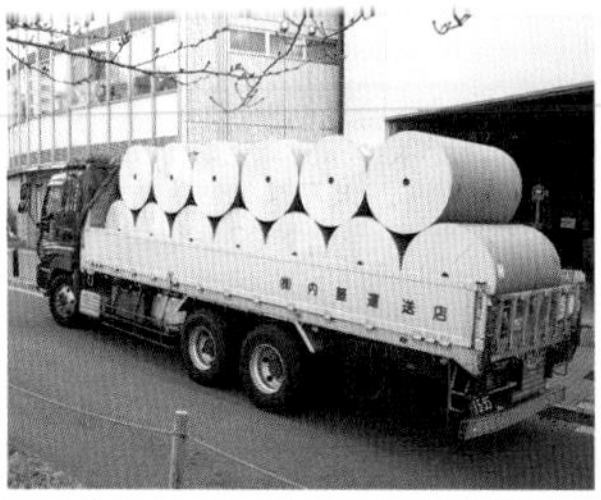 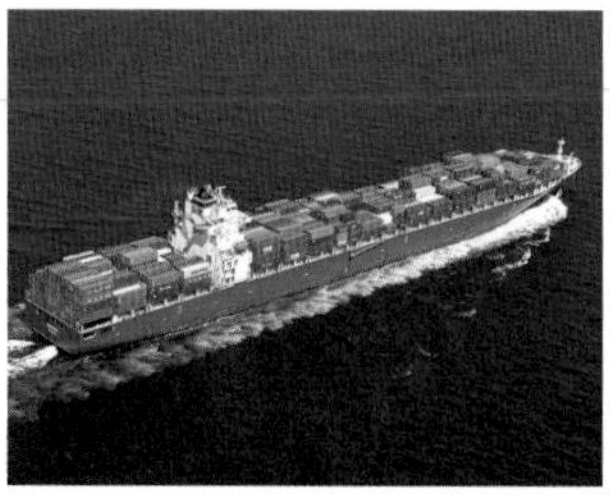 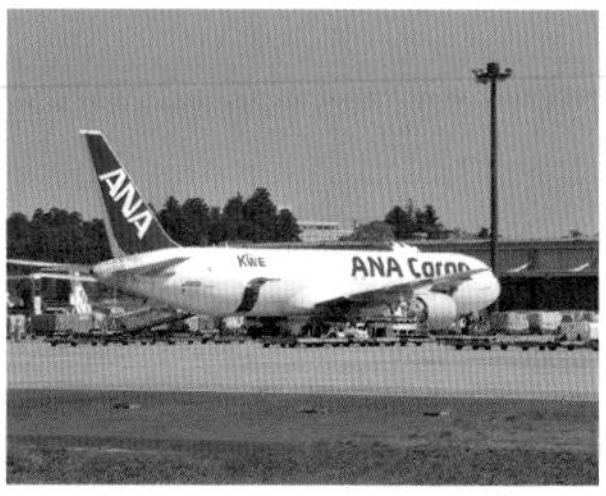
ANA
ANA Cargo

①（　　　　）②（　　　　）③（　　　　）④（　　　　）

●**運輸**…自動車、船、鉄道、飛行機を使って、人やものを運ぶこと。

●**貿易**…外国とものやサービスを売り買いすること。

◆⑤（　　　　）…外国に売ること。

◆⑥（　　　　）…外国から買うこと。

●主な港や空港

◆工業地域・工業地帯の近くにある港や空港の貿易額が多い。

■⑦（　　　　）**国際空港**は最も貿易額が多い。

■**東京港**・⑧（　　　　）**港**は京浜工業地帯、⑨（　　　　）**港**は中京工業地帯にある。

主な港や空港の貿易額

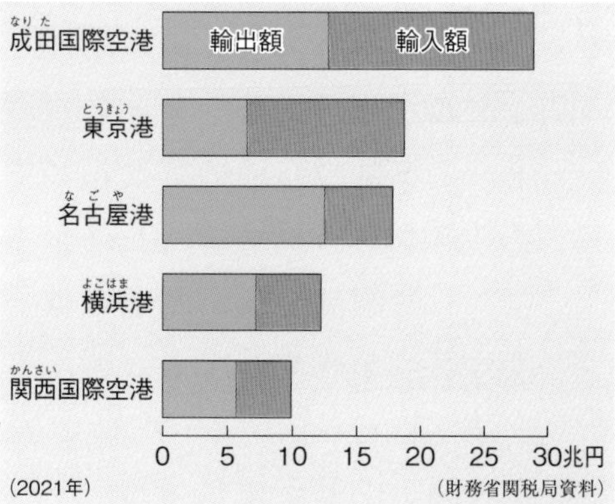
成田国際空港
輸出額
輸入額
東京港
名古屋港
横浜港
関西国際空港
0
5
10
15
20
25
30兆円
(2021年)
(財務省関税局資料)

2 全国へ運ばれる工業製品

●京浜**トラックターミナル**…東京都大田区にあり、工場と全国各地を結ぶ窓口になっている。

◆貨物ターミナル、**東京港**、**東京国際空港**（⑩（　　　　）**空港**）に近い。

◆トラック、鉄道、船、飛行機を組み合わせて工業製品が運ばれる。

よみトク！資料

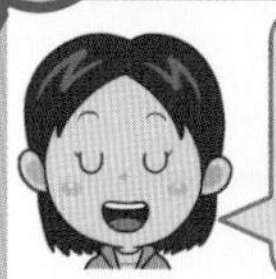
重さや値段で輸送方法を変えるんだね。

●貨物輸送の変化

◆⑪（　　　　）輸送が減り、⑫（　　　　）輸送が増えている。

貨物輸送の変化

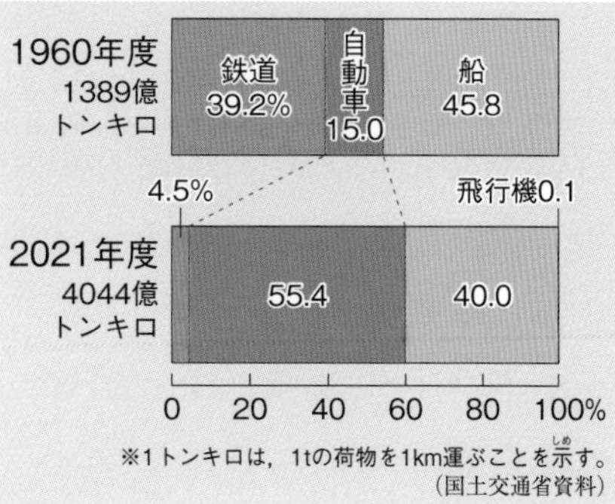
1960年度
1389億
トンキロ
鉄道
39.2%
自動車
15.0
船
45.8
4.5%
飛行機0.1
2021年度
4044億
トンキロ
55.4
40.0
0
20
40
60
80
100%
※1トンキロは，1tの荷物を1km運ぶことを示す。
(国土交通省資料)

●輸送方法の特色

◆トラック（自動車）は、相手の希望する日時に運べる。

◆船は、自動車や鉄鉱石など、重くてかさばる⑬（　　　　）型の製品を運べる。

◆飛行機は、精密機械など小さくて軽いが、値段が高いものを運ぶ。

しゃかいか工場　船は重いものを一度に大量に運べるから、輸送費が安くつくよ。飛行機はいちばん速く運べるから、新鮮さが大事な野菜や魚介類を運ぶときにも使われるよ。

練習のワーク

勉強した日　月　日

できた数　／16問中

1 右の地図を見て、次の問いに答えましょう。

(1) 地図のⒶ〜Ⓓに関係の深い輸送方法を、次からそれぞれ選びましょう。

　　Ⓐ（　　）　Ⓑ（　　）

　　Ⓒ（　　）　Ⓓ（　　）

　⑦　トラック　　　⑦　船

　⑦　貨物列車　　　⑤　飛行機

(2) 外国とものやサービスを売り買いすることを何といいますか。

　　　　　　　　（　　　　　　　）

(3) 次の①〜⑤の位置を、地図のあ〜おからそれぞれ選びましょう。

　①　成田国際空港　　　（　　）

　②　東京港　　　　　　（　　）

　③　横浜港　　　　　　（　　）

　④　名古屋港　　　　　（　　）

　⑤　関西国際空港　　　（　　）

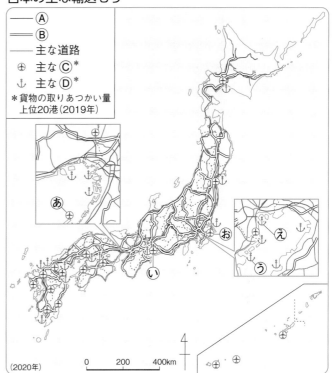

日本の主な輸送もう

―Ⓐ
＝Ⓑ
―主な道路
⊕ 主なⒸ*
⚓ 主なⒹ*
*貨物の取りあつかい量
　上位20港（2019年）

（2020年）

0　200　400km

2 次の問いに答えましょう。

(1) 人やものを運ぶことを何といいますか。

　　　　　　　　　（　　　　　　　）

(2) 次の文にあてはまる輸送方法を、あとからそれぞれ選びましょう。

　　　　　　　①（　　）②（　　）

　①　現在、最も貨物の輸送量が多い。

　②　重くてかさばる大型の製品を大量に運ぶ。

　⑦　自動車　　　⑦　船

　⑦　鉄道　　　　⑤　飛行機

(3) 右の地図を見て、次の問いに答えましょう。

　①　Ⓐには、1日4000台以上のトラックが出入りする広い施設があります。この施設を何といいますか。

　　　　　　京浜トラック（　　　　　　）

　②　次の{　}にあてはまる言葉に〇を書きましょう。

　　●Ⓑではトラックとあ{ トラック　鉄道 }の間で、貨物がのせかえられる。

　　●Ⓒではトラックとい{ 船　飛行機 }の間で、貨物がのせかえられる。

0　1000m

火力発電所
首都高速湾岸線
首都高速羽田線
京急本線
東京モノレール
青海ふ頭
品川区
大井ふ頭
東京湾
東海道貨物線
城南島
平和島
流通センター
大田市場
大田清掃工場
昭和島
京浜島
大田区
羽田空港
京急空港線
多摩川
神奈川県

ポイント 自動車や船を使った運輸のはたらきが工業などを支えている。

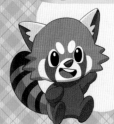

勉強した日 月 日

3　工業生産を支える運輸と貿易②

学習の目標
日本の主な輸入品と輸出品、相手国をおぼえましょう。

基本のワーク

教科書 [下] 34～39ページ　答え 12ページ

1 日本の輸入の特色

●日本の輸入品…燃料や原材料のほとんど、多くの食料を①(　　　　　)している。

よみトク！資料　●主な輸入品…発電や工業生産の燃料・原料や食料品。

●輸入先の国や地域
- ◆石油…②(　　　　　)や**アラブ首長国連邦**。
- ◆鉄鉱石…③(　　　　　)や**ブラジル**。

●以前は原油などの④(　　　　　)や工業の⑤(　　　　　)を多く輸入していた。

●近年は、⑥(　　　　　)の輸入が多い。
- ◆アジア地域などから安くて品質のよい工業製品が多く輸入されている。

●輸入が多くなると、国内生産のものが売れなくなり、産業がおとろえるおそれがある。

日本の主な輸入品の変化

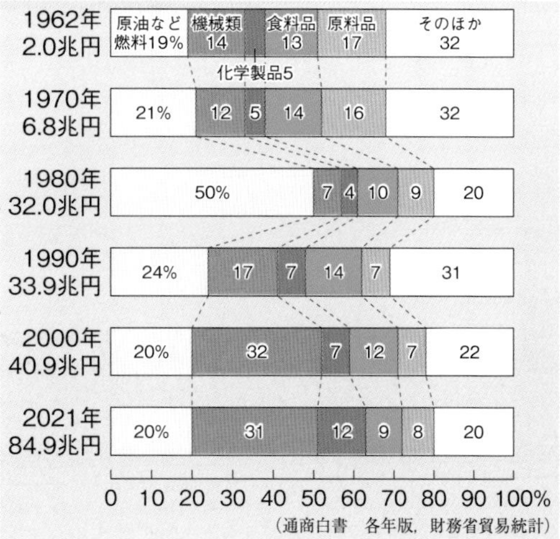
1962年 2.0兆円
原油など燃料19%
機械類 14
食料品 13
原料品 17
そのほか 32
化学製品5
1970年 6.8兆円
21%　12　5　14　16　32
1980年 32.0兆円
50%　7　4　10　9　20
1990年 33.9兆円
24%　17　7　14　7　31
2000年 40.9兆円
20%　32　7　12　7　22
2021年 84.9兆円
20%　31　12　9　8　20
0 10 20 30 40 50 60 70 80 90 100%
（通商白書　各年版，財務省貿易統計）

2 日本の輸出の特色

●日本の輸出品…機械製品が中心。自動車や鉄鋼、集積回路（IC）を多く輸出。**機械類**の輸出額が特に多い。

●主な輸出先…全体では**中国**や**アメリカ**が多い。
- ◆⑦(　　　　　)…アメリカやオーストラリア。
- ◆鉄鋼…中国、タイ、韓国など。
- ◆⑧(　　　　　)…中国などアジアの国や地域。
  - ■工業製品の現地生産に使われる。

●輸出品の変化…かつては⑨(　　　　　)が中心。
- ◆1970年ごろからは⑩(　　　　　)の輸出が多い。

●交通の発達で、世界の結びつきが深まる。

●輸出と輸入がつりあう⑪(　　　　　)が大切。

日本の主な輸出品の変化

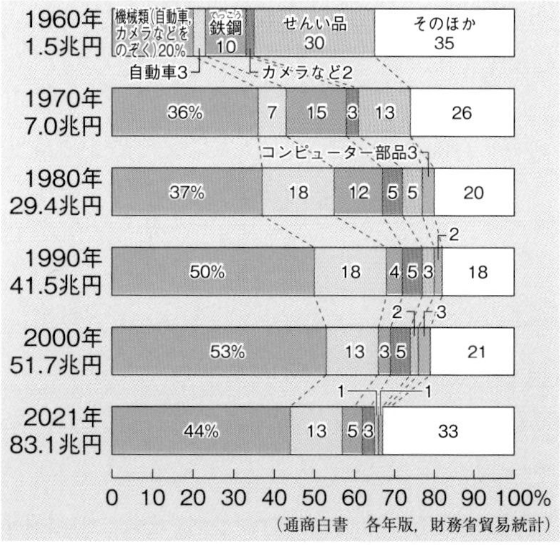
1960年 1.5兆円
機械類（自動車,カメラなどをのぞく）20%
鉄鋼 10
せんい品 30
そのほか 35
自動車3
カメラなど2
1970年 7.0兆円
36%　7　15　3　13　26
コンピューター部品3
1980年 29.4兆円
37%　18　12　5　5　20
2
1990年 41.5兆円
50%　18　4　5　3　18
2　3
2000年 51.7兆円
53%　13　3　5　21
1　1
2021年 83.1兆円
44%　13　5　3　33
0 10 20 30 40 50 60 70 80 90 100%
（通商白書　各年版，財務省貿易統計）

3 これからの社会に向けて

●石油や石炭を使うと、⑫(　　　　　)の原因となる**二酸化炭素**を多く出す。

[SDGs] ●太陽光発電・**風力発電**・**地熱発電**・**バイオマス発電**などの⑬(　　　　　)**エネルギー**の開発が進む。

つながるSDGs
再生可能エネルギーは資源をくり返し使うため、地球温暖化の原因とされる二酸化炭素などの排出が少ない。

しゃかい工場　日本はかつて自動車などを大量に輸出して、輸出先の国の産業に大きな打げきをあたえたことがあるよ。これを貿易まさつというんだ。

 練習のワーク

できた数

／16問中

教科書 下 34〜39ページ　答え 12ページ

1 右の図を見て、次の問いに答えましょう。

(1) Ⓐ、Ⓑにあてはまる輸入品は何ですか。次からそれぞれ選びましょう。

Ⓐ(　　　) Ⓑ(　　　)

㋐ 石油　　　　㋑ 石灰石

㋒ 魚や貝　　　㋓ 鉄鉱石

(2) アメリカやカナダから多く輸入しているものを、2つ書きましょう。

(　　　　　　　　)

(　　　　　　　　)

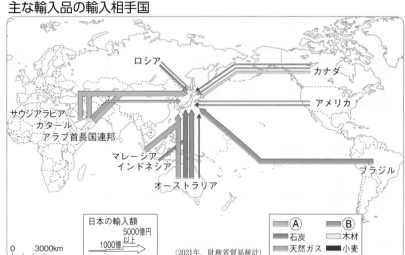

主な輸入品の輸入相手国

ロシア　カナダ

アメリカ

サウジアラビア

カタール

アラブ首長国連邦

マレーシア

インドネシア

オーストラリア

ブラジル

日本の輸入額

5000億円以上

1000億

0　3000km

(2021年, 財務省貿易統計)

Ⓐ　Ⓑ

石炭　木材

天然ガス　小麦

(3) 最近、日本が工業製品を多く輸入している地域を、次から選びましょう。　(　　)

㋐ ヨーロッパ　　　㋑ アフリカ　　　㋒ アジア　　　㋓ 北アメリカ

2 次の問いに答えましょう。

(1) 現在、日本が最も多く輸出しているものを、次から選びましょう。　(　　)

㋐ せんい品　　　㋑ 機械製品　　　㋒ 鉄鋼

(2) 日本からの輸出額が多い国を、2つ書きましょう。　(　　　　　)(　　　　　)

(3) 日本が①自動車、②鉄鋼を多く輸出している国の組み合わせを、次からそれぞれ選びましょう。　　　　　　　　　　①(　　) ②(　　)

㋐ アメリカ・オーストラリア　　　㋑ 中国・タイ　　　㋒ オランダ・ドイツ

(4) 次の文の( )にあてはまる言葉を書きましょう。

●超小型の電子部品である(　　　　　　　　)は、日本から中国、台湾、ベトナムなどに輸出され、相手先で工業製品を現地生産するときの部品などとして用いられている。

3 次の問いに答えましょう。

(1) 地球温暖化の原因となる物質を1つ書きましょう。　(　　　　　　)

(2) 右のあ・いの発電を何といいますか。

あ(　　　　　)発電

い(　　　　　)発電

(3) 火山の近くでさかんな発電は何ですか。　(　　　　　　)発電

(4) (2)・(3)のような、くり返し使える自然のエネルギーを何といいますか。

(　　　　　　　　　)

ポイント 日本は機械類や資源を輸入し、機械類や自動車を輸出。

73

勉強した日　月　日

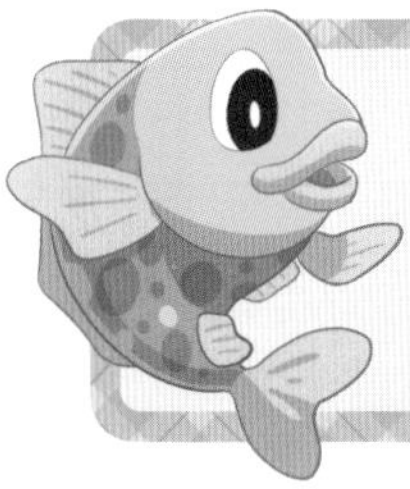

まとめのテスト

3 工業生産を支える運輸と貿易

時間 20分

得点　/100点

教科書 [下] 30〜39ページ　答え 12ページ

1 工業生産を支える輸送 次の問いに答えましょう。

1つ4〔24点〕

(1) 人や貨物を運ぶことを何といいますか。
（　　　　）

[よく出る] (2) [あ]のⒶ・Ⓑにあてはまる輸送方法を、次からそれぞれ選びましょう。 Ⓐ（　　） Ⓑ（　　）

㋐ 自動車　㋑ 船
㋒ 飛行機　㋓ 鉄道

[チャレンジ!] (3) 飛行機で輸送される工業製品を、次から選びましょう。
（　　）

㋐ 自動車　㋑ 精密機械
㋒ 石油製品　㋓ 鉄鋼

[思考] (4) [い]について、次の文のうち、正しいものを2つ選びましょう。
（　　）
（　　）

㋐ 鉄道は、北海道から九州まで日本全国に広がっている。
㋑ 貨物量の多い主な空港の近くには、必ず主な港もある。
㋒ 本州と、四国、九州は高速自動車国道で結ばれている。
㋓ 主な港はすべて太平洋ベルトに位置している。

[あ]貨物輸送の変化

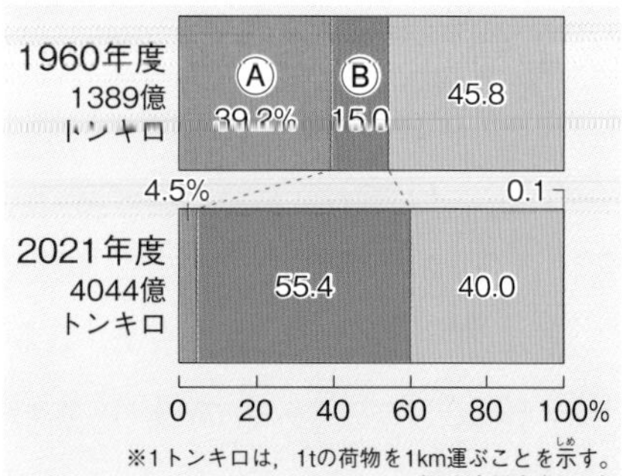
1960年度
1389億
トンキロ
Ⓐ 39.2%
Ⓑ 15.0
45.8
4.5%
0.1
2021年度
4044億
トンキロ
55.4
40.0
0
20
40
60
80
100%

※1トンキロは，1tの荷物を1km運ぶことを示す。
（国土交通白書ほか）

[い]日本の主な交通もう

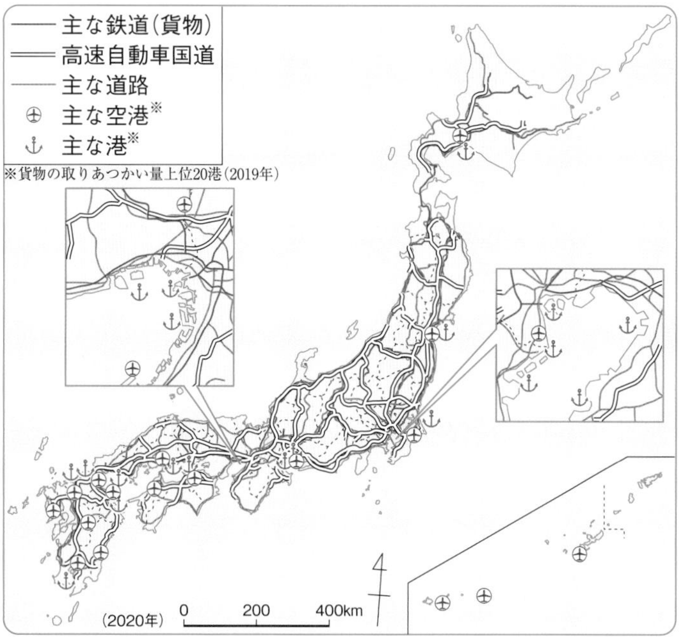
主な鉄道(貨物)
高速自動車国道
主な道路
主な空港※
主な港※
※貨物の取りあつかい量上位20港(2019年)
(2020年)
0
200
400km

2 日本の輸入の特色 右のグラフを見て、次の問いに答えましょう。

1つ4〔16点〕

(1) 右の**グラフ**のような資源をはじめとして、国どうしで商品を売買することを何といいますか。 （　　　　）

[記述] (2) 日本は資源をどのようにして手に入れていますか。右の**グラフ**を見て書きましょう。
（　　　　　　　　　　　　）

(3) 日本が石油を多く輸入している国を、次から2つ選びましょう。
（　　）
（　　）

㋐ オーストラリア　㋑ サウジアラビア
㋒ ブラジル　㋓ アラブ首長国連邦

輸入量と国内生産量のわりあい

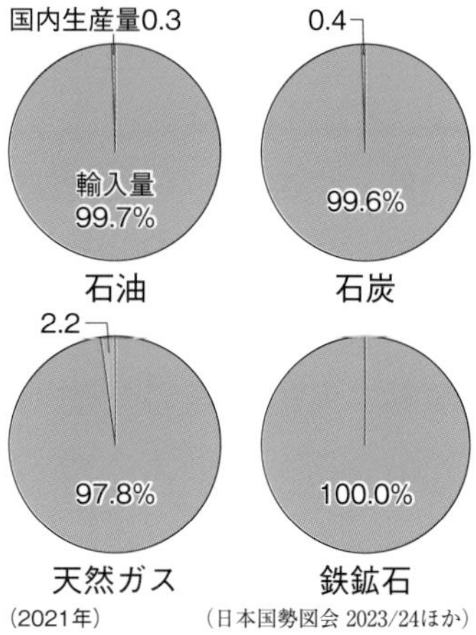
国内生産量0.3
輸入量
99.7%
石油
0.4
99.6%
石炭
2.2
97.8%
天然ガス
100.0%
鉄鉱石

（2021年）　（日本国勢図会 2023/24ほか）

3 日本の輸出の特色 右の資料を見て、次の問いに答えましょう。 1つ4〔60点〕

(1) あのⒶ～Ⓒにあてはまる輸出品は何ですか。次からそれぞれ選びましょう。

Ⓐ(　　　)
Ⓑ(　　　)
Ⓒ(　　　)

㋐ せんい品
㋑ 鉄鋼
㋒ 精密機械
㋓ 自動車
㋔ 食料品

あ主な輸出品の輸出相手国

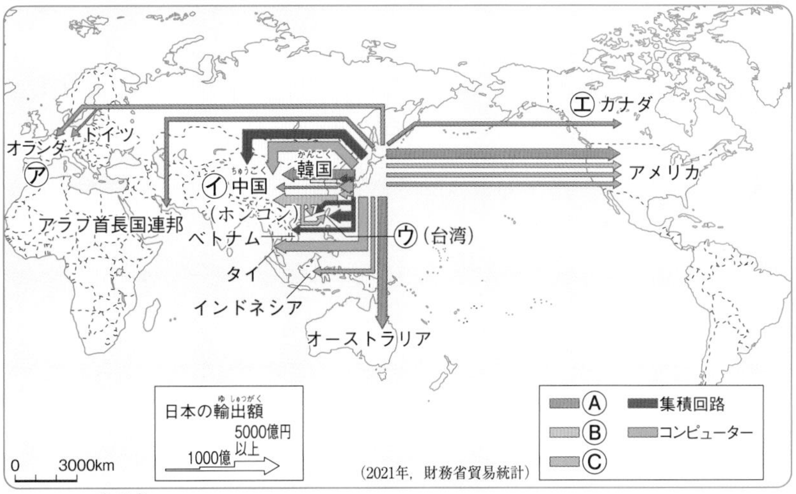

(2021年，財務省貿易統計)

(2) 集積回路（IC）の輸出が多い国・地域をあの㋐～㋓から２つ書きましょう。

(　　　)
(　　　)

(3) いを見て、2021年には、日本は輸入額と輸出額のどちらが多いですか。

(　　　)

よく出る

(4) いのⒶ～Ⓔにあてはまる品目を、次からそれぞれ選びましょう。

Ⓐ(　　　) Ⓑ(　　　) Ⓒ(　　　)
Ⓓ(　　　) Ⓔ(　　　)

㋐ せんい品　㋑ 食料品
㋒ 自動車　㋓ 機械類
㋔ 燃料

い主な輸入品と輸出品の取りあつかい額のわりあいの変化

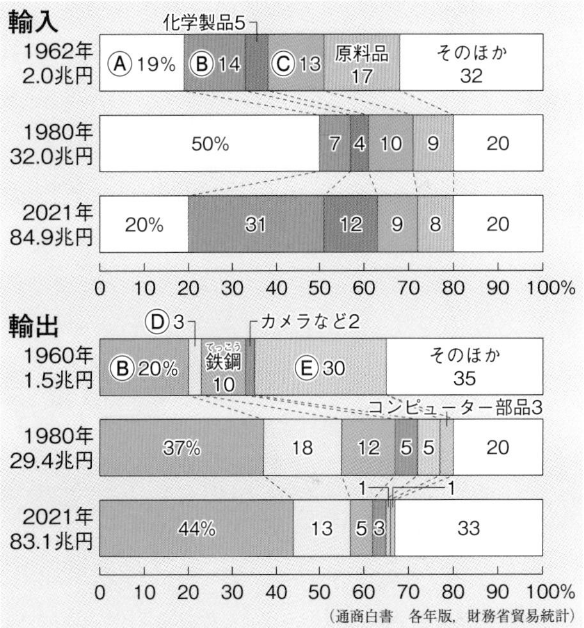

(通商白書　各年版，財務省貿易統計)

思考

(5) うから読み取れることを、次から選びましょう。 (　　　)

㋐ 海外進出する日本企業の数は、一度も減ることなく増え続けている。
㋑ 2015年に海外進出した日本企業の数は、1995年の約２倍になった。
㋒ 海外進出する日本企業は、2010年に１万社をこえた。

う海外進出する日本企業の数の変化

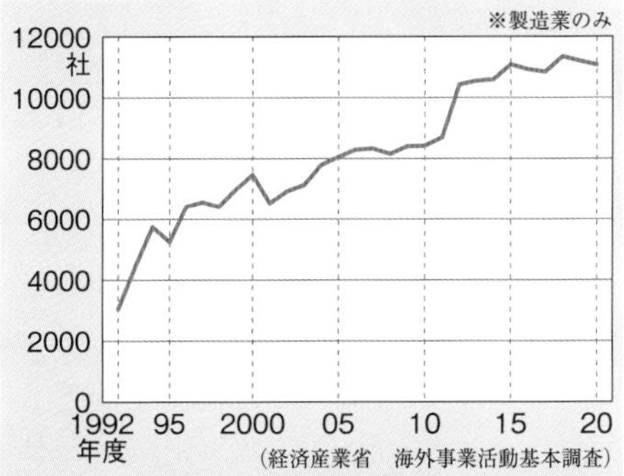

(経済産業省　海外事業活動基本調査)

(6) 二酸化炭素を出さず、くり返し資源を使えるエネルギーを、次から２つ選びましょう。 (　　　)(　　　)

㋐ 風力　㋑ 石油
㋒ 石炭　㋓ 太陽光

チャレンジ!

(7) えで行われている、木材やとうもろこしなどの植物、動物のふんにょうなどを利用して発電する方法を何といいますか。 (　　　　)発電

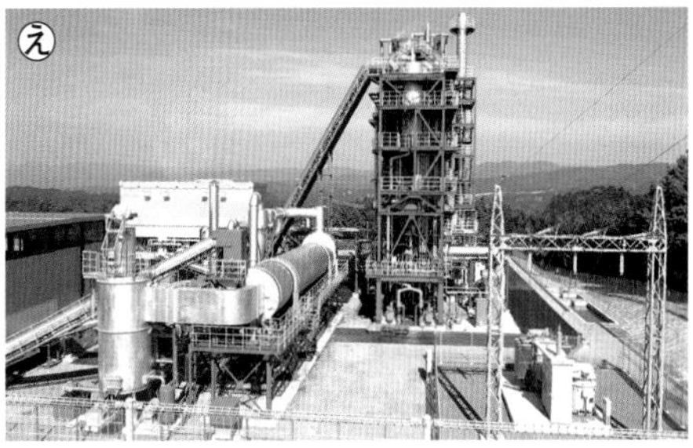

勉強した日　　月　　日

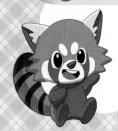

4　これからの工業生産とわたしたち①

基本のワーク

学習の目標
伝統的な技術をいかした工業の特色を理解しましょう。

教科書 [下] 40〜43ページ　答え 13ページ

1 日本の工業生産の課題

●製造業で働く人の数が減ってきている。
●海外でつくられた製品…安くて品質が高い。

海外でつくられた服には品質の良いものも多いよね。

よみトク！資料　中小工場と大工場

●中小工場…働く人が300人未満。
大工場…働く人が①(　　　　　)人以上。
◆全工業生産額の約②(　　　)分の１をしめる。
●せんい工業や③(　　　　　)工業では、中小工場の生産額が多い。
●④(　　　　　)工業は、大工場のしめるわりあいが他の工業よりも高い。

いろいろな工業の生産額で大工場・中小工場がしめるわりあい

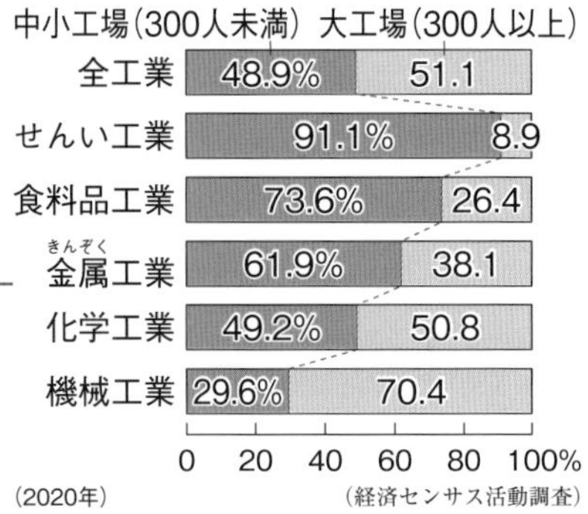

中小工場(300人未満)　大工場(300人以上)
全工業 48.9% 51.1
せんい工業 91.1% 8.9
食料品工業 73.6% 26.4
金属工業 61.9% 38.1
化学工業 49.2% 50.8
機械工業 29.6% 70.4
0 20 40 60 80 100%

(2020年)　(経済センサス活動調査)

●高い技術をもつ中小工場や、昔からの**伝統**を生かした工業を行う工場が各地にある。
◆⑤(　　　　　)県輪島市では、輪島塗とよばれるしっきがつくられている。
■作業は⑥(　　　　　)化され、専門技術をもつ職人が手作業でつくっている。

2 昔から伝わる技術を生かした工業生産

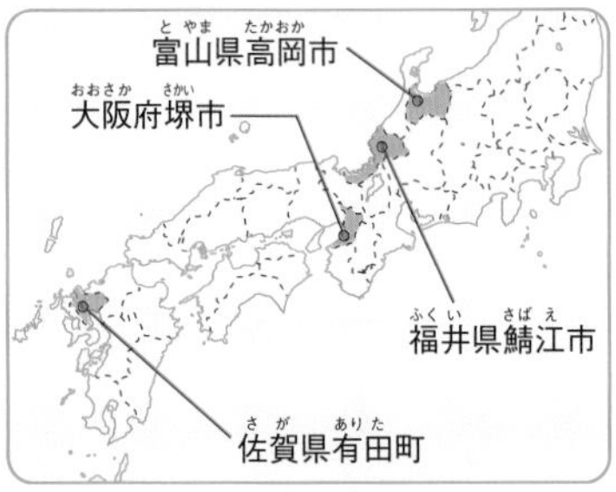

富山県高岡市
大阪府堺市
福井県鯖江市
佐賀県有田町

●福井県鯖江市は⑦(　　　　　)の生産がさかん。
◆福井県は日本のめがねわく生産の90%以上をしめている。鯖江市がその中心。
■100年以上前、大阪から職人を連れてきて、⑧(　　　　　)の農業のできない季節につくられた。

地域ブランド
産地がまとまってみ力を高めた、特産品のめいがら。

[SDGs] ●福井県の地域⑨(　　　　　)として「THE 291（フクイ）」をつくった。
◆めがねづくりの加工技術を、⑩(　　　　　)用のピンセットなどにも生かしている。

有田焼	高岡銅器	堺打刃物
⑪(　　　　　)県有田町	⑫(　　　　　)県高岡市	⑬(　　　　　)府堺市
■400年以上の歴史がある。 ■食器や美術工芸品をつくる。 ■現代風のデザインを取り入れて海外に輸出している。	■400年の歴史。なべ・かま・すき・くわなどをつくってきた。 ■寺の鐘や銅像、茶器や花器を製造し、海外にも輸出している。 ■専門の職人が**分業**で製造する。	■600年の歴史。専門の職人が一本ずつ手作りで仕上げる。 ■プロの料理人用包丁では、国内の90%以上をしめる。 ■海外からの注文が増加している。

しゃかいか工場　日本海側は雪が多いから、冬は農作業ができなくて、農家の男性は東京や大阪などの大都市に働きに行っていたよ。これを出かせぎというんだ。

練習のワーク

できた数

／14問中

1 次の問いに答えましょう。

(1) 日本の製造業で働く人の数について、**グラフ1**からわかることとして正しいものを、次から2つ選びましょう。

（　　　）（　　　）

㋐ 製造業で働く人の数は1960年から増え続けている。

㋑ 製造業で働く人の数は1960年から減り続けている。

㋒ 製造業で働く人の数は、この20年で減っている。

㋓ 近年の製造業で働く人の数は1960年の数と同じくらいである。

グラフ1　製造業で働く人口の変化

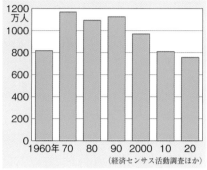

（経済センサス活動調査ほか）

(2) **グラフ2**の㋐は働く人が300人未満の工場、㋑は働く人が300人以上の工場です。それぞれ何といいますか。

㋐（　　　　　　　）工場　㋑（　　　　　　　）工場

(3) ㋐のしめるわりあいが最も高い工業は何ですか。

（　　　　　　　）工業

(4) ㋑のしめるわりあいが最も高い工業は何ですか。

（　　　　　　　）工業

(5) 右の**写真**は石川県でつくられているしっきです。このしっきを何といいますか。

（　　　　　　　）塗

グラフ2　いろいろな工業の生産額にしめるわりあい

（2020年）　　　　　　（経済センサス活動調査）

2 次の資料を見て、あとの問いに答えましょう。

① [　　　]のめがねわく　② [　　　]銅器　③ [　　　]打刃物

日本での生産の中心

職人が分業で生産

すぐれた切れ味をもつ

(1) ①〜③は、昔からの技術を受けついでつくられている製品です。製品がつくられているところを**地図**の㋐〜㋓から選びましょう。　①（　　　）②（　　　）③（　　　）

(2) ①〜③の[　　　]にあう地名を右の[　　　]からそれぞれ選びましょう。

①（　　　　　）②（　　　　　）③（　　　　　）

| 堺 | 有田 |
| 鯖江 | 高岡 |

(3) 産地がまとまって地域でみ力を高めた特産品のめいがらを何といいますか。

（　　　　　　　　　　　）

勉強した日　　月　　日

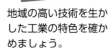

4　これからの工業生産とわたしたち②

学習の目標
地域の高い技術を生かした工業の特色を確かめましょう。

基本のワーク

教科書 [下] 44〜49ページ　答え 13ページ

1 高い技術を生かした工業生産

●東京都大田区のものづくりの様子
◆①(　　　　　　)工業地帯にある。
◆②(　　　　　　)工業のわりあいが高い。
◆働く人が300人未満の③(　　　　　　)工場は約3500ある。
■「④(　　　　　　)」という技術で、航空機の部品や大きなアンテナをつくる中小工場がある。
◆そこでしかできない「**オンリーワン**」の技術をもつ工場がある。
◆「仲間まわし」で近くの工場どうしが得意な技術をもちよって加工していくことで、⑤(　　　　　　)の高い製品をつくる。
■目の不自由な人がさわって文字を確かめられる⑥(　　　　　　)がつくられた。

業種別工場数のわりあい

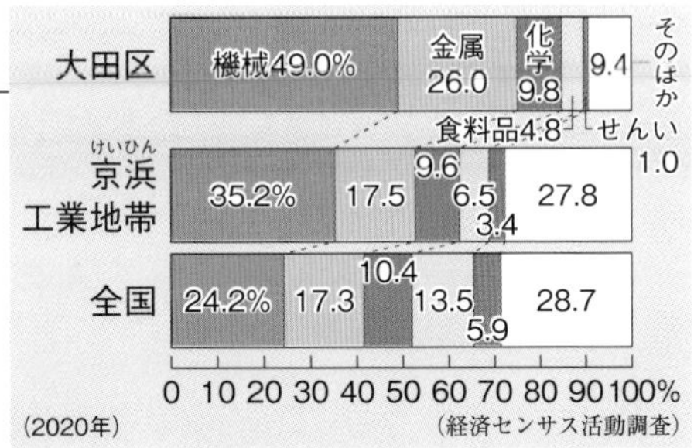

大田区
機械49.0%
金属 26.0
化学 9.8
9.4
そのほか
食料品4.8
せんい 1.0
京浜工業地帯
35.2%
17.5
9.6
6.5
3.4
27.8
全国
24.2%
17.3
10.4
13.5
5.9
28.7
0 10 20 30 40 50 60 70 80 90 100%
(2020年)
(経済センサス活動調査)

2 新しい工業生産の取り組み

●**少子高齢化**が進み、今後ますます⑦(　　　　　　)世代が減る。
●未来のことも考えて環境にも配りょした⑧(　　　　　　)な**社会**をめざすことが求められている。

持続可能な社会
未来の人々の幸福のために、環境を大切にし、資源を使い切ってしまわない社会。

よみトク! SDGs
●課題を解決するための技術やしくみを発展させることが求められている。
◆工場や介護施設などで、人の代わりに活やくする⑨(　　　　　　)の開発。
◆燃料電池自動車の補給場所をつくる。
◆品質の高い製品を生産して、海外に⑩(　　　　　　)する。

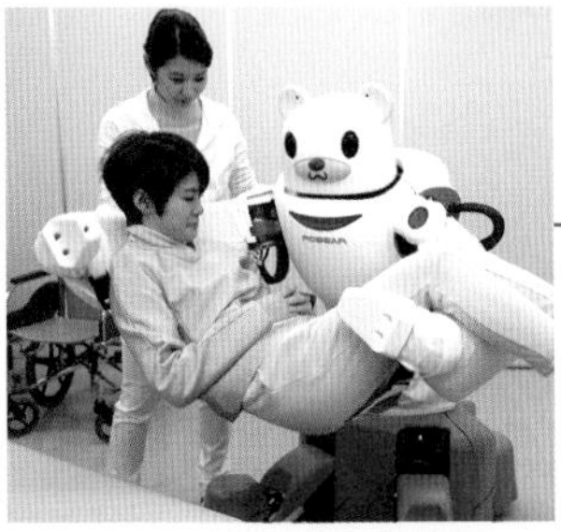

水素ステーション

水素ステーション　有明

3 話し合ってノートにまとめる / これからの工業生産の発展に向けて

●社会の変化に対応して、工業生産を発展させるために大切なこと。
◆わたしたち⑪(　　　　　　)の願いにこたえる製品をつくる。
◆環境に配りょした製品をつくる。
◆世界との結びつきを大切にして、生産に必要な⑫(　　　　　　)を確保する。
◆高い技術によるすぐれた製品をつくる。
◆伝統的な技術を大切にする。

日本の工業生産の発展

- 伝統を生かす
  - ●職人の技術
  - ●海外に輸出する
- 高い技術を生かす
  - ●オンリーワンの技術
  - ●「仲間まわし」によって協力
- 新しい技術の開発
  - ●人の役に立つ製品をつくる
  - ●環境にやさしい製品

→ 工業生産の発展

身の回りの例も探してみよう！

しゃかいか工場　大阪府の東大阪市も、高い技術をもつ中小工場が多いことで有名だよ。近所の工場が協力して、人工衛星をつくったこともあるんだ。

練習のワーク

教科書 下 44～49ページ　答え 13ページ

1 次の問いに答えましょう。

(1) 右の**グラフ**の㋐にあてはまる、東京都大田区をふくむ工業地帯を何といいますか。（　　　　　　）

(2) 大田区で全国にくらべて工場数のわりあいが多い業種を、**グラフ**から2つ書きましょう。（　　　　　）（　　　　　）

(3) 国内外から評価されている中小工場がもつ、世界でもここだけしかない技術はカタカナで何とよばれていますか。
（　　　　　　）の技術

(4) 大田区の中小工場では、工場どうしが得意な技術をもちより、高い品質のものをつくることを何とよんでいますか。（　　　　　）

(5) 中小工場について、正しいものを2つ選びましょう。（　　　）（　　　）

　㋐ 外国から注文が来ることもある。　　㋑ 品質の高いものはつくれない。

　㋒ 注文を受けてから時間がかかる。　　㋓ 少ない数の製品でもつくれる。

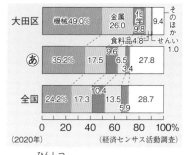

業種別工場数のわりあい

	機械	金属	化学	食料品	せんい	そのほか
大田区	49.0%	26.0	9.8	4.8	1.0	9.4
㋐	35.2%	17.5	9.6 / 6.5 / 3.4			27.8
全国	24.2%	17.3	10.4 / 13.5 / 5.9			28.7

(2020年)　　（経済センサス活動調査）

2 次の問いに答えましょう。

(1) 日本で進んでいる、高齢者が増え、わかい世代の人口が減っていくことを何といいますか。（　　　　　）化

(2) 未来に生きる人々の幸福のために、環境を大切にして、資源を使い切らないようにする社会を何といいますか。
（　　　　　）社会

(3) 右の**写真**について、次の文の{　　}にあてはまる言葉に○を書きましょう。

　●Ⓐのロボットは、①{ 学校　　介護施設 }で使われている。ほかにも②{ きけん　　安全 }な作業現場で活やくするロボットも開発されている。

　●Ⓑは、日本企業の③{ 高い　　低い }技術力を生かして、④{ 輸入　　輸出 }された鉄道である。

Ⓐ

Ⓑ

3 右の写真を見て、次の問いに答えましょう。

(1) **写真**の施設を何といいますか。（　　　　　　　　）

(2) この施設で行う取り組みの目的として、正しいものを次から選びましょう。（　　　）

　㋐ 環境のために、排出ガスを減らす。

　㋑ 工業生産に必要な資源を確保する。

　㋒ 古くからの伝統技術を伝える。

燃料電池の補給場所

ポイント　これからの工業は資源の確保と高い技術の活用が大切。

まとめのテスト

4 これからの工業生産とわたしたち

時間 20分

得点 /100点

教科書 下 40〜49ページ　答え 13ページ

1 中小工場・工業生産の課題 次の問いに答えましょう。

1つ5〔25点〕

(1) 右の⚫のグラフのあ、いのうち、中小工場はどちらですか。

（　　　）

(2) 中小工場は、働いている人が何人未満の工場ですか。

（　　　　　）人未満

(3) ⚫・⚫のグラフを見て話し合いをしています。①〜③の話の——が正しければ○を、あやまっていれば正しい言葉を書き、またそれがわかる資料を選びましょう。

①（　　　　・　　　　）②（　　　　・　　　　）③（　　　　・　　　　）

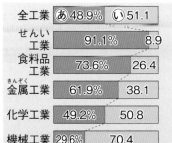

Ⓐいろいろな工業の生産額にしめるわりあい

	あ	い
全工業	48.9%	51.1
せんい工業	91.1%	8.9
食料品工業	73.6%	26.4
金属工業	61.9%	38.1
化学工業	49.2%	50.8
機械工業	29.6%	70.4

0 20 40 60 80 100%
(2020年)　（経済センサス活動調査）

Ⓑ製造業で働く人口の変化

（万人）1200 1000 800 600 400 200 0
1960 70 80 90 2000 10 20 年
（経済センサス活動調査ほか）

① 製造業で働く人は、1980年から減り続けていますね。

② 自動車の組み立て工場は大工場が多いのではないかな。

③ ソースをつくる工場は中小工場の方が多いと思うよ。

2 昔からの技術を生かす工業 次の問いに答えましょう。

1つ5〔30点〕

(1) 右の地図中の①〜③でつくられている製品を次からそれぞれ選びましょう。　①（　　）②（　　）③（　　）

㋐ 堺打刃物　　㋑ 輪島塗　　㋒ 高岡銅器

(2) 地図中の鯖江市と有田町について、次の文を読んであとの問いに答えましょう。

鯖江市は、　あ　の生産で知られており、100年以上前からはじまった。有田町は右の写真のような、　い　の産地として知られ、伝統を生かした工業がどちらもさかんである。

① 文の□にあてはまる言葉をそれぞれ書きましょう。

あ（　　　　　）　い（　　　　　）

② 伝統を生かした工業の取り組みについて、正しいものを次から選びましょう。　　　　　　（　　）

㋐ 昔からの伝統を守り、同じ製品だけを作り続けている。
㋑ 現代風のデザインを取り入れた製品をつくっている。
㋒ 一人の職人が責任をもって、製品をつくっている。
㋓ 国内での使用が増えて、海外への輸出が減っている。

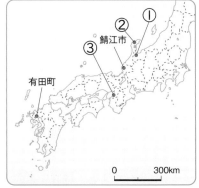

②　①　鯖江市　③　有田町

0　300km

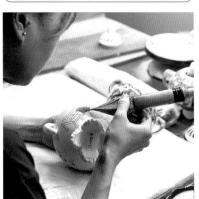

3 大田区の工業 次の文を読んで、あとの問いに答えましょう。 1つ5〔20点〕

[あ]東京都大田区には、中小工場がたくさんあり、なかには、[い]「オンリーワン」の技術をもつ工場もあります。ある工場では、[う]書いた文字や線がもり上がりさわって読み取ることができるペンの製造をたのまれました。この工場では、[え]「仲間まわし」をして、注文にこたえました。

業種別工場数のわりあい

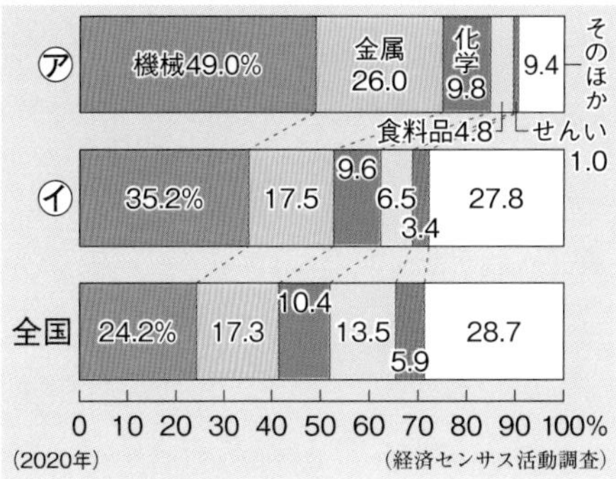

㋐
機械49.0%
金属 26.0
化学 9.8
9.4
そのほか
食料品4.8
せんい 1.0
㋑
35.2%
17.5
9.6
6.5
3.4
27.8
全国
24.2%
17.3
10.4
13.5
5.9
28.7
0 10 20 30 40 50 60 70 80 90 100%
(2020年)
(経済センサス活動調査)

(1) 右のグラフの㋐と㋑には——[あ]と京浜工業地帯のどちらかがあてはまります。——[あ]にあてはまるものを選びましょう。 (　　)

(2) ——[い]はどのような技術ですか。次から選びましょう。 (　　)

㋐ 製品を1つだけつくる技術

㋑ その工場にしかない技術

㋒ だれか一人のために使う技術

(3) ——[う]はどのような人を支えるものですか。次から選びましょう。 (　　)

㋐ 手が不自由な人　㋑ 日本語がわからない人　㋒ 目が不自由な人

(4) ——[え]はどのようなことですか。次から選びましょう。 (　　)

㋐ 近くの工場の技術者たちが得意な技術をもちよること。

㋑ 自分がいそがしいとき、時間がある近くの工場に仕事をたのむこと。

㋒ 注文が減ったとき、近くの工場から仕事を分けてもらうこと。

4 新しい工業生産 次の資料を見て、あとの問いに答えましょう。 1つ5〔25点〕

日本の工業生産の課題

Ⓐ 今後わかい世代がさらに減ると予想されている。

Ⓑ 工業生産に必要な資源の多くを輸入にたよっている。

Ⓒ 高い技術を生かして、海外に負けないものづくりを行う必要がある。

Ⓓ 地球環境に配りょしたものづくりが求められている。

(1) 高齢者が増え、Ⓐの状きょうが進むことを何といいますか。 (　　)

[思考] (2) 次の①～③とかかわりが深い課題をⒶ～Ⓓからそれぞれ選びましょう。

①(　　) ②(　　) ③(　　)

① 排出ガスを出さない自動車

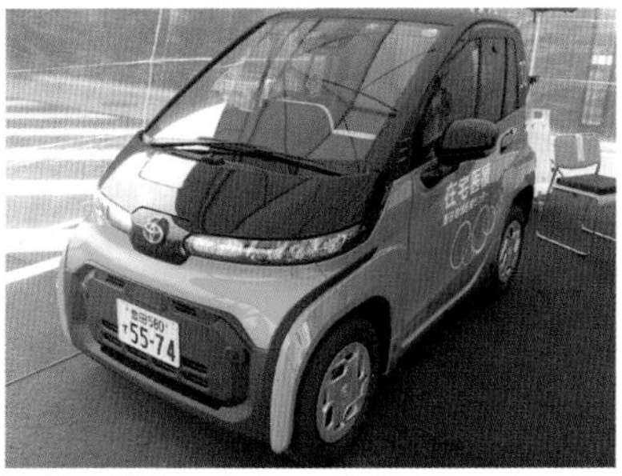

② 介護施設で働くロボット

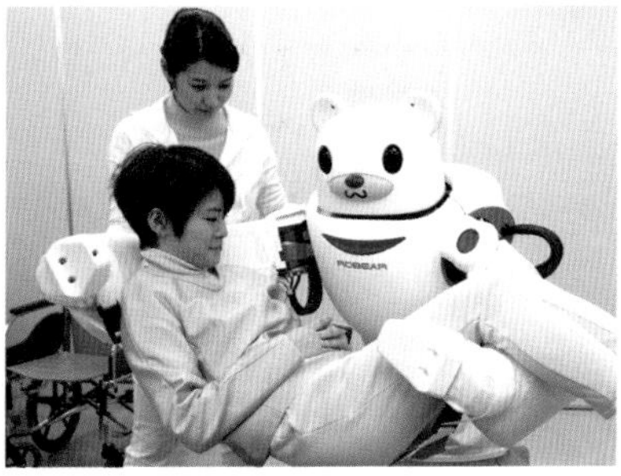

③ 輸出された日本企業の鉄道

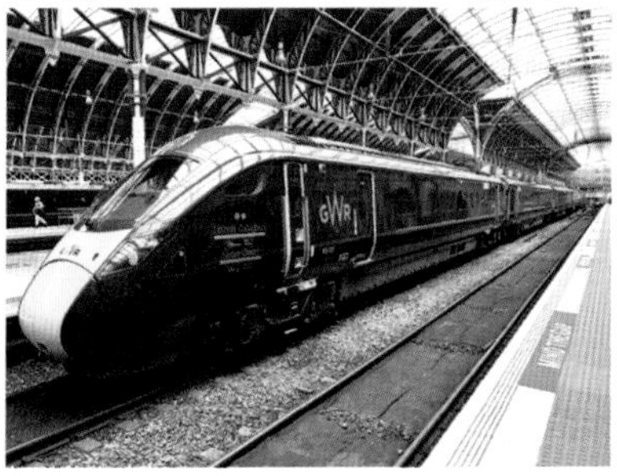

[記述] (3) 持続可能な社会とはどのような社会ですか。**未来**、**資源**の言葉を使ってかんたんに書きましょう。

(　　　　　　　　　　)

1 情報産業とわたしたちのくらし①

基本のワーク

学習の目標・
わたしたちの生活がどんな情報に囲まれているか、確かめましょう。

教科書 下 50〜55ページ　答え 14ページ

---

1 わたしたちをとりまく情報

●わたしたちのくらしの中には**情報**があふれている。

◆まちなか…かんばん、はり紙、駅のけい示板など。

◆家の中…**テレビ**、新聞やチラシなど。

●①（　　　　　　　）は受け取ることも、自分から**発信**することもできる。

> **メディア**
> 情報を送る方法。

よみトク！資料

●②（　　　　　　　）…情報を送る方法。なかでも、同じ情報を一度に多くの人に送る方法を③（　　　　　　　）**メディア**という。

メディアの種類

メディア	④（ 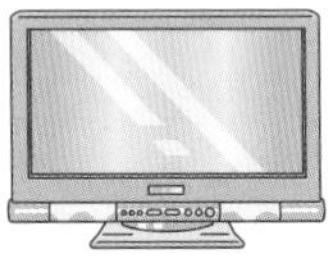　　　）	⑤（ 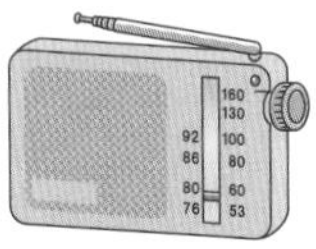　　　）	⑥（ 　　　）	ざっし 	⑦（ 　　　）
方法	映像と音声	音声のみ	文字	文字	文字や映像など
特色	どの年れいの人でも楽しめる。	家事や車の運転をしながら聞ける。	持ち運びできる。切りぬいて保存できる。	写真やイラストが多い。持ち運びできる。	知りたい情報をすぐ調べられる。

●テレビや**インターネット**が使えない災害のときは、新聞やラジオが重要な情報源になる。

●**インターネット**の利用…⑧（　　　　　　　）やパソコンなどを使う。

◆家にいながら仕事や買い物ができる。

◆農業では、天気や気温などの情報を調べて役立てている。

> タブレットの機械を使うときもあるね。

---

2 テレビから伝えられる情報／ニュース番組をつくる現場

●さまざまなテレビ番組

◆**天気予報**、スポーツ番組や音楽番組。

◆⑨（　　　　　　　）番組…身近なできごと、遠くの地域や外国のできごとが、その日のうちに放送される。

■テレビ番組の中で、最も放送回数が多い。

■1日に何度も放送され、内容がどんどん新しくなる。

■番組の終わりのほうで、⑩（　　　　　　　）の試合の結果や⑪（　　　　　　　）予報も放送する。

●放送局で働く人々によって、わたしたちに情報がとどけられている。

新聞のテレビらんの例

文理テレビ 2	BNRテレビ 4
00 字□□□□丸◇10□□□□	3.50 字 N 教科書ニュース
20 双ビット データー包装で	*□□□幸せ繁盛店。
社会クイズに答えよう	仲良し夫婦うどん店
55 字双 E□□□アカデミー	優しい店主の人情喫茶
7.25 二字スペースマン4	00 字小学生クイズ
夢のクッキー争奪戦▽	小学生クイズで300万
50 字ブレイク！◇55 うた	参戦
00 解□□□□ロードショウ	満点の星？満天の星？
疲れていませんか？	56 字□□ワード 1泊2日
とはカギは自律神経▽快	吉田桃子ロッキー三浦
眠のポイントや料理紹介	飛岡世界一秘ラーメン
45 手話ニュース845	天草の絶品寿司▽愛媛
00 字スーパークラシック	天才発明少女に新展開
ピアニスト・田中信也	8.54 字ママへの伝言
が語る「愛の名曲集」	00 解字デ金曜映画ショー
30 SNS英語術 世界の	早くも地上波初放送！
プリンス＆プリンセス	主演級俳優が勢ぞろい
の情報発信◇55ボキャ	「□□ワールド」
	（2024年）
	大友善史監督

 1990年代から携帯電話を使う人が増えて、今では携帯電話の加入数が人口より多いんだ。いっぽうで、固定電話や公衆電話の設置数は減っているよ。

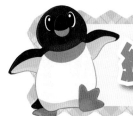

練習のワーク

できた数　／16問中

教科書 [下] 50～55ページ　答え 14ページ

1 次の問いに答えましょう。

(1) まわりから受け取ったり、自分からまわりに発信したりする、あるものごとや内容(ないよう)についての知らせのことを何といいますか。（　　）

(2) (1)を一度に多くの人に送る方法のことを何といいますか。（　　）

(3) 次の図を見て、あとの問いに答えましょう。

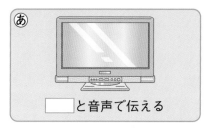

[あ] 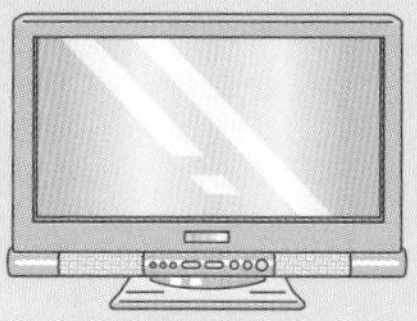
□と音声で伝える

[い] 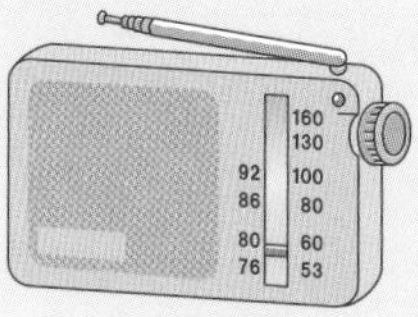

□のみで伝える

[う] 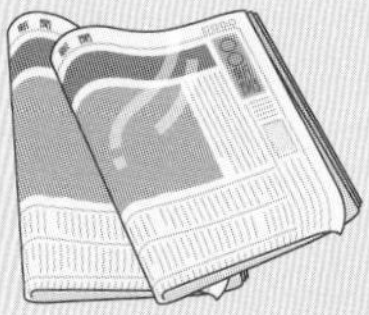
□と写真で伝える

① □にあてはまる言葉を、次からそれぞれ選びましょう。
[あ]（　）[い]（　）[う]（　）

㋐ 音声　㋑ 文字　㋒ 映像(えいぞう)

② [あ]～[う]の特ちょうを、次からそれぞれ選びましょう。
[あ]（　）[い]（　）[う]（　）

㋐ 家事や車の運転をしながら聞くことができる。
㋑ 持ち運びやすく、保存(ほぞん)するにも便利。
㋒ 家族みんなでいっしょに見て、楽しむことができる。

(4) 次の文の（　）にあてはまる言葉を□から選びましょう。

- テレビやインターネットが使えない①（　　）のときには、新聞や②（　　）が貴重(きちょう)な情報源(げん)となる。
- インターネットを使うと、家にいながら③（　　）や買い物ができる。

災害(さいがい)
仕事
ラジオ

2 次の問いに答えましょう。

(1) 次の内容のテレビ番組をあとからそれぞれ選びましょう。①（　）②（　）③（　）

① 野球やサッカーの試合を中けいする。
② その日のできごとを知らせる。
③ 明日の天気や台風の情報(じょうほう)を伝える。

㋐ 天気予報　㋑ スポーツ番組　㋒ ニュース番組

(2) ニュース番組について、次の文のうち、正しいものを2つ選びましょう。（　）（　）

㋐ ニュース番組は、テレビの番組の中で最も放送回数が少ない。
㋑ 日本国内のできごとだけでなく、外国のできごとも伝える。
㋒ ニュース番組では、スポーツについてはあつかわない。
㋓ 朝のニュースと夕方のニュースでは、夕方のニュースのほうが新しい内容を伝えている。

ポイント テレビやインターネットなどのメディアが情報を伝える。

勉強した日　月　日

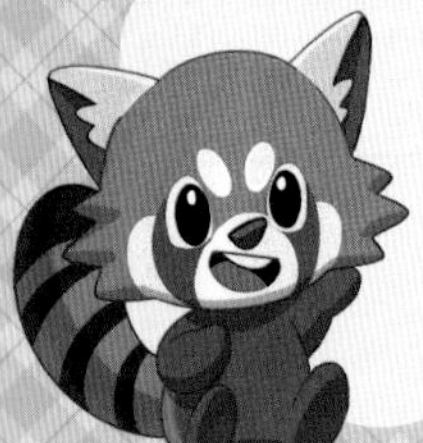

1　情報産業とわたしたちのくらし②

学習の目標
放送局の仕事や、情報がどのように伝えられているか学びましょう。

基本のワーク

教科書 [下] 56～59ページ　答え 14ページ

1 ニュース番組をつくるための情報収集

よみトク！資料

●ニュース番組は短い時間で、正確にわかりやすく伝えることが大切。

●1時間のニュース番組をつくるのに、100人以上の人が何日もかけて準備する。

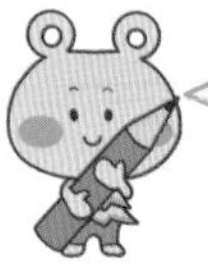

少数の人の意見にも気を配るよ。

●ニュース番組ができるまで

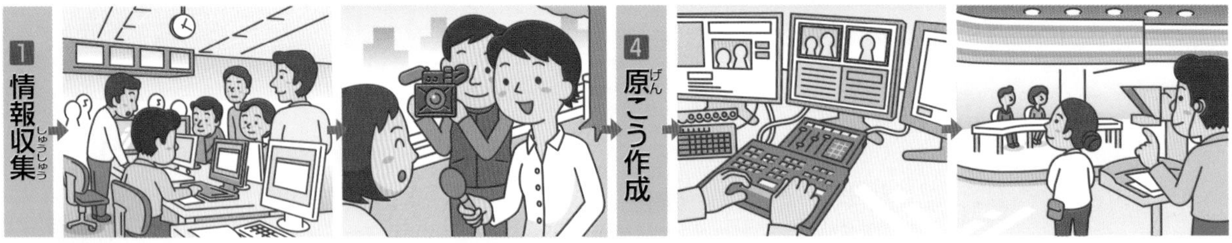

2 編集会議
3 取材
5 映像の編集
6 放送
1 情報収集
4 原こう作成

◆1情報①（　　　　）…番組をつくるのに必要な情報を集める。

◆2②（　　　　）会議…どのニュースを取材し、放送するかを決める。

◆3③（　　　　）…現地に行って、**記者**が話を聞き、**カメラマン**が映像をとる。専門家に話を聞くこともある。

■情報の集め方…現地取材、電話取材、書物・インターネットでの調査、視聴者からの情報提供。取材内容が事実かどうかを確認する。

◆4原こう作成…記者がニュースの原こうをつくる。

◆5映像の編集…音声や④（　　　　）を入れる。

◆6放送…人権や公正さなどに配りょして番組を流す。

> **記者**
> 政治・経済など、さまざまなできごとを取材して、情報を集める人。

2 集めた情報を番組にしてとどける

●編集長が中心となって、ニュース番組の整理・編集を行う。

●映像編集者の仕事…放送時間におさまるように映像を整理。

◆どの場面が最も大切か、どんな映像が求められているか、考えて編集する。

◆⑤（　　　　）**権**に注意して編集する。

> **肖像権**
> 自分の顔や姿を勝手に写真や映像にうつされたり、使われたりすることを拒否する権利。

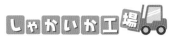

●⑥（　　　　）の仕事…ニュースを伝える。

◆わかりやすく正確に伝えるため、やさしい言葉でゆっくり話す。

●⑦（　　　　）の仕事…ニュース番組をつくるときの責任者として、情報や映像をはあくし、それぞれの部しょに指示を出す。⑧（　　　　）室で番組の進行を確認する。

◆番組は、⑨（　　　　）表をもとに進められるが、とちゅうで変こうすることもある。

◆⑩（　　　　）衛星やインターネットを通じて、外国からも情報がとどく。

しゃかいか工場　テレビ放送は1953年に始まり、1960年にはカラー放送が始まったよ。今は、ケーブルテレビや衛星放送などでチャンネルも増え、映像もとてもきれいになったね。

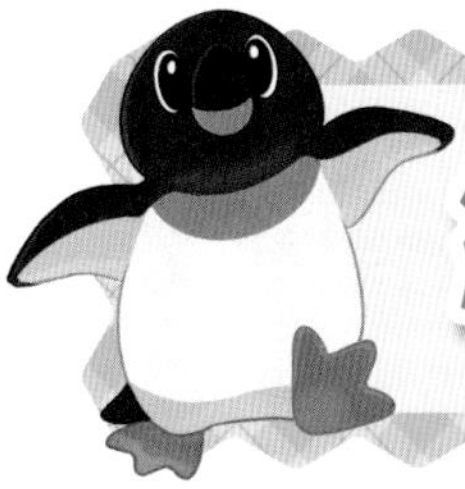

練習のワーク

教科書 ㊦ 56～59ページ　答え 14ページ

できた数　／14問中

1 次の図はニュース番組ができるまでの流れを示しています。これを見て、あとの問いに答えましょう。

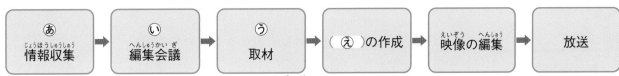

[あ] 情報収集 → [い] 編集会議 → [う] 取材 → （[え]）の作成 → 映像の編集 → 放送

(1) [あ]について、外国のニュースは、人工衛星のほかに何を通じてとどけられますか。（　　　）

(2) [い]で決めることは何ですか。次から２つ選びましょう。（　　）（　　）

㋐ 何時からニュース番組を放送するか。　㋑ だれが情報を集めるか。

㋒ 集めた情報のうちどの情報を伝えるか。　㋓ どんなニュースを取材するか。

(3) [う]について、次の文の（　　）にあてはまる言葉を書きましょう。

●①（　　　　）が現地に行って話を聞き、②（　　　　）が映像をとります。

(4) 情報の集め方について、次の（　　）にあてはまる言葉を書きましょう。

①（　　　　）での取材　②（　　　　）で調べる　③（　　　　）からの情報提供

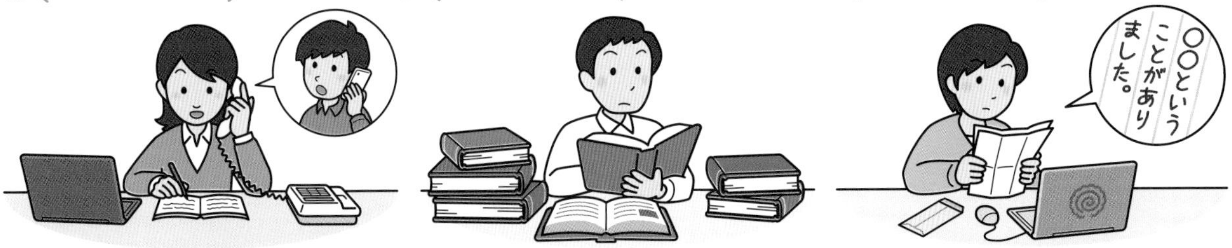

(5) 取材する人が気をつけていることを、次から２つ選びましょう。（　　）（　　）

㋐ 取材した内容が事実かどうか確認すること。

㋑ 専門家の意見よりも現地取材で得た意見を重視すること。

㋒ 人権や公平、公正さなどに気を配ること。

㋓ さまざまな見方があるとき、一方の見方についての情報だけを集めること。

(6) （[え]）にあてはまる言葉を書きましょう。（　　　）

2 放送局で働いている人について話しています。次の仕事をする人を、あとからそれぞれ選びましょう。

①（　　）②（　　）③（　　）

①

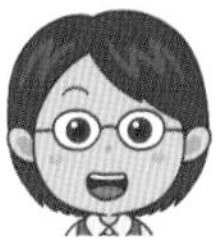

取材でさつえいされた映像を、決められた放送時間内におさめるよう編集している人に会いました。

②

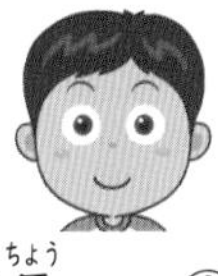

副調整室で番組の進行を確認し、どの情報をどの順番で放送するか判断する人がいました。

③

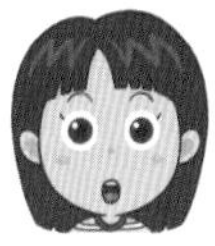

この人は、正確にわかりやすく伝えるため、やさしい言葉を使い、ゆっくりと話しているそうです。

㋐ アナウンサー　㋑ 編集長　㋒ 映像編集者

ポイント　放送局は情報を正しくわかりやすく伝える努力をしている。

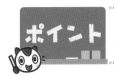

勉強した日　月　日

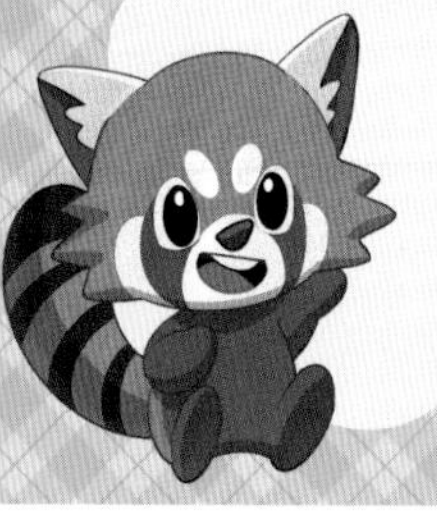

1　情報産業とわたしたちのくらし③

新聞社の働き

基本のワーク

学習の目標
情報の正しい生かし方と新聞社の働きを学びましょう。

教科書 [下] 60〜65ページ　答え 15ページ

1 情報を上手に生かす／フローチャートにまとめて話し合う

政見放送

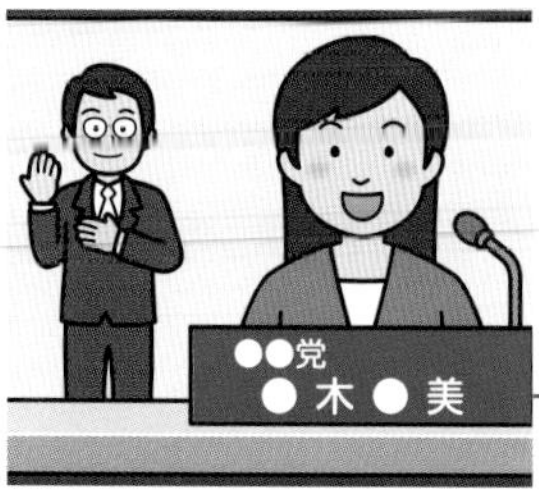

●●党
●木●美

●情報は、わたしたちの行動を決めるきっかけになる。
- ◆**コマーシャル**…商品などの広告。商品の印象が強く残るようにくふうがされている。
- ◆①（　　　　　）…その日の服そうや持ち物を決める。
- ◆②（　　　　　）**放送**…選挙の前に、候補者や政党の意見や考えを聞き、投票先を考える。

報道被害
事実とことなる報道や大げさな報道によって、不利益を受けたり、心のいたみを受けたりすること。

●情報により、**報道被害**や社会の混乱が起こることがある。
- ◆情報を③（　　　　　）側は、情報を公平・中立・客観的に伝えることを心がける。
- ◆情報を④（　　　　　）側は、情報を自分で判断し、生活に生かすことが必要。

2 新聞の役わり

●新聞の役わり
- ◆社会のできごと、外国のできごと、身近な地域のできごとなどを伝える。
- ◆新聞社の考えを「⑤（　　　　　）」で伝える。

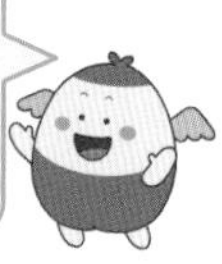

新聞はマスメディアの1つだね。

よみトク！資料

●⑥（　　　　　）**会議**…編集局にある報道部、文化部、デジタル編集部などの**デスク**が集まり、どのような紙面をつくるか決める。

取材 ➡ ⑦（　　　　　）前の打ち合わせ ➡ 紙面づくりとチェック ➡ 印刷・完成 ➡ 配達する店へ出発

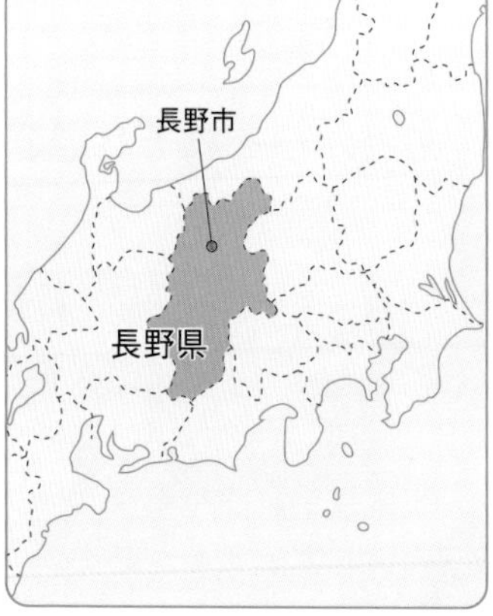

長野市
長野県

●⑧（　　　　　）県長野市に本社がある新聞社。
- ◆長野県内の多くの都市に⑨（　　　　　）や支局を置いて、地域の身近なできごとをていねいに伝える。
- ◆⑩（　　　　　）は、長野県内の現場に行って、見聞きしたことをもとに記事を書く。

●地方で発行されている新聞の特色…全国の情報に加えて、地域に関する情報が豊富にある。
- ◆一つのテーマを深くほり下げ、⑪（　　　　　）記事としてまとめる。

●記者、デスク（編集の責任者）、カメラマン、印刷にかかわる人など、多くの人が働いている。

●**NIE**…教育に新聞を活用する取り組み。
- ◆新聞社で働く人が小・中学校に出向いて、⑫（　　　　　）授業を行う。

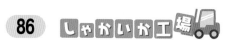

しゃかい工場
日本人は世界の中でもよく新聞を読んでいるよ。家庭の半分以上が新聞をとっているんだ。
今は、スマートフォンを使って、新聞社のウェブサイトで記事を読む人も多いよ。

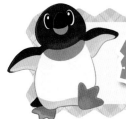

練習のワーク

教科書 [下] 60〜65ページ　答え 15ページ

できた数　／16問中

1 次の問いに答えましょう。

(1) テレビやラジオで、番組のとちゅうや番組と番組の間に流される、商品などの広告を何といいますか。（　　　）

(2) 次の文の□にあてはまる番組を、あとからそれぞれ選びましょう。

①（　）②（　）③（　）④（　）

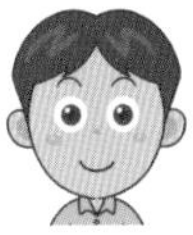

わたしは[①]を見て、今日はかさを持って家を出ることにしました。

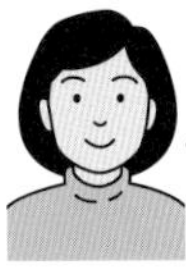

わたしは[②]を見て、選挙では○○党の候補者に投票しました。

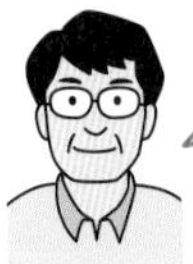

わたしは[③]を見て、夕食に何をつくるか決めました。

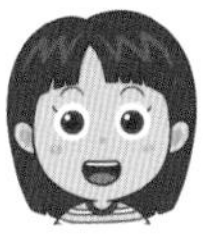

わたしは[④]を見て、地域のサッカーチームの応えんをしました。

㋐ 政見放送　㋑ 料理番組　㋒ スポーツ番組　㋓ 天気予報

(3) 事実とことなる報道や大げさな報道で、仕事に支障が出るなどの不利益が生じることを何といいますか。（　　　）

2 次の問いに答えましょう。

(1) 新聞ができるまでの流れを示した右の図について、①〜③にあてはまるものを、次からそれぞれ選びましょう。

①（　）②（　）③（　）

取材 ➡ ① ➡ ② ➡ ③ ➡ 配達

㋐ 印刷・完成　㋑ 編集会議前の打ち合わせ　㋒ 紙面づくりとチェック

(2) 次の文の□にあてはまる言葉を、[　]からそれぞれ選びましょう。

①（　　）②（　　）
③（　　）④（　　）

支局	デスク
社説	編集局
マスメディア	

●新聞社の[①]には、報道部、文化部、デジタル編集部などの部があり、それぞれに[②]という責任者がいます。

●長野県長野市に本社がある新聞社は、県内に多くの支社や[③]を置いています。

●新聞は、多くの人に世の中のさまざまなできごとを伝える[④]の１つです。

(3) 新聞づくりについて、正しい文を次から２つ選びましょう。（　）（　）

㋐ 地方で発行されている新聞には、全国の情報がない。

㋑ 新聞社では、カメラマンは働いていない。

㋒ 「県子ども新聞コンクール」には、小学生がつくった新聞がたくさん送られてくる。

㋓ 地域の様子などを特集記事としてまとめることがある。

(4) 教育に新聞を活用する取り組みをアルファベットで何といいますか。（　　　）

ポイント **新聞はいろいろな情報が印刷されて家庭にとどけられる。**

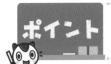

1 情報産業と わたしたちのくらし

 時間 **20**分

得点
／100点

教科書 ⓣ 50～65ページ　答え 15ページ

1 ニュース番組の放送 次の文を読んで、あとの問いに答えましょう。(4)(5)①②③完答、1つ5〔45点〕

> ⓐテレビは、わたしたちにとって身近なⓑマスメディアです。ⓒ遠くはなれた外国で起こったことも、テレビのニュース番組で知ることができます。ⓓニュース番組の制作・放送では、ⓔ多くの人が役わりを分たんし、ニュースをなるべく（ ⓕ ）伝える努力をしています。

(1) ――線ⓐの特ちょうを、次から選びましょう。 （　　）

　ⓐ 主に映像と音声で伝える。　　　ⓘ 持ち運びや保存に便利である。

　ⓒ いつでもどこでも使える。

(2) ――線ⓑにあてはまるものを、次から2つ選びましょう。 （　　）（　　）

　ⓐ 手紙　　　ⓘ 新聞　　　ⓒ 電話　　　ⓔ ラジオ

(3) ――線ⓒについて、海外で起こったできごとをパソコンやスマートフォンですぐに調べることができるメディアを何といいますか。 （　　　　　　）

(4) ――線ⓓについて、次のⓐ～ⓔを、ニュース番組が放送されるまでの順番にならべましょう。 （　　→　　→　　→　　）

　ⓐ 放送　　　ⓘ 編集会議　　　ⓒ 取材　　　ⓔ 映像の編集

(5) ――線ⓔについて、次は放送局で働く人の話をまとめています。あとの①～③の□□にあてはまることばを資料から書きましょう。また、それがわかる資料の記号を書きましょう。

①（　　　・　　）②（　　　・　　）③（　　　・　　）

ⓐ映像を編集する人の話

　わたしは取材でさつえいされた映像を、肖像権に気を配りながら編集しています。

ⓘ編集長の話

　わたしは集められた情報のなかから、どれを選んで放送するか考え、伝える順番を決めたりします。

ⓒアナウンサーの話

　わたしはスタジオでニュース原こうを読みます。落ち着いてゆっくりと話すよう心がけています。

① ニュース番組で放送する内容を決めているのは□□です。

② □□は見ている人のことを考えて話し方をくふうしています。

③ たまたま映ってしまった人の顔が放送されないように□□権に気をつけています。

(6) （ ⓕ ）にあてはまらない言葉を、次から選びましょう。 （　　）

　ⓐ 早く　　　ⓘ 時間をかけて　　　ⓒ 正確に　　　ⓔ わかりやすく

2 情報を上手に生かす　次の問いに答えましょう。

1つ5〔35点〕

(1)　次の①～④のとき、どのような放送を見ますか。あとからそれぞれ選びましょう。

①(　　　)　②(　　　)　③(　　　)　④(　　　)

①　明日は遠足だから、天気や最高気温を知りたい。

②　もうすぐ選挙だから、候補者の主張を聞きたい。

③　応えんしているチームの試合の状きょうを知りたい。

④　今朝起こった事故の様子を知りたい。

㋐ニュース番組

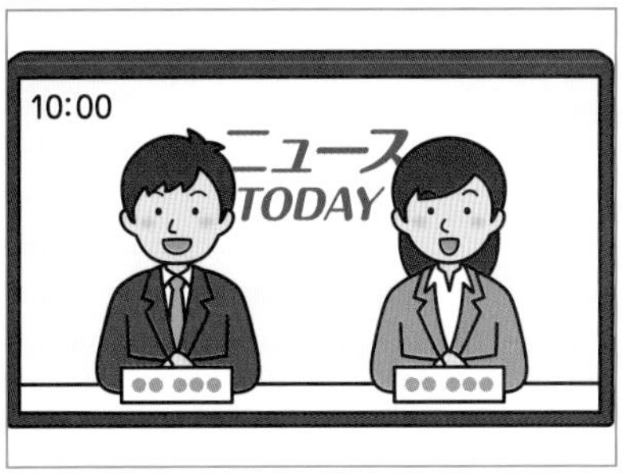

㋑アニメ番組

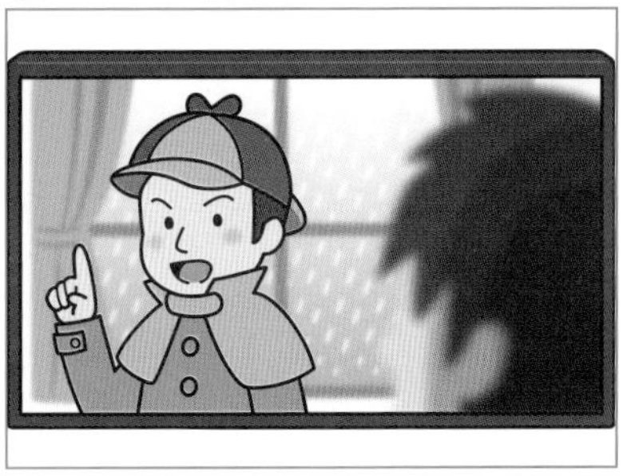

㋒料理番組

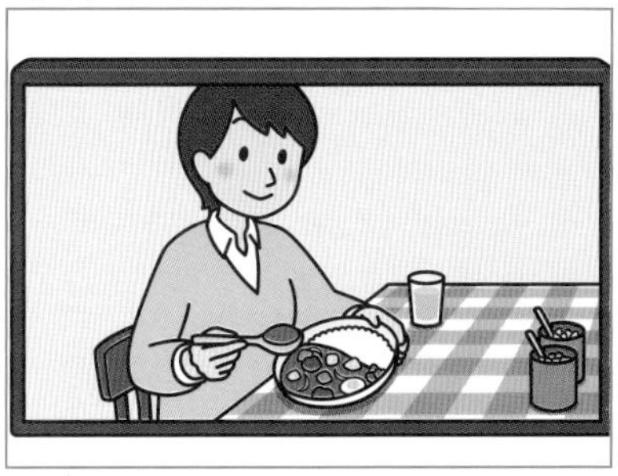

㋓スポーツ番組

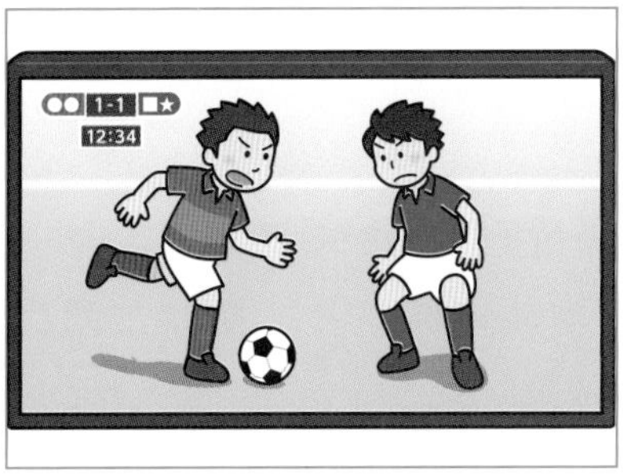

㋔天気予報

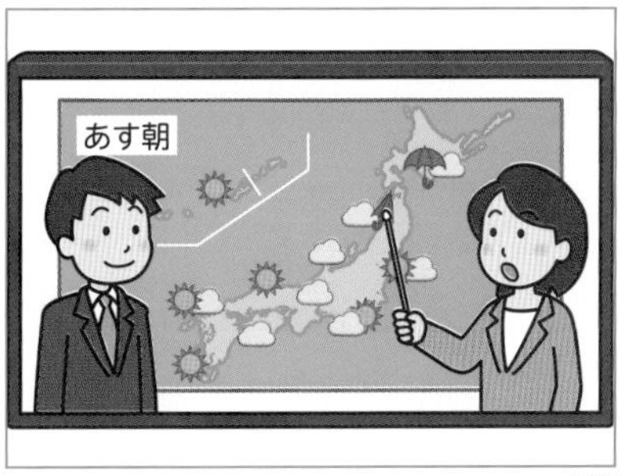

㋕政見放送

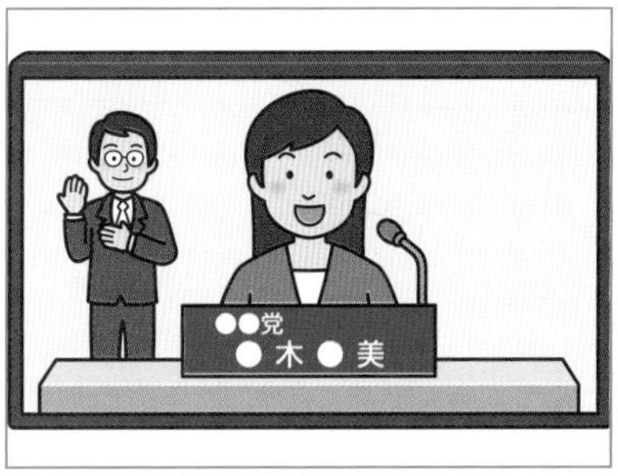

(2)　事実とことなる報道や大げさな報道で、報道された人の人権が侵害されたり、ものが売れなくなったりすることを何といいますか。　(　　　　　)

(3)　わたしたちが情報を上手に生かす例として正しいものを、次から選びましょう。(　　　)

㋐　ある食品が健康にいいという番組を見て、さっそく買いしめた。

㋑　悪いことをしたうたがいがある人に対し、くり返しこう議の電話をかけた。

㋒　被災地の様子を知り、ボランティア活動に参加した。

記述　(4)　わたしたちが情報を利用するときには、どのような姿勢が必要ですか。**情報**、**判断**の言葉を使って、かんたんに書きましょう。

(　　　　　　　　　　　　　　　　　　　　　　　　　　　　　　)

3 新聞社の働き　新聞ができるまでを示した次の図を見て、あとの問いに答えましょう。

1つ5〔20点〕

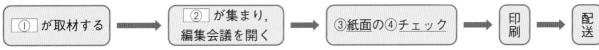

[① が取材する] → [② が集まり、編集会議を開く] → [③紙面の④チェック] → [印刷] → [配送]

(1)　図の□にあてはまる言葉を、次からそれぞれ選びましょう。　①(　　　)　②(　　　)

㋐　配達員　　㋑　記者　　㋒　読者　　㋓　デスク

(2)　――線③のうち、新聞社の考えを示しているコーナーを何といいますか。(　　　　　)

チャレンジ！　(3)　――線④では何をチェックしていますか。次から選びましょう。　(　　　)

㋐　内容のまちがい　　㋑　印刷のでき上がりぐあい　　㋒　読むのにかかる時間

勉強した日　　月　　日

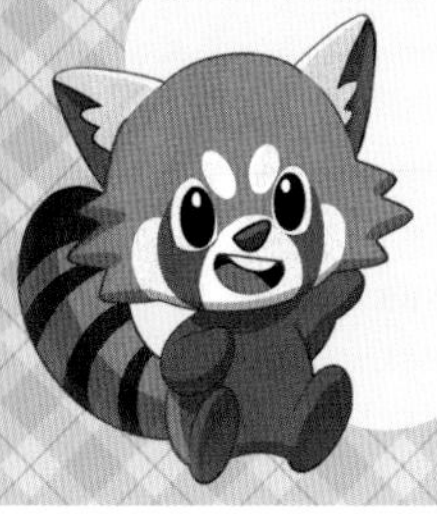

2 情報を生かす産業①

基本のワーク

学習の目標
コンビニエンスストアで情報をどう生かしているか学習しましょう。

教科書 [下] 66〜69ページ　答え 16ページ

1 くらしを支える産業と情報の活用

●情報はさまざまな産業を支えている。
◆介護…①（　　　　　　）（AI）を組みこんだロボットの開発。
◆病院…オンラインを活用して、医療相談を行う。
◆はん売…コンビニエンスストアでは、**ICカード**や**スマートフォン**の**電子マネー**、**アプリ**で買い物ができる。
■②（　　　　　　）カードは、現金の代わりに電子マネーとしても使える。
■③（　　　　　　）マネー…あらかじめ入金したカードやクレジットカード、スマートフォンで支はらうお金。

人工知能（AI）
人間に代わって知的な活動を行うコンピューターの技術やそのプログラム。

2 情報を活用してはん売する

よみトク！資料

●コンビニエンスストアでは、はん売に情報を生かしている。
◆**POSシステム**…商品のバーコードを読み取ると、売れた商品や数が自動的に記録される。

情報の流れ

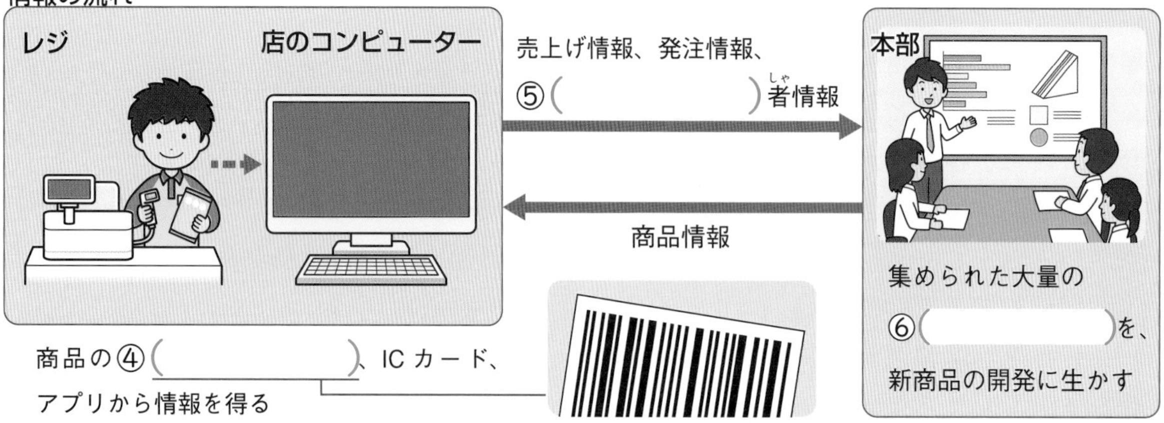
レジ
店のコンピューター
売上げ情報、発注情報、
⑤（　　　　　　）者情報
本部
商品情報
集められた大量の
⑥（　　　　　　）を、
新商品の開発に生かす
商品の④（　　　　　　）、ICカード、
アプリから情報を得る

わたしたちにもお店にも役立つしくみだね。

●ICカードの利用で入力される情報
◆いつ、何を、いくつ買ったかなどの情報
◆客の性別や⑦（　　　　　　）などの情報
➡客には買い物で利用できる⑧（　　　　　　）がつく。

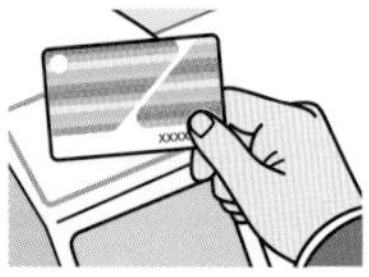

◆**タブレット**を使って、売れた商品の情報だけでなく、天候や地域のイベントなどの情報を確認し、⑨（　　　　　　）に生かす。
■コンビニエンスストアの⑩（　　　　　　）では、送られてきた情報をもとに人々が何を求めているか考える。
●ICカードや電子マネー…申しこみ時に⑪（　　　　　　）情報がどのように守られているのか、利用されていくのか確かめる。

商品の発注

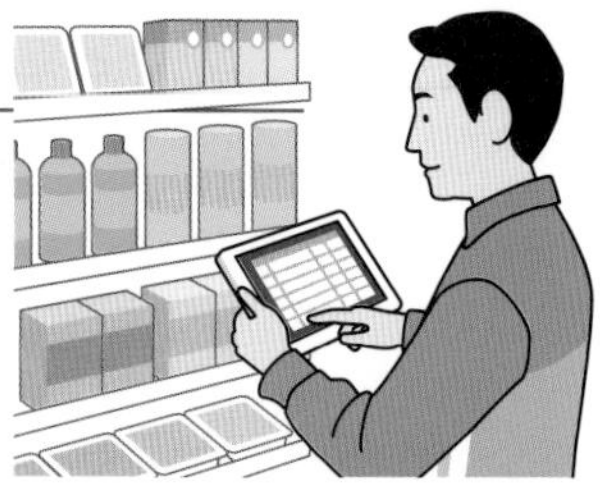

しゃかいか工場
スマートフォンやICカードを使うと、だれが、いつ、どこで、何をしたかなどの情報が記録されるよ。他にもいろいろなデータが集められていて、これをビッグデータというよ。

練習のワーク

1 次の問いに答えましょう。

(1) 近年開発が進んでいる、人工知能のことをアルファベットで何といいますか。 （ 　　　 ）

(2) コンビニエンスストアでも利用できる、あのようなカードを何といいますか。
（ 　　　 ）カード

(3) 買い物のとき、電子マネーとして使えるものを、次から2つ選びましょう。 （ 　 ）（ 　 ）

㋐ クレジットカード 　 ㋑ 商品けん
㋒ スタンプカード 　 ㋓ スマートフォン

(4) ⓘについて、次の文の（ 　 ）にあてはまる言葉をカタカナで書きましょう。
●スマートフォンの（ 　　　　 ）で支はらいができる。

2 次の問いに答えましょう。

(1) あのように、商品についているバーコードをレジで読み取ることで情報を管理するシステムを何といいますか。
（ 　　　　 ）システム

(2) ＩＣカードを使って商品を買うときに入力される情報を、次から2つ選びましょう。 （ 　 ）（ 　 ）

㋐ 客の性別 　 ㋑ 商品を買った時間
㋒ 客の氏名 　 ㋓ 商品を買った理由

(3) (1)や(2)で集められた情報は、どうなりますか。次から2つ選びましょう。 （ 　 ）（ 　 ）

㋐ 店に来た人は、だれでも情報を見ることができる。
㋑ 商品の情報は、店のコンピューターから本部に送られる。
㋒ 個人の情報は、店のコンピューターにだけ記録され、本部に送られることはない。
㋓ 本部では、集めた情報をもとに、新しい商品の開発を行う。

(4) ⓘを見て、次の文の（ 　 ）にあてはまる言葉をあとの[　]から選びましょう。

店員は①（ 　　　 ）を使い、売れた②（ 　　　　 ）の種類や数、明日の③（ 　　　　 ）、地域で行われる運動会などの行事の④（ 　　　 ）を確認する。その上で本部に商品の⑤（ 　　　 ）を出す。

天候 　 商品 　 発注 　 情報 　 タブレット

ポイント 店では売れた商品や客の大量の情報を、注文や開発に生かす。

91

2 情報を生かす産業②

基本のワーク

学習の目標・
コンビニエンスストアが注文や配送に生かす情報を確かめましょう。

教科書 Ⓣ 70〜75ページ　答え 16ページ

1 情報を生かしてものを運ぶ

よみトク！資料 ●コンビニエンスストアでは、注文・配送に情報を生かしている。

商品がコンビニエンスストアにとどけられるしくみ

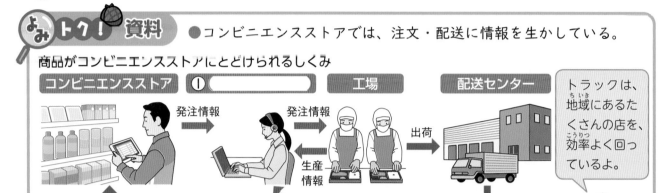

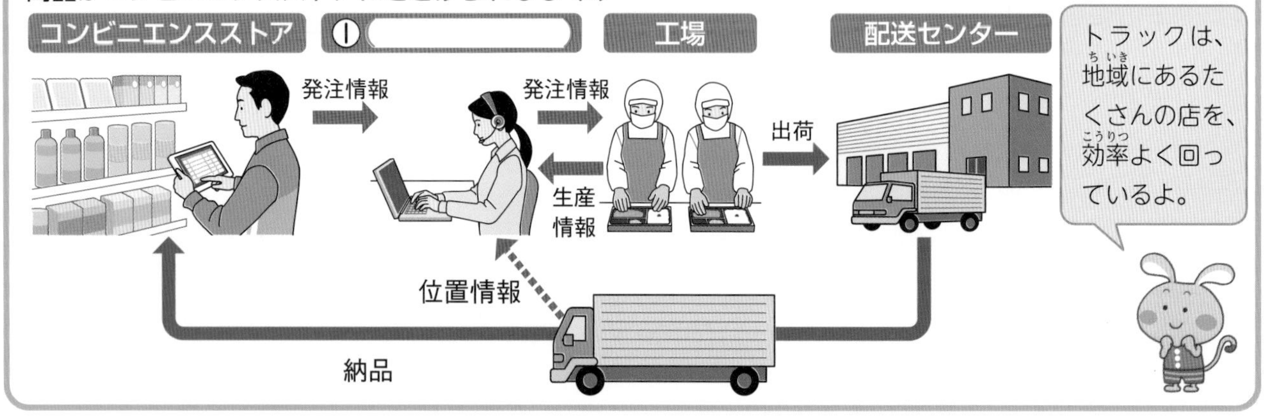

トラックは、地域にあるたくさんの店を、効率よく回っているよ。

◆ 商品の発注…店員のタブレットから、本部や②（　　　　　　）に注文がとどく。
◆ 商品の配送…③（　　　　　　）（位置情報を計測するシステム）によって トラックの現在地がパソコンなどの画面でわかる。
　■ トラックが動かなくなると、④（　　　　　　）の画面上の色が変わる。
　■ 特ちょうに合わせ、1日何度も配送されるお弁当などの商品もある。
● コンビニエンスストアから家庭に商品をとどけるサービス
　◆ インターネットで注文を受け、⑤（　　　　　　）に商品をとどける。
　◆ 近くに店がない地域に⑥（　　　　　）車を出して、商品を売る。
　　■ 買い物に行きにくいお年寄りや子育て中の人にも役立つ。

位置情報
GPSを利用して、自動車が今いる位置や目的地までのきょりを示す情報。

2 情報通信技術の活用によるサービスの広がり／関係図にまとめる

● コンビニエンスストアでは、⑦（　　　　　）（ICT）を活 用。ものを売るほかにもさまざまな⑧（　　　　　）を提供し、 ほかの産業とつながっている。

情報通信技術（ICT）
携帯電話やコンピューターなどの情報通信機器を使い、インターネットで通信や情報処理を行う技術。

コピー機でできる主なこと

コピー機でできる主なこと
レジャー施設・スポーツの試合のチケットのこう入
住民票の写しや印鑑登録証明書の取得
コピー
検定・大学入学試験の申しこみ
写真のプリント

◆ **情報通信機器**の機能をもつコピー機
　■ ⑨（　　　　　）のこう入。
　■ 市区町村と提けいし、⑩（　　　　　） の写し・印鑑登録証明書を取得。
◆ ⑪（　　　　　）ロッカー…24時間たく配 便を受け取れる。
◆ ⑫（　　　　　）のあずけばらい機…お金 の出し入れができる。

銀行のあずけばらい機

しゃかいか工場 コンビニエンスストアはアメリカで1927年に生まれて、日本では1971年ごろから広まって いったよ。今は、日本のコンビニが世界中に進出しているよ。

練習のワーク

教科書 [下] 70～75ページ　答え 16ページ

できた数　　／12問中

1 次の問いに答えましょう。

(1)　次の㋐～㋓を、商品の注文の情報が送られる順にならべましょう。　（㋑→　　→　　→　　）

㋐　工場　　㋑　コンビニエンスストア

㋒　本部　　㋓　配送センター

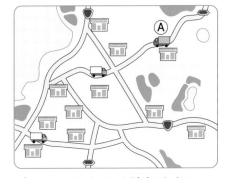

(2)　右の**絵**は、本部のパソコンに表示されている、店と配送トラックの状きょうです。これを見て、次の問いに答えましょう。

①　GPSなどを利用して、トラックが今いる位置や目的地までのきょりを示す情報を何といいますか。　（　　　　　）情報

②　Ⓐのトラックの色が変わっているのはなぜですか。次から選びましょう。　（　　）

㋐　荷物の配送が終わったから。　　㋑　残りのガソリンが少なくなったから。

㋒　ほかより大きいトラックだから。　　㋓　動かなくなったから。

③　本部がトラックの位置を確認している理由を、次から2つ選びましょう。　（　　）（　　）

㋐　スピードい反をとりしまるため。　　㋑　決められた時間に商品をとどけるため。

㋒　災害のとき、本部から指示を出すため。　　㋓　荷物がぬすまれないようみはるため。

2 右の資料を見て、次の問いに答えましょう。

(1)　――線Ⓐの略称をアルファベットで書きましょう。　（　　　　）

(2)　――線Ⓑは何をするための機械ですか。次から選びましょう。　（　　）

㋐　写真をとる。

㋑　お金をあずけたり下ろしたりする。

㋒　店内の買い物のお金をはらう。

(3)　――線Ⓒでできることを、次から3つ選びましょう。　（　　）（　　）（　　）

㋐　写真をプリントする。　　㋑　音楽データをコピーする。

㋒　お弁当を注文する。　　㋓　チケットをこう入する。

㋔　保険に申しこむ。

あるコンビニエンスストアのⒶ情報通信技術を活用した新たなサービスの広がり

年	主なできごと
1982	POSシステムを導入 ……………………㋐
1996	気象情報システムを導入…………………㋑
1999	インターネットショッピングを開始……㋒
2001	Ⓑ銀行のあずけばらい機を設置
2002	Ⓒ情報通信機器の機能つきコピー機を設置
2007	電子マネーの取りあつかいを開始………㋓

(4)　お年寄りや子育て中の人、近くに店がない人でも買い物ができるサービスを**資料**中の㋐～㋓から選びましょう。　（　　）

(5)　右の**グラフ**を見て、1985年から2022年にかけてコンビニエンスストアの店ぽ数はどのように変化していますか。

（　　　　　　　　　　）

コンビニエンスストアの店ぽ数の変化

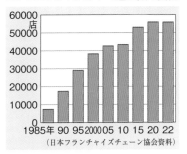

（日本フランチャイズチェーン協会資料）

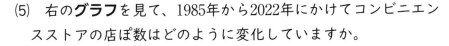

ポイント　情報通信技術の進歩でさまざまなサービスが広がる。

勉強した日 月 日

情報を生かす運輸業／観光業／医療産業／福祉産業

学習の目標
さまざまな産業でどのように情報が生かされているか調べましょう。

基本のワーク

教科書 [下] 76～79ページ　答え 16ページ

1 情報を生かす運輸業

●荷物をとどける…運送会社は、通信はん売会社と連けいし、注文情報・配達先の情報・①(　　　　)**情報**などを活用してすばやく運ぶ。

よみトク！資料

●情報活用の流れ
- インターネットで②(　　　　)を利用する人が増加している。
- インターネットで、荷物の配達状きょうがつねにわかる。
  - 注文者は、受け取り③(　　　　)や場所を変更できる。

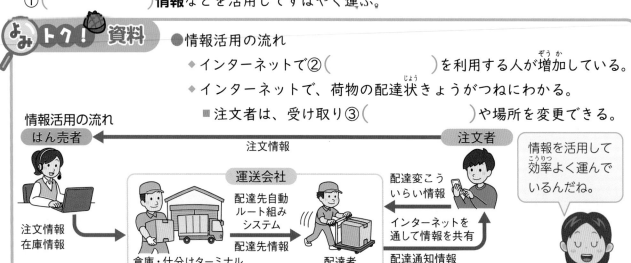

2 情報を生かす観光業

●岐阜県下呂温泉…2011年の④(　　　　)大震災のえいきょうで観光客が減少➡観光客を増やす取り組み。
- 宿泊施設の**データ**を集めて⑤(　　　　)する。
  - 集めるデータ…宿泊者の数、年代、性別、利用した⑥(　　　　)、満足度など。
- 「下呂温泉郷公式**アプリ**」の開発。アプリの会員の人が下呂温泉の店などを使うと⑦(　　　　)がつく。

宿泊客のデータを活用するイメージ

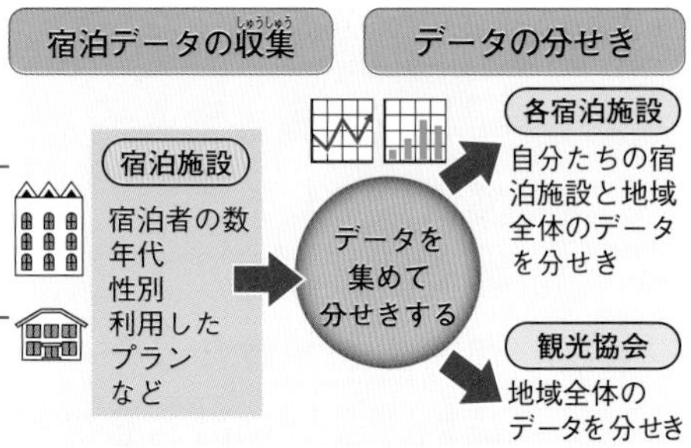

3 情報を生かす医療産業／情報を生かす福祉産業

●日本の医療制度の課題…全人口の中で⑧(　　　　)才以上の人のわりあいが増加。
- 医療・健康データを集めて加工し、健康増進サービスを提供。
  - ぼう大なデータを、わかりやすい⑨(　　　　)にして理解しやすくする。健康診断の結果をもとに示した、実際の年れいとは異なる「健康年れい」がわかるサービスなど。
  - データや情報技術（IT）を活用し、健康で豊かな社会の実現をめざす。

●お年寄りの自立を支援する、東京都品川区の取り組み
- **介護**を必要とするお年寄りの生活を⑩(　　　　)**マネージャー**が支える。
- お年寄りの自宅に⑪(　　　　)を設置し、生活を分せきする。➡生活の課題がわかり、客観的なアドバイスを行うことができる。

しゃかいか工場
現在の医療では、紙にかわって電子カルテが治療の記録に使われているよ。病院内の医師や看護師だけでなく、地域のふく数の関連施設で情報が共有されているんだ。

練習のワーク

教科書 [下] 76～79ページ　答え 16ページ

できた数　／15問中

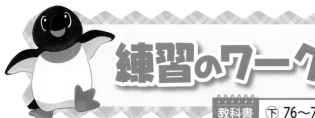

1 次の問いに答えましょう。

(1) 人やものを運ぶ産業を何といいますか。 (　　　)

(2) 次の①～③で伝えられる情報を、あとからそれぞれ選びましょう。

①(　　) ②(　　) ③(　　)

はん売者 →① 運送会社　　運送会社 →② 注文者　　注文者 →③ 運送会社

㋐ 配達変こういらい情報　㋑ 注文情報・在庫情報

㋒ 配達通知情報　㋓ 位置情報

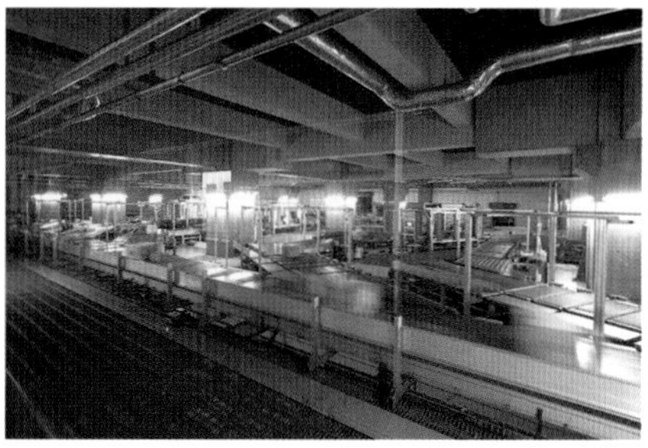

(3) 運送会社が、注文情報をもとに商品を倉庫内で集めることを何といいますか。 (　　　)

(4) 右の**写真**は物を運ぶ会社の倉庫にある設備です。この設備で行われることは何ですか。 (　　　)

2 右の図は下呂温泉で提供されているサービスのイメージです。次の問いに答えましょう。

(1) 下呂温泉がある県を、次から選びましょう。 (　　)

㋐ 山梨県　㋑ 大分県　㋒ 岐阜県

(2) **図**の□にあてはまる言葉をそれぞれ書きましょう。

①(　　　) ②(　　　)

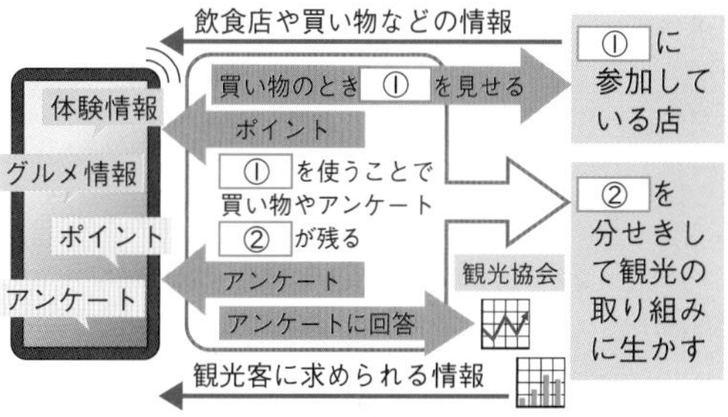

3 次の問いに答えましょう。

(1) 医療情報をあつかう会社が、健康増進サービスで健康診断の結果をもとに、予測モデルにもとづいて身体の年れいを表示した数ちを何といいますか。 (　　　)

(2) 情報技術はアルファベットで何と略されますか。 (　　　)

(3) 健康増進サービスの内容として正しいものを、次から2つ選びましょう。 (　　)(　　)

㋐ 将来の自分の医療費を予測できる。　㋑ 健康診断を無料で受けられる。

㋒ くすりに関する情報をいつでも参照できる。　㋓ 最先端の医療を優先して受けられる。

(4) 右の□にあてはまる、お年寄りの生活を支援し、世話をすることを何といいますか。 (　　　)

□を必要とする人の数の変化

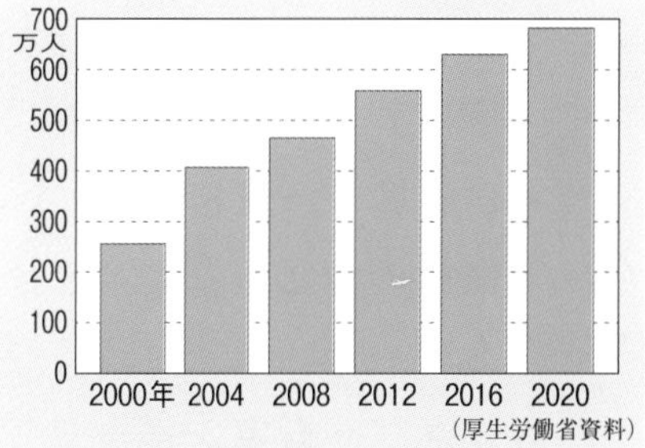

(5) お年寄りの家の冷蔵庫や玄関ドアなどにセンサーを設置する目的を次から選びましょう。 (　　)

㋐ 施設での暮らしに前もって慣れておくため。

㋑ お年寄りの生活を分せきするため。

㋒ ケアマネージャーの生活を改善するため。

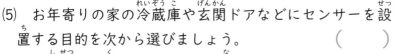

ポイント 集めた情報を分せきすることで新しいサービスが生まれる。

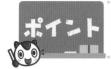

3　情報を生かすわたしたち

基本のワーク

学習の目標
情報化の問題点を知り、情報の正しい活用方法を学びましょう。

教科書 ⊤ 80〜85ページ　　答え 17ページ

1　あふれる情報／情報活用のルールやマナー

●インターネットのふきゅう率が①（　　　　　　　）なり、インターネットのふきゅう率の変化
現在②（　　　　　　　）％を少し上回っている。

●インターネットでできること
　◆ホームページなどでの調べもの
　◆**メール**の送受信
　◆コミュニケーション機能をもつ③（　　　　　　　）
　　（ソーシャル・ネットワーキング・サービス）やブログの利用
　◆④（　　　　　　　）教科書

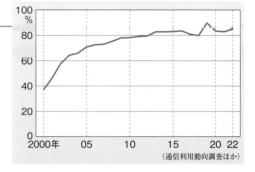
インターネットのふきゅう率の変化

（通信利用動向調査ほか）

●**情報化**が進み、生活が便利になる一方で、必要ない情報や有害な情報もある。

よみトク！ 資料

●パソコンやスマートフォンがふきゅうし、
⑤（　　　　　　　）の利用が増える
につれ、さまざまな問題が起きている。

　◆インターネットを利用した⑥（　　　　　　　）の増加
　　■インターネットを使ったいじめが報じられることも。
　◆氏名や住所などの⑦（　　　　　　　）情報を発信すると
　　きには注意が必要。
　◆SNSの利用が原因で起こる問題
　　■**フェイクニュース**…事実でない情報が広がる。
　　■⑧（　　　　　　　）権の侵害…SNSで友だちの写真を勝手に公開してしまう。

インターネットを利用した
犯罪の件数の変化

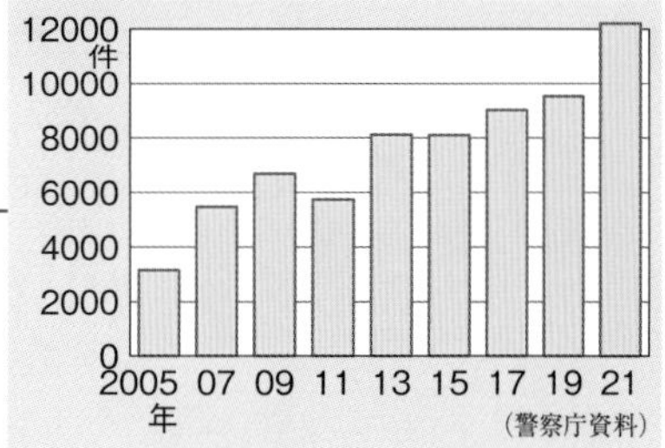

（警察庁資料）

知らないうちに巻きこまれてしまうこともあるよ。

2　インターネットを活用した学習／情報の活用について話し合う／情報の役わり

●コンピューターの利用
　◆ふだんの授業や家庭でインターネットにつなぐ⑨（　　　　　　　）
　　学習が行われ、コンピューターがよく使われるようになった。
　◆調べ学習のときには、インターネットを利用して情報を受け取る。
　　■受け取る⑩（　　　　　　　）がすべて正しいとは限らない。
　◆**メディアリテラシー**を身につけることが大切。
　　■自分にとって⑪（　　　　　　　）な情報かどうか。
　　■情報の内容が⑫（　　　　　　　）かどうか。
●情報を活用するときには、**情報モラル**を守り、SNSでの
　コミュニケーションに役立てる。
　◆情報の活用には、ルールや⑬（　　　　　　　）が必要。

広めてはいけない情報もあるんだね。

メディアリテラシー
情報の中から自分に必要なものを選び出して、内容が正しいかどうか確認し、活用する技能や能力。

情報モラル
情報化した現代で適切な活動を行うための基本となる考え方や態度。

情報通信技術がさまざまな産業に利用されて、わたしたちの生活はとても便利になったね。
一方で、情報通信技術を使える人とそうでない人の格差が広がっているんだ。

練習のワーク

教科書 下 80〜85ページ　答え 17ページ

1 次の問いに答えましょう。

(1) インターネットについて、次の文の{　　}にあてはまる言葉に○を書きましょう。

● インターネットを利用すると、①{ デジタル　オンライン }授業を受けたり、
②{ 緊急地震速報　政見放送 }などの災害情報を見たりすることができる。

● ③{ 情報　高齢 }化が進んで、生活が便利になる反面、情報があふれ、なかには自分に④{ 必要　有害 }ではない情報もあるため注意が必要である。

(2) SNSなどで広まる、事実でないまちがった情報を何といいますか。　（　　　　　　）

(3) 右の図を見て、現在インターネットに最も利用されている情報機器を2つ書きましょう。

（　　　　　　）（　　　　　　）

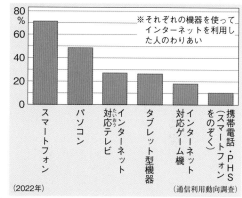

インターネットを利用する機器の種類

※それぞれの機器を使ってインターネットを利用した人のわりあい

スマートフォン／パソコン／インターネット対応テレビ／タブレット型機器／インターネット対応ゲーム機／携帯電話・PHS（スマートフォンをのぞく）

(2022年)　(通信利用動向調査)

(4) パソコンのうち、うすくて軽く、持ち運びしやすい機器を何といいますか。　（　　　　　　）

(5) 次の文のうち、正しいものを2つ選びましょう。　（　　　）（　　　）

㋐ SNSを使ったいじめが新聞記事で報じられることはない。

㋑ SNSで友だちの写真を無断で公開することは、肖像権の侵害にあたる。

㋒ パソコンやスマートフォンのふきゅうと、インターネットを利用した犯罪が増えていることは関係がない。

㋓ インターネットを利用すると、おたがいが会わなくても情報のやりとりができる。

2 次の問いに答えましょう。

(1) メディアが伝える情報の中から自分に必要なものを選び出し、内容が正しいかどうか確認し活用する技能や能力を何といいますか。　（　　　　　　）

(2) 情報が重要な役わりを持つ社会で、適切な活動を行うための基本となる考え方や態度を何といいますか。　（　　　　　　）

(3) 情報の活用についてまとめた次のカードのうち、内容が正しいものをすべて選びましょう。　（　　　　　　）

㋐ 情報をまとめるとき、参考にした本の名前や作者名などを書く。

㋑ 写真や動画は、使う前に自由に使えるものかどうか確認する必要がある。

㋒ 調べ学習のときには、だれかの文章をそのまま書き写してよい。

㋓ 必ず自分の氏名・住所・電話番号を書いて情報を発信しなければならない。

ポイント 情報を活用するにはメディアリテラシーが大切。

97

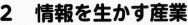

まとめのテスト

2 情報を生かす産業
3 情報を生かすわたしたち

時間 20分

得点 /100点

教科書 下 66〜85ページ　答え 17ページ

1 情報を生かすコンビニエンスストア **次の図は、コンビニエンスストアの様子です。**

これを見て、あとの問いに答えましょう。

1つ5〔55点〕

あ　い　う　え

(1) あのとき、自動的に売れた商品を管理するシステムを何といいますか。（　　　　　）

(2) いのときについて、次の問いに答えましょう。

① ICカードやスマートフォンで支はらいできるお金を何といいますか。（　　　　　）

② ICカードを利用するときの、店、お客さんにとってよい点を、次からそれぞれ選び

ましょう。　　　　　　　　　　　　　　　　店（　　　）　お客さん（　　　）

㋐ 安全な商品を買うことができる。　㋑ どんな年れい・性別の人が買ったかわかる。

㋒ 個人情報が流出するおそれがある。　㋓ 次の買い物で利用できるポイントがつく。

(3) うで、商品を注文するとき調べて参考にする情報を、次から2つ選びましょう。

（　　　）（　　　）

㋐ 明日の天候　　㋑ 自分のかん　　㋒ 地域の行事　　㋓ 海外のニュース

(4) えについて述べた次の文中の[　]にあてはまる言葉を書きましょう。（　　　　　）

●情報通信機器の機能をもつコピー機を使うことで、ものを売るだけでなくさまざまな[　]

を提供できるようになった。

(5) 次の図は、コンビニエンスストアを中心とする関係図を示しています。あとの問いに答え

ましょう。

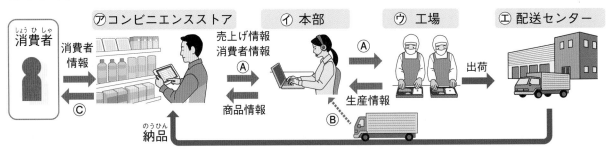

㋐コンビニエンスストア　㋑ 本部　㋒ 工場　㋓ 配送センター

消費者
消費者情報　売上げ情報 消費者情報 Ⓐ　生産情報 Ⓑ　出荷
Ⓒ　商品情報　納品

① Ⓐ〜Ⓒにあてはまる情報を、次からそれぞれ選びましょう。

Ⓐ（　　　）　Ⓑ（　　　）　Ⓒ（　　　）

㋐ 位置情報　　㋑ はん売情報　　㋒ 発注情報

② 次の人が働いているところを、図中の㋐〜㋓から選びましょう。（　　　）

わたしは、集まった情報をもとに人々がどのようなものを求めているかを考えて、新しい商品の開発を行っています。

次の資料を見て、あとの①～③の文の――線部が正しければ○、あやまっていれば×を書きましょう。また、それがわかる資料の記号を書きましょう。　完答、1つ5〔15点〕

あインターネットのふきゅう率の変化

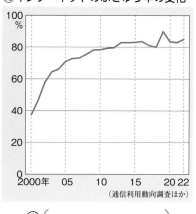
（通信利用動向調査ほか）

いインターネットを利用する機器の種類

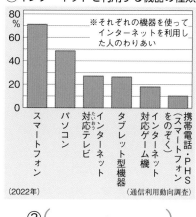
※それぞれの機器を使ってインターネットを利用した人のわりあい
（2022年）（通信利用動向調査）

うインターネットを利用した犯罪の件数の変化

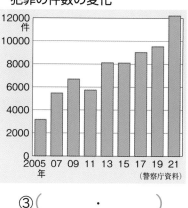
（警察庁資料）

① （　　・　　）　　② （　　・　　）　　③ （　　・　　）

①　インターネットを利用する機器で使われているわりあいが最も高いのは<u>スマートフォン</u>です。

②　インターネットを利用した犯罪件数は、2021年は2005年の<u>3倍以上</u>になりました。

③　現在、インターネットを利用している人は、<u>およそ80万人</u>です。

---

3 情報を生かす　次の文を読んで、あとの問いに答えましょう。　1つ5〔30点〕

　今の社会は、あ<u>ICT</u>が発達し、　い　化が進んで、くらしが便利になりました。しかし、身の回りにあふれる情報のなかには、自分に必要のないものや正しくないものも多くあります。そのため、情報を活用するには、う<u>メディアリテラシー</u>を身につけなければなりません。

　また、情報の発信がかんたんになる一方で、え<u>インターネット</u>を通して流れてしまった情報は、止めることができません。わたしたちは、お<u>ルールやマナーを守って情報をじょうずに生かす</u>ことが大切です。

 (1)　――線あは何の略称ですか。　（　　　　　　　　　）

(2)　　い　にあてはまる言葉を書きましょう。　（　　　　　　　　　）

記述 (3)　――線うはどのような能力ですか。**必要**、**判断**の言葉を使ってかんたんに書きましょう。
　（　　　　　　　　　　　　　　　　　　　）

(4)　――線えについて、学校ではインターネットをどのような機会に使っていますか。例を1つあげましょう。
　（　　　　　　　　　　　　　　　　　　　）

(5)　――線おについて、次のうち、インターネットを使うときに気をつけることとして正しいものを2つ選びましょう。　（　　　）（　　　）

ア　自分に送られたメールは、すべて開いて返事を書いているよ。

イ　自分の住所や電話番号は、できるだけ明かさないようにしているよ。

ウ　SNSはいろいろな人が見るから、発信する内容をよく考える必要があるね。

エ　気に入った音楽を見つけると、コピーしてみんなに送るようにしているんだ。

勉強した日　月　日

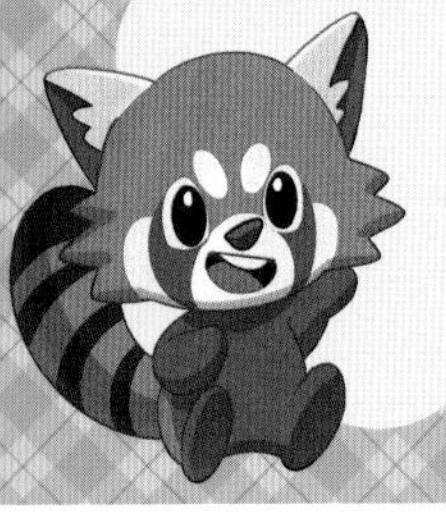

1　自然災害を防ぐ①

基本のワーク

学習の目標
自然環境の豊かな日本は自然災害も多いことを確認しましょう。

教科書 [下] 86〜93ページ　答え 18ページ

1 自然災害が多い日本の国土

世界遺産
世界遺産条約にもとづいて登録された自然や遺跡。自然遺産、文化遺産、自然と文化の複合遺産に分けられる。

●日本は自然環境が豊かである。
- ◆**世界**①（　　　　）**遺産**の登録地は５つ。
  - ■**知床**（②（　　　　））…火山や流氷の美しさで有名。
  - ■**白神山地**（青森県・秋田県）…ぶなの林で有名。
  - ■**屋久島**（③（　　　　））…屋久杉で有名。
  - ■**小笠原諸島**（④（　　　　））…独自に進化した動植物が多い。
  - ■**奄美大島**、**徳之島**、**沖縄島北部**、**西表島**（鹿児島県・沖縄県）…多様な生態系。

●日本では、各地でさまざまな**自然災害**が起きている。
- ◆**地震**・**津波**・台風や大雨による風水害・火山の⑤（　　　　）など。
  - ■津波は、⑥（　　　　）の近くで起こる。

2 地震災害への取り組み／津波災害への取り組み

よみトク！資料

津波が起きるしくみ

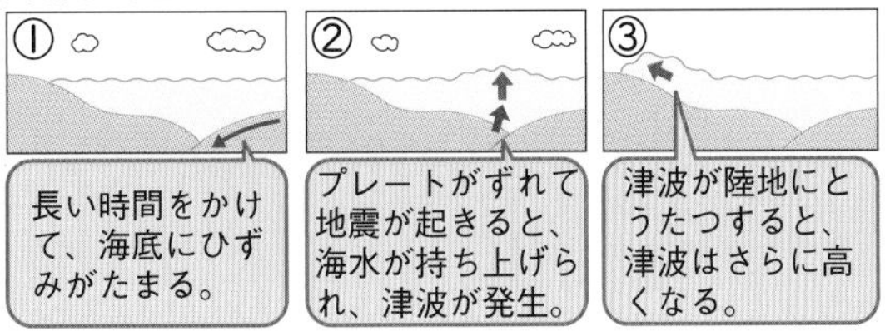
①
長い時間をかけて、海底にひずみがたまる。
②
プレートがずれて地震が起きると、海水が持ち上げられ、津波が発生。
③
津波が陸地にとうたつすると、津波はさらに高くなる。

●地震の原因…大地がずれること。
- ◆日本では４つの⑦（　　　　）がぶつかりあっている。
- ◆内陸に断層が多い。

●津波の原因…地震の後、プレートの反発で海水がおし上げられる。

日本周辺のプレート

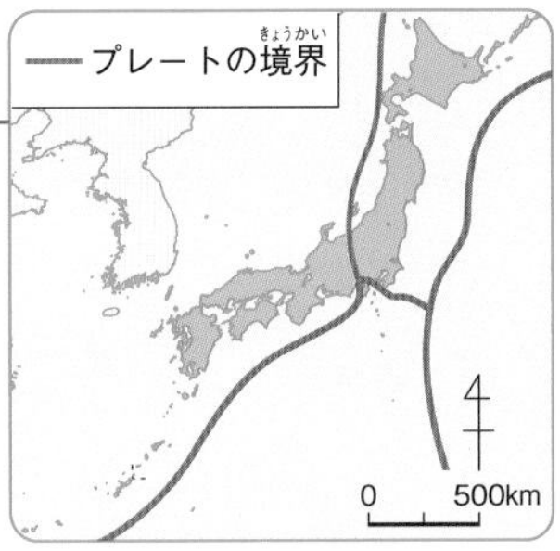
プレートの境界
0　500km

緊急地震速報
大きな地震が起きたとき、強いゆれがくることを、気象庁がテレビやラジオ、スマートフォンなどで知らせる。

●地震への取り組み
- ◆⑧（　　　　）地震速報…気象庁が強いゆれの直前に警報を出す。
- ◆耐震工事…学校や役所などの公共施設の建物が⑨（　　　　）でたおれないように補強する。
- ◆大きな地震が起きると、**国土交通省**に災害⑩（　　　　）本部が置かれる。

●2011年の⑪（　　　　）**大震災**で、地震後に起きた津波により大きな被害が出た。地震後に津波警報が出る。

●津波への取り組み
- ◆⑫（　　　　）や防潮堤を建設する。
- ◆防災対策など国民の生活を向上させるため、国や都道府県などが**公共事業**を行う。

津波ひなんタワー

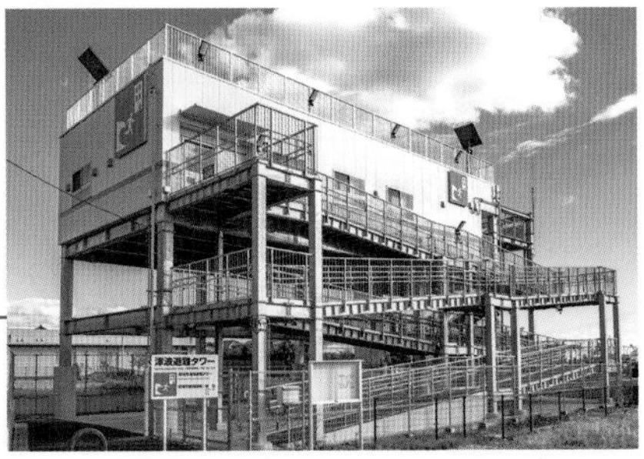

しゃかいか工場
特に大きい被害を引き起こした自然現象には気象庁などが名前をつけるよ。名前があることで復旧の連らくがしやすいし、後世にも伝えやすくなるよ。

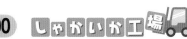

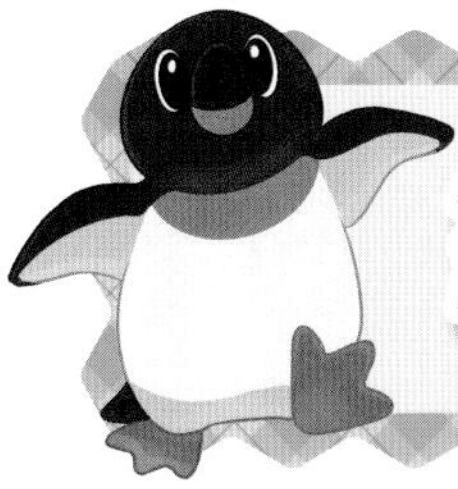

練習のワーク

教科書 [下] 86～93ページ　答え 18ページ

できた数　／14問中

1 次の問いに答えましょう。

(1) 条約にもとづいて登録された、人類にとって共有の財産である貴重な自然や遺跡を何といいますか。（　　　）

(2) 日本の世界自然遺産のうち、次の①～③をそれぞれ何といいますか。

①（　　　）②（　　　）諸島 ③（　　　）島

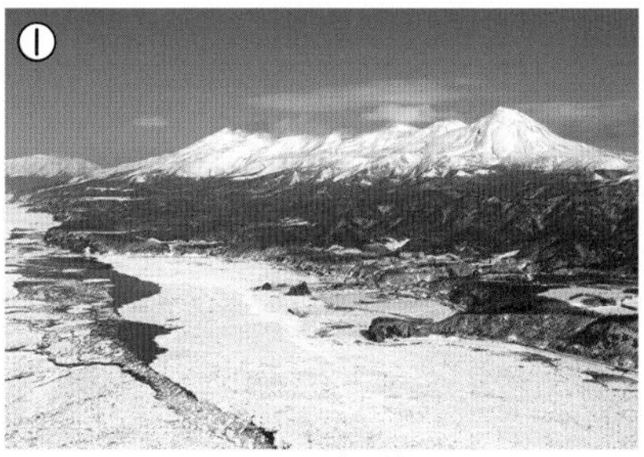
①

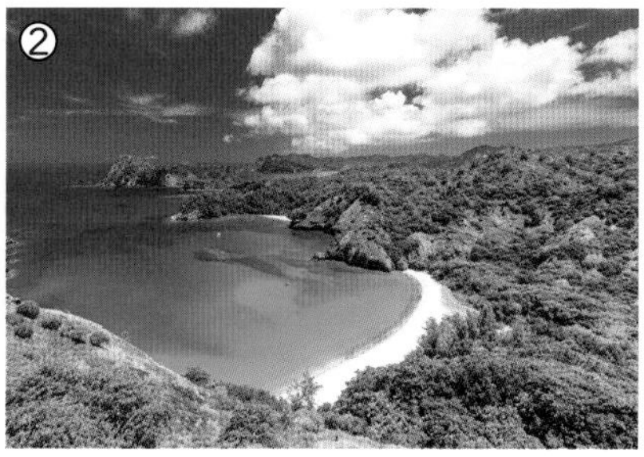
②

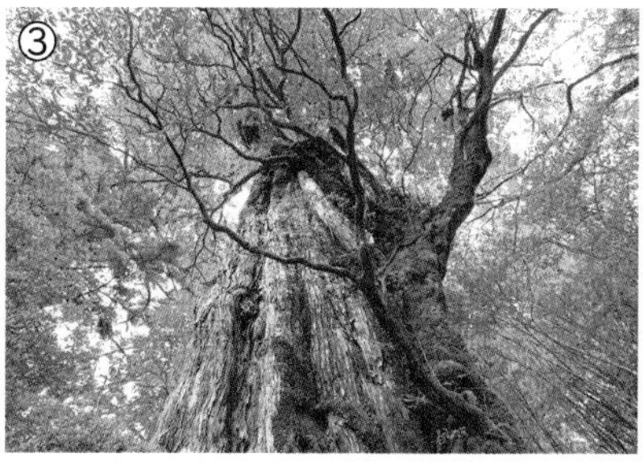
③

(3) 次の①・②の災害をそれぞれ何といいますか。[　]から選びましょう。

①（　　　）②（　　　）

① 台風や豪雨が原因で起こる、土砂災害やこう水。

② 大きな地震のあと、海に近い場所で起こる。

風水害　火山災害
津波　雪害

2 次の問いに答えましょう。

(1) 日本で地震が多いわけを、次から２つ選びましょう。（　　）（　　）

㋐ 内陸に断層が多いから。　㋑ 近くに大陸だなが広がっているから。

㋒ 台風がよく来るから。　㋓ プレートがぶつかり合う位置にあるから。

(2) 次の①、②にあてはまる国の機関をそれぞれ何といいますか。

① 強いゆれが予想されるとき、緊急地震速報を出す。（　　　）庁

② 大きな地震などの自然災害が起こると、災害対策本部を置く。（　　　）省

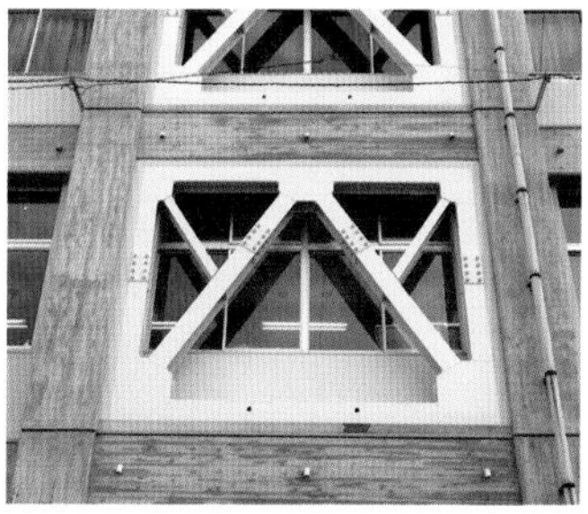

(3) 右の**写真**は、何のための工事ですか。次から選びましょう。（　　）

㋐ 風通しをよくするため。

㋑ 室内のあたたかさをにがさないようにするため。

㋒ ゆれで建物がたおれないようにするため。

(4) 右の**図**中の[　]は、津波を防ぐために建設された堤防を示しています。これを何といいますか。（　　　）

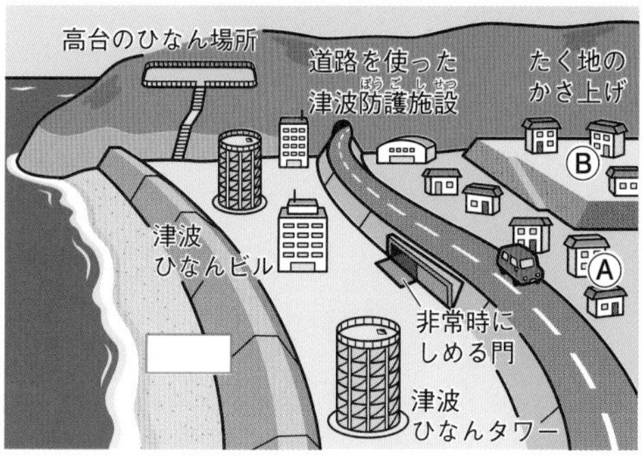
高台のひなん場所
道路を使った津波防護施設
たく地のかさ上げ
Ⓑ
津波ひなんビル
Ⓐ
非常時にしめる門
津波ひなんタワー

(5) **図**中のⒶ、Ⓑのうち、津波の被害を受けにくいのはどちらですか。（　　）

(6) 国や都道府県などが国民の生活を向上させるために行う事業を何といいますか。（　　　）

ポイント 日本は自然が豊かな反面、自然災害が多い。

勉強した日　　月　　日

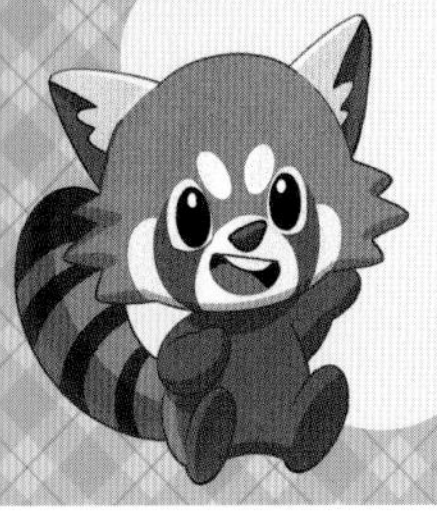

1　自然災害を防ぐ②

基本のワーク

学習の目標
風水害・火山災害・雪害に対する取り組みを確認しましょう。

教科書 [下] 94～99ページ　答え 18ページ

1 風水害への取り組み

●風水害の原因…①（　　　　　　）や台風、短時間の大雨で川の水や土砂が大量に流れ出す。

●こう水や土砂災害への取り組み

◆②（　　　　　　）…川などの水量を調節する役わりがある。

◆警報…テレビやインターネットなどで重大な災害の発生予測を示す。大雨特別警報など。

砂防ダム

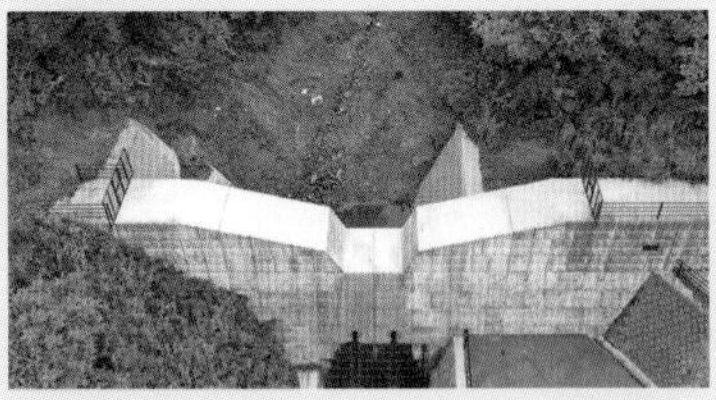

山や川の上流から一度に大量の土砂が流れないようにして③（　　　　　　）を防ぐ。

放水路

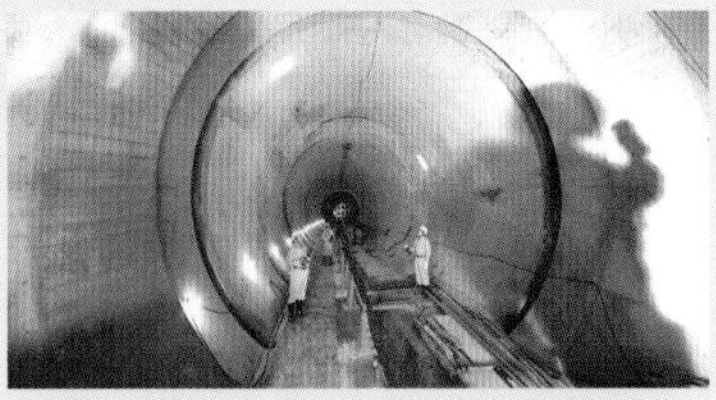

大都市の地下につくられ、雨水をいったんためて川に流し、④（　　　　　　）を防ぐ。

ハザードマップ

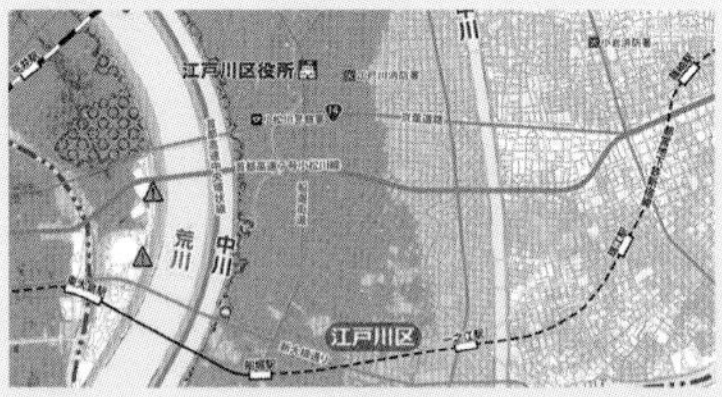
江戸川区役所
荒川
中川
江戸川区

しん水が予想されるはんいやひなん場所などを示し、住民が風水害から受ける⑤（　　　　　　）を減らす。

◆砂防ダムは多くの費用がかかるため、家が多い地域や、すぐに逃げられない人たちがいる施設の近くなどをゆう先してつくっている。

2 火山災害や雪害への取り組み／表に整理する

●⑥（　　　　　　）の噴火に対する取り組み

◆噴火の前ぶれがあると、⑦（　　　　　　）庁が警報などで都道府県や関係機関に知らせる。観測する活火山の指定もする。

◆『火山防災の心得』を広めて被害を小さくしようとする。

◆⑧（　　　　　　）をつくり、とつぜんの噴火に備える。

■火山灰や石などから身を守る役わり。

ひなんごう

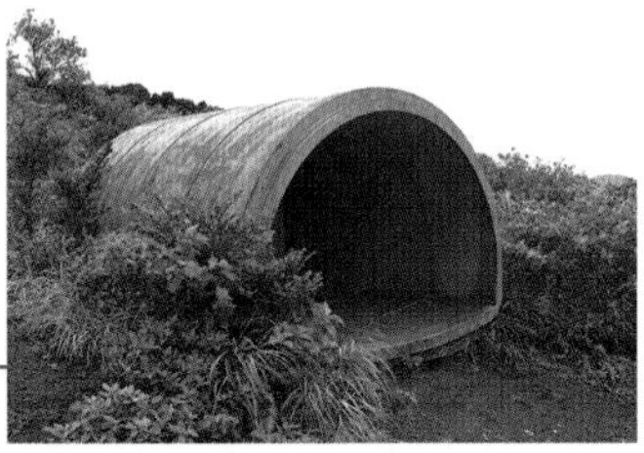

よみトク！ 地図

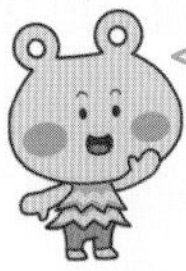

冬には北西から季節風がふくね。

雪の多い地域

●北海道・⑨（　　　　　　）側に集中。

◆⑩（　　　　　　）風のえいきょうを受けている。

●雪害への取り組み

◆⑪（　　　　　　）で道路に一日中水を流して雪をとかし、道路の凍結を防ぐ。

◆なだれを防ぐさくを設置している。

1年で雪が最も多く積もったときの深さ

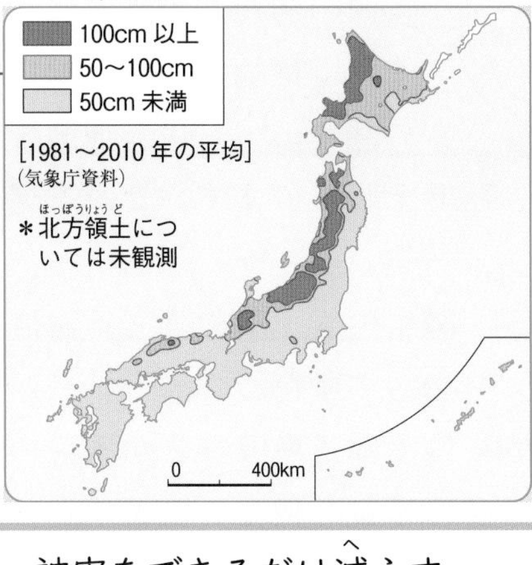
100cm 以上
50～100cm
50cm 未満
[1981～2010 年の平均]
(気象庁資料)
＊北方領土については未観測
0
400km

●⑫（　　　　　　）の取り組み…自然災害が発生したときに、被害をできるだけ減らす。

しゃかいか工場

気象庁が出す特別警報には、大雨・大雪・暴風・波浪・高潮・暴風雪があるよ。このほかに、雷注意報や濃霧注意報、乾燥注意報、なだれ注意報があるんだ。

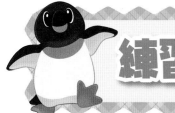

練習のワーク

できた数　／11問中

教科書 ㊦ 94〜99ページ　答え 18ページ

1 右の写真を見て、次の問いに答えましょう。

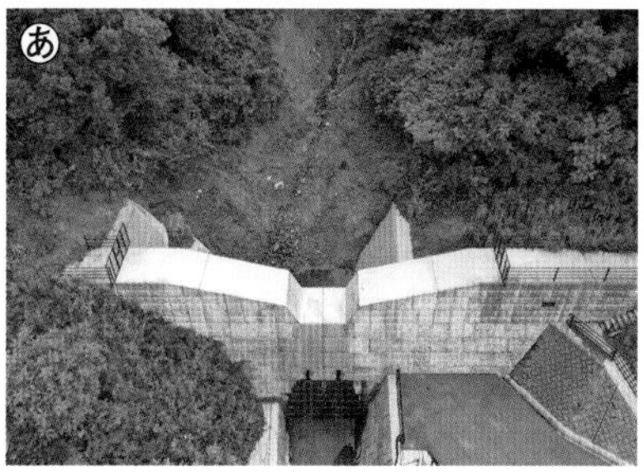

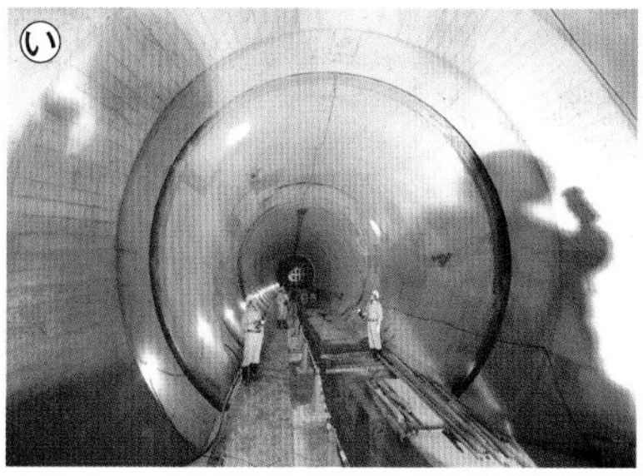

(1) [あ]の設備を何といいますか。
（　　　　）

(2) [あ]の設備について、正しい文を次から２つ選びましょう。
（　　）（　　）

㋐ すぐに逃げられない人たちがいる施設の近くにゆう先的につくられる。

㋑ この設備をつくるには、費用がほとんどかからない。

㋒ 工事がむずかしい場所では、都道府県に代わって国がつくることがある。

㋓ この設備があることにより、津波がおこったときにひなんしやすい。

(3) [い]はどのようなところにつくられていますか。次から選びましょう。（　　）

㋐ 川の上流　㋑ 活火山の近く　㋒ 大都市の地下

(4) 次の文中の（　　）にあてはまる言葉を書きましょう。

●大雨特別（　　　　）が出されると、テレビで報じられ、災害に気をつけることがわかりやすく示される。

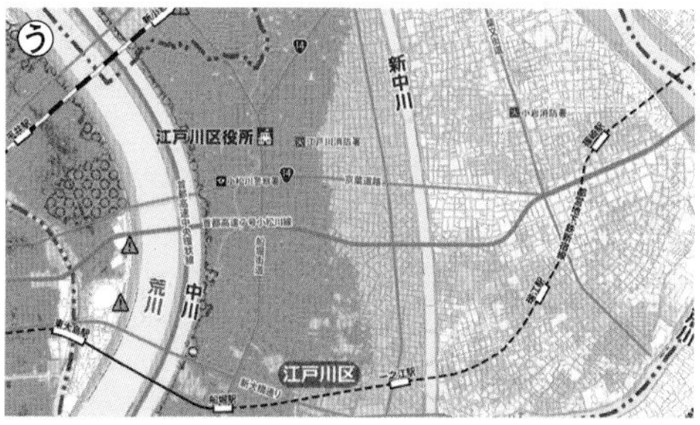

江戸川区役所
新中川
荒川
中川
江戸川区

(5) 右の[う]の**地図**のように、自然災害の被害が予想されるはんいや、被害の大きさなどをあらかじめ示した地図を何といいますか。（　　　　）

2 次の絵を見て、あとの問いに答えましょう。

[あ] さまざまな火山現象

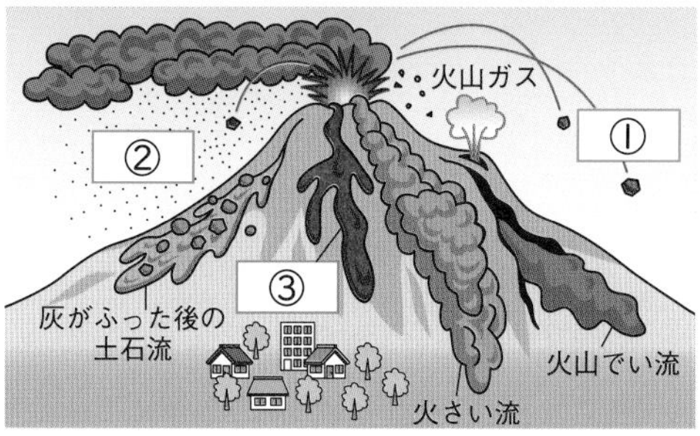

火山ガス
①
②
③
灰がふった後の土石流
火山でい流
火さい流

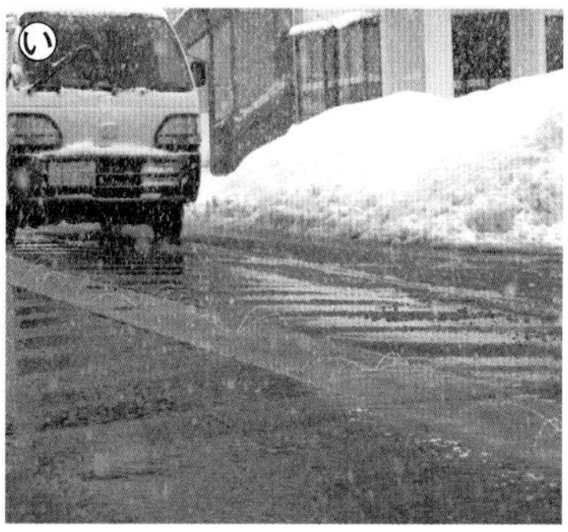

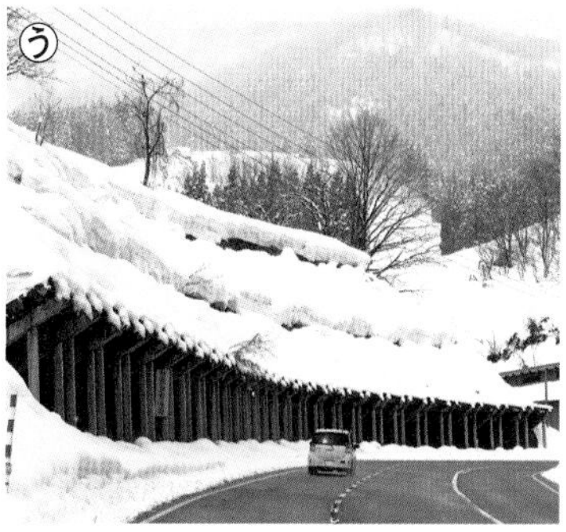

(1) [あ]の□にあてはまる言葉を、□からそれぞれ選びましょう。

①（　　　　）②（　　　　）③（　　　　）

よう岩流　火山灰　噴石

(2) [い]、[う]は何を防ぐためにつくられたものですか。次からそれぞれ選びましょう。

[い]（　　）[う]（　　）

㋐ なだれ　㋑ こう水　㋒ 道路の凍結　㋓ 土砂災害

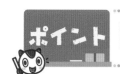

ポイント **防災のため放水路や砂防ダムを建設、ハザードマップを作成。**

まとめのテスト

1　自然災害を防ぐ

勉強した日　月　日

時間 20分

得点　　　／100点

教科書 (下) 86〜99ページ　答え 19ページ

1 日本の自然と地震　次の文を読んで、あとの問いに答えましょう。　(1)完答1つ2、他1つ5〔50点〕

> 日本は自然豊かな国で、ⓐ世界遺産（自然遺産）に登録されているところがあります。一方で、台風やⓑ地震、火山の噴火などの自然災害も多い国です。

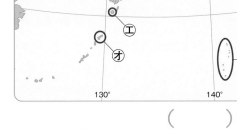

(1)　──線ⓐについて、次の①〜⑤の位置を、**地図**のⒶ〜Ⓞから選びましょう。また、この地域で見られるものを、あとから選びましょう。同じものを選んでもかまいません。

①　奄美大島（あまみおおしま）　地図（　　）自然（　　）
②　知床（しれとこ）　地図（　　）自然（　　）
③　小笠原諸島（おがさわらしょとう）　地図（　　）自然（　　）
④　白神山地（しらかみ）　地図（　　）自然（　　）
⑤　屋久島（やくしま）　地図（　　）自然（　　）

　　ⓚ　多くの固有種　　� き　火山や流氷
　　ⓚ　ぶなの原生林　　ⓚ　樹齢数千年の杉

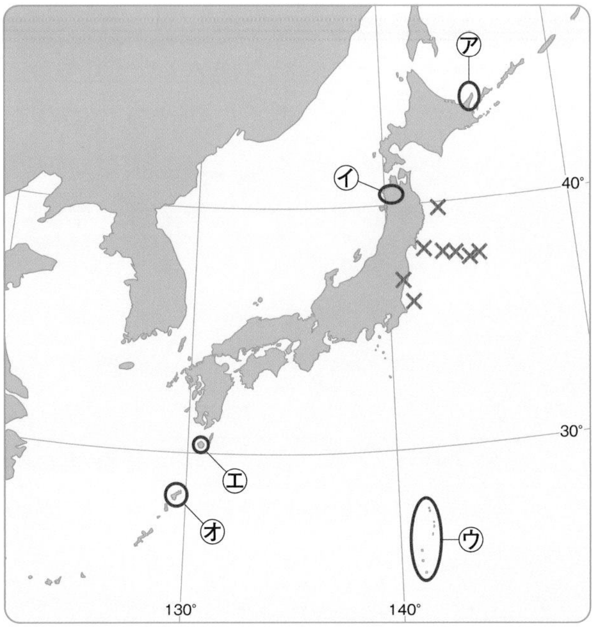

(2)　(1)の①の島と同じ世界遺産（自然遺産）にふくまれる島を、次から2つ選びましょう。

（　　）（　　）

　ⓐ　択捉島（えとろふとう）　　ⓘ　南鳥島（みなみとりしま）　　ⓦ　西表島（いりおもてじま）　　ⓔ　徳之島（とくのしま）

(3)　右のⒶ・Ⓑは(1)の①〜⑤のうちのいずれかの世界遺産（自然遺産）です。あてはまる名前を(1)を参考にそれぞれ書きましょう。

　　Ⓐ（　　　　　）
　　Ⓑ（　　　　　）

Ⓐ（青森県・秋田県）　　Ⓑ（鹿児島県）

(4)　──線ⓑについて、次の問いに答えましょう。

①　**地図**の×は、2011年に起こった地震とその余震（よしん）の震源地（しんげんち）です。この地震による災害を何といいますか。　　（　　　　　）

②　次の文中の　　にあてはまる言葉を、あとからそれぞれ選びましょう。

Ⓐ（　　）　Ⓑ（　　）　Ⓒ（　　）

> 日本は4つの　Ⓐ　がぶつかり合うところにあり、内陸には　Ⓑ　も多いので、大地がずれて地震が発生する。海底で地震が起こると、海水が持ち上げられて　Ⓒ　が発生することがある。

　ⓐ　津波（つなみ）　　ⓘ　断層（だんそう）　　ⓦ　プレート

2 災害の発生 右の図は土砂災害が起きる前ぶれを示したものです。土砂災害が起きる前ぶれには、どのようなものがありますか。次から2つ選びましょう。 1つ5〔10点〕

(　)
(　)

山鳴りがする　ゴー！　地面にひびわれができる
がけから小石が落ちてくる
しゃ面から水がわきだす
がけにわれ目が見えてくる
急に川がにごり流木がまざる

㋐ 山からけむりが上がる。
㋑ 地面にひびわれができる。
㋒ よう岩流が流れ出る。
㋓ 川の流れが急ににごる。
㋔ なだれが発生する。

3 災害への取り組み 右の資料を見て、次の問いに答えましょう。 (2)①②③完答、1つ5〔40点〕

記述▶

(1) 市町村では、㋐のような**地図**をつくり、住民に配っています。これは何のためですか。**災害、被害**の言葉を使ってかんたんに書きましょう。

㋐ ハザードマップ

(　　　　　　　　　　　　)

(2) 次の文が説明する施設を、あとの㋑～㋓からそれぞれ選びましょう。また、それぞれの施設の名前を書きましょう。

① (　 ・ 　)
② (　 ・ 　)　③ (　 ・ 　)

① 火山が噴火したときに、火山灰やふってくる石などから身を守ります。
② 津波がおしよせたときに、少しでも高い場所にひなんするためのタワーです。
③ 大雨がふったときに、川の水や土砂が大量に流れこみ土砂災害が発生するのを防ぎます。

(3) (2)のような施設をつくるなどして、国民の生活を向上させるために国や都道府県などが行う事業を何といいますか。 (　　　　　)

(4) (2)のような施設をつくり、災害の発生時に少しでも被害を減らすようにする取り組みを何といいますか。 (　　　　　)

思考

(5) ㋕のしくみにより防ごうとしている事故を、次から2つ選びましょう。 (　)(　)

㋐ スキー場でレジャーを楽しんでいるときの事故
㋑ 自動車を運転しているときの事故
㋒ 歩道を歩いているときの事故
㋓ 家の雪下ろしをしているときの事故

㋕ 消雪パイプ

勉強した日　月　日

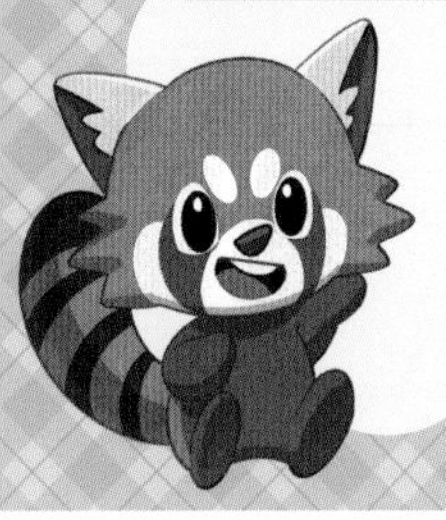

2 わたしたちの生活と森林

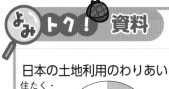

基本のワーク

学習の目標
林業の様子と、森林の役わりについて学習しましょう。

教科書 [下] 100〜111ページ　答え 19ページ

1 日本の森林／森林とのかかわり

よみトク！資料

日本の土地利用のわりあい

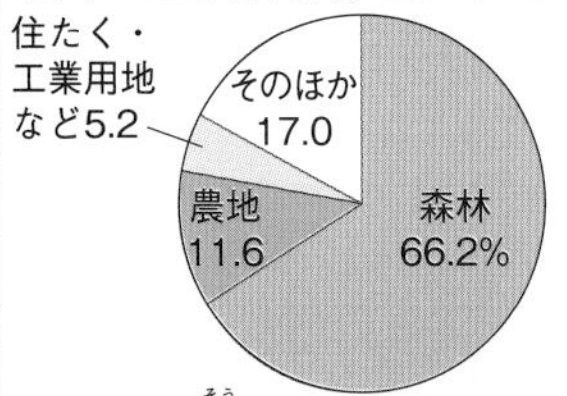

住たく・工業用地など5.2
そのほか 17.0
農地 11.6
森林 66.2%

総面積：37.8万km²
（2020年）（令和4年版土地白書）

- ●日本の国土の約①（　　　　）%は森林。
  - ◆世界の中でも森林のわりあいが多い国。
  - ◆森林は北海道から沖縄まで全国にあり、山地のほとんどが森林。
- ●**天然林**が**人工林**より②（　　　　）。
  - ◆③（　　　　）林…自然にできた森林。
  - ◆④（　　　　）林…人の手で植林された森林。

天然林と人工林の面積のわりあい

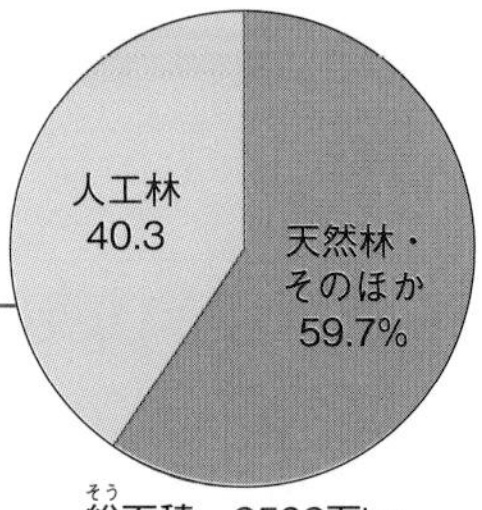

人工林 40.3
天然林・そのほか 59.7%

総面積　2502万ha
（2022年）（森林資源現況総括表）

2 貴重な天然林・白神山地／木材をつくりだす森林

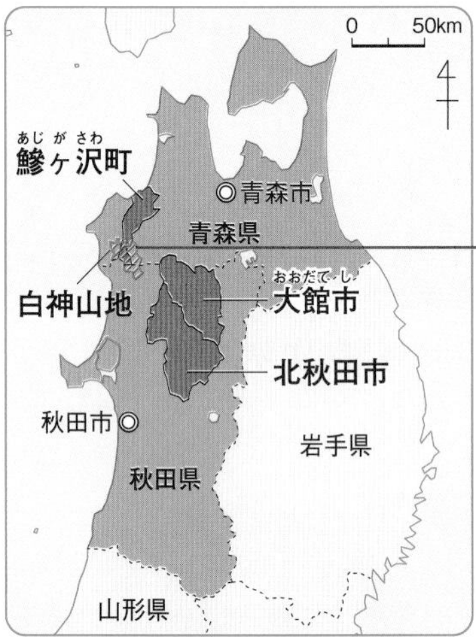

0 50km
鰺ヶ沢町
青森市
青森県
白神山地
大館市
北秋田市
秋田市
秋田県
岩手県
山形県

- ●⑤（　　　　）**山地**…青森県と秋田県に広がる。
  - ◆⑥（　　　　）の天然林で有名。
    - ■「かもしか」や「くまげら」、「つきのわぐま」などの住みか。
    - ■養分をふくんだきれいな水をゆっくり川に流し出す。
- ●秋田県大館市・北秋田市…**林業**がさかん。
  - ◆人工の**秋田杉**を木材に加工してはん売。
    - ■主に住たく用に利用される。
    - SDGs ■製材工場で出たくずは、**木質バイオマスエネルギー**として、発電の⑦（　　　　）に使われる。
  - ◆木材輸入量が増え、林業で働く人が減っている。

森林の木が木材になるまで

なえ木を育てる → 植林 → 下草がり → **間ばつ** → 木を切る → 運び出す

林業
なえ木を植えて育て、木を切って売る産業。

SDGs 3 さまざまな森林の働き／図にまとめる

- ●森林の働き
  - ◆⑧（　　　　）をたくわえる。
  - ◆生き物のすみか
  - ◆⑨（　　　　）くずれを防ぐ。
  - ◆雪を防ぐ防雪林、風を防ぐ**防風林**、砂を防ぐ⑩（　　　　）林。

畑を守る防砂林

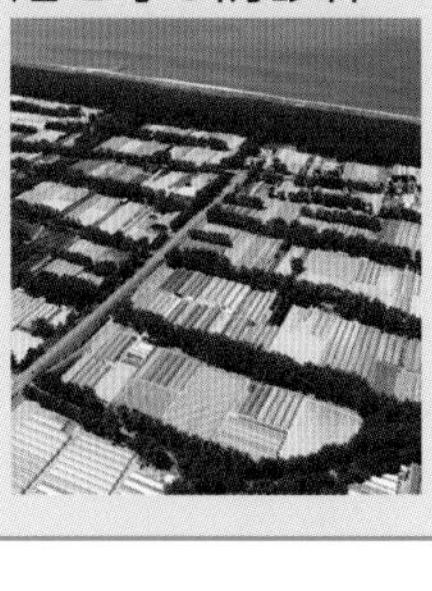

- ●森林資源の利用
  - ◆間ばつ材で製品をつくる
- ●森林資源の保護
  - ◆森林ボランティアの活動
  - ◆森林教室を開く

しゃかいか工場

植林から切り出しまでは、50年以上かかるよ。ふしのないまっすぐな木に育てるためよぶんな枝を落とす枝打ちもするよ。間ばつは森林によく日光があたるようにするためだよ。

練習のワーク

教科書 下 100〜111ページ　答え 19ページ

1 次の問いに答えましょう。

(1) 右の**グラフ**を見て、次の文の{ }にあてはまる語句に〇を書きましょう。

●日本の国土の①{ 3分の2　4分の3 }は森林で、世界の国の中でもわりあいが②{ 高い　低い }。

(2) 次の㋐、㋑のうち、天然林はどちらですか。（　　　）

世界各国の国土にしめる森林のわりあい

日本	森林66%	そのほか 34
フィンランド	66%	34
ロシア	48%	52
アメリカ	32%	68
中国	23%	77
オーストラリア	17%	83
南アフリカ共和国	14%	86

0　20　40　60　80　100%

(2020年)　　（世界国勢図会 2023/24年版）

2 次の問いに答えましょう。

(1) 次の**絵**は、人工林を育てる林業の様子です。（　）にあてはまる作業を書きましょう。

①（　　　　　）　②（　　　　　）　③（　　　　　）

なえ木を育てる →

→ 切り出し → 運び出し

(2) 木材をつくるときに出るくずを利用したエネルギーを何といいますか。　木質（　　　　　）エネルギー

(3) 右の**グラフ**を見ると、林業で働く人はどうなっていますか。次から選びましょう。　　　（　　　　）

㋐ 増えている。　　㋑ あまり変わらない。
㋒ 減っている。

林業で働く人々の数の変化

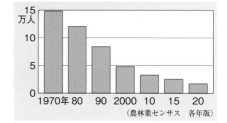

1970年 80　90 2000 10　15　20
（農林業センサス　各年版）

3 森林の働きを表した右の絵を見て、次の問いに答えましょう。

(1) ①〜③にあてはまる言葉を、次からそれぞれ選びましょう。

①（　　　）
②（　　　）
③（　　　）

㋐ 空気　㋑ 水　㋒ 木材

(2) ④のうち、風を防ぐ森林を何といいますか。（　　　　　　）

④土砂くずれや風、雪による害を防ぐ
③を生み出す
水をたくわえる
きれいな①を生み出す
生き物のすみか
②をきれいにする

森林には災害を防ぎ、木材を生み出す働きがある。

勉強した日　月　日

3 環境を守るわたしたち
公害をこえて
基本のワーク

学習の目標
地域、市町村や都道府県、国の環境を守る取り組みを理解しましょう。

教科書 [下] 112〜125ページ　答え 20ページ

1 豊かな水資源をもつ京都市／生活が便利になる一方で

京都市
福井県
京都府
琵琶湖
滋賀県
兵庫県
大阪府
奈良県
三重県

●京都市の生活は地下水と川の水が支えている。
●1960年ごろの鴨川はBODの値が
①（　　　　）く、川がよごれていた。
◆当時の家や②（　　　　）では、使った水をそのまま川に流していた。
●高度経済成長…1950年代後半から約20年間。
◆テレビ、冷蔵庫、せんたく機などの③（　　　　）製品が広まる。
◆各地で空気や水がよごれ、④（　　　　）が発生して人々の生活に被害をあたえた。

鴨川のBODの値の変化

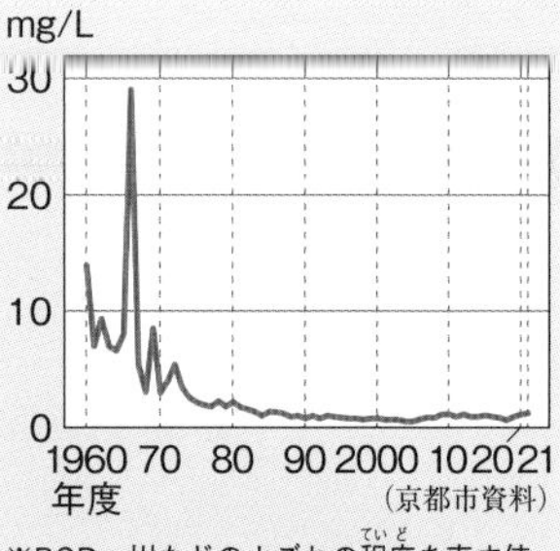

mg/L
30
20
10
0
1960 70 80 90 2000 10 2021
年度
（京都市資料）

※BOD…川などのよごれの程度を表す値。大きいほどよごれがひどいことを示す。

公害
くらしや工場のはいき物で大気や水がよごれ、生活や健康に被害がおよぶこと。

よみトク！ 地図

●四大公害病…水俣病・四日市ぜんそく・イタイイタイ病・新潟水俣病。

今でも苦しんでいる人がいるんだよ。

⑥（　　　　）病
（富山県神通川下流）
1922年ごろ、神通川上流の鉱山から出されたカドミウムが原因。

⑦（　　　　）病
（新潟県阿賀野川下流）
1964年ごろ、化学工場から出された有機水銀が原因。

⑤（　　　　）病
（熊本県・鹿児島県の八代海沿岸）
1953年ごろ、化学工場から出された有機水銀が原因。

四日市⑧（　　　　）
（三重県四日市市）
1960年ごろ、石油化学工場から出されたけむりが原因。

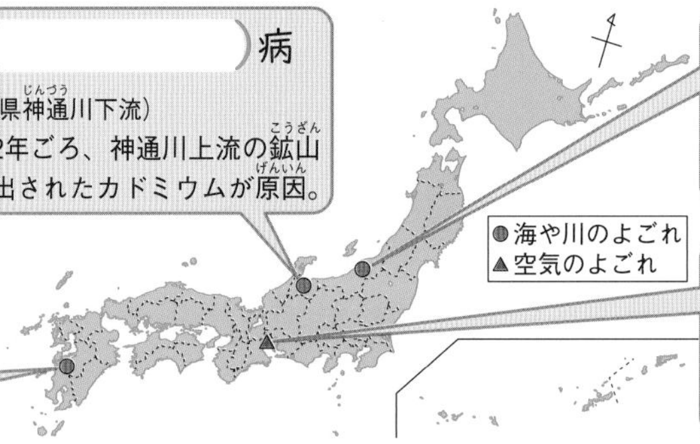

●海や川のよごれ
▲空気のよごれ

2 美しい鴨川を取りもどすために／取りもどした環境を守るために／立場でまとめて話し合う

SDGs

国・京都市・友禅染の工場の環境にかかわる取り組み

国	京都市	友禅染の工場
1967年に**公害対策基本法**、1993年に**環境基本法**を制定。	工場の⑨（　　　　）を規制し、下水道を整備。	使った水を下水道に流す。

●鴨川が美しさを取りもどすと、ごみやそう音の問題が起こる。
◆京都府は鴨川**条例**を制定して、めいわく行為を禁止する。
●外国から来た植物が広がり、もとの⑩（　　　　）に悪えいきょうをあたえている。

法律・条例
法律は国が定めるきまり、条例は都道府県や市区町村が、その地域のはんいで定めるきまり。

3 水俣で起きた公害／ことなる立場から考えよう

SDGs

●**水俣病**…1956年に大きな社会問題に。患者団体と政府が解決に合意。問題は今も残る。
◆環境⑪（　　　　）都市として未来に向けて活動。➡エコパーク水俣を整備。
◆水銀の被害を減らすため、2013年に「⑫（　　　　）に関する水俣条約」が採択された。

しゃかいか工場
条例には、わたしたちの身近なくらしや環境に関するものも多いよ。放置自転車の禁止や、あきかんやたばこのポイ捨ての禁止を定めた条例もあるよ。

練習のワーク

教科書 [下] 112～125ページ　答え 20ページ

できた数　／17問中

1 次の問いに答えましょう。

(1) 京都市を流れる鴨川がよごれた理由を、次から２つ選びましょう。（　　）（　　）

㋐ 下水道が整備されていなかったから。　㋑ 川の上流にダムができたから。

㋒ 地下水をくみ上げていたから。　㋓ 工場からの排水が川に流されたから。

(2) 川などのよごれの程度を表す値を何といいますか。（　　　）

(3) 鴨川の環境を守る取り組みについて、次の文の（　　）にあてはまる言葉を書きましょう。

● 国は川などの水をよごさないようにするための①（　　　　）を定め、京都市は鴨川の景観を守るための②（　　　　）を定めた。

2 日本の公害について、次の表にまとめました。あとの問いに答えましょう。

	公害病	発生した県	原因となる物質	病気の様子
Ⓐ	水俣病	①（　　　　）県・鹿児島県	化学工場の排水中の[あ]（　　　　）	1953年ごろから。手足がしびれ、目や耳が不自由になる。
Ⓑ	イタイイタイ病	②（　　　　）県	鉱山から流れ出た[い]（　　　　）	1922年ごろから。骨がもろくなり、はげしいいたみに苦しむ。
Ⓒ	四日市ぜんそく	③（　　　　）県	石油化学工場が出した[う]（　　　　）	1960年ごろから。息苦しく、のどがいたみ、はげしい発作が起こる。
Ⓓ	新潟水俣病	④（　　　　）県	化学工場の排水中の[あ]	1964年ごろから。手足がしびれ、目や耳が不自由になる。

(1) ①～④の（　　）にあてはまる県名を書きましょう。

(2) [あ]～[う]の（　　）にあてはまる言葉を、［　］から選びましょう。

有機水銀	農薬
けむり	カドミウム

(3) 上の４つの公害病を合わせて何といいますか。（　　　）

(4) 1950年代後半からの約20年間、日本の工業生産や消費が大きくのび、人々のくらしが豊かになったことを何といいますか。（　　　）

(5) 国が定めた次の法律をそれぞれ何といいますか。

① 1967年、公害対策の基本となる内容を定めた。（　　　）法

② 1993年、環境を守る基本的な理念や取り組みを定めた。（　　　）法

(6) 次の文の（　　）にあてはまる言葉を書きましょう。

●（　　　　）水俣には、水俣病のぎせいとなった人々のためのいれい碑がある。

ポイント 都道府県や市町村は条例を、国は法律を定めて環境を守る。

まとめのテスト

2　わたしたちの生活と森林
3　環境を守るわたしたち

時間 **20**分

勉強した日　月　日

得点 ／100点

教科書 ⓣ 100〜125ページ　　答え 20ページ

1 日本の森林　次の資料を見て、あとの問いに答えましょう。　　1つ4〔12点〕

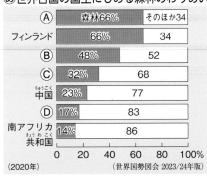

ⓐ世界各国の国土にしめる森林のわりあい

Ⓐ	森林66%	そのほか34
フィンランド	66%	34
Ⓑ	48%	52
Ⓒ	32%	68
中国	23%	77
Ⓓ	17%	83
南アフリカ共和国	14%	86

（2020年）　　（世界国勢図会 2023/24年版）

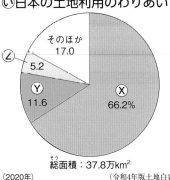

ⓘ日本の土地利用のわりあい

ⓩ　そのほか 17.0
5.2
Ⓨ 11.6
Ⓧ 66.2%

総面積：37.8万km²
（2020年）　（令和4年版土地白書）

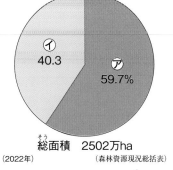

ⓤ天然林と人工林の面積のわりあい

ⓘ 40.3
ⓐ 59.7%

総面積 2502万ha
（2022年）　（森林資源現況総括表）

(1)　ⓐのⒶ〜Ⓓのうち、日本にあてはまるものはどれですか。　　（　　　）

(2)　ⓘのⓍ〜ⓩのうち、森林にあてはまるものはどれですか。　　（　　　）

(3)　ⓤのⓐ、ⓘのうち、人工林にあてはまるものはどちらですか。　　（　　　）

2 天然林と人工林　次の問いに答えましょう。　　(6)完答、1つ4〔32点〕

(1)　白神山地の位置を、右の**地図**中のⓐ〜ⓤから選びましょう。
　　　　　　　　　　　　　　　　　　　　　（　　　）

(2)　白神山地に多いのは、天然林ですか、人工林ですか。
　　　　　　　　　　　　　　　　　　　　　（　　　）

 (3)　**地図**の秋田県大館市や北秋田市で森林資源として活用されている木の種類を次から選びましょう。　　（　　　）
　　ⓐ　ぶな　　　ⓘ　杉　　　ⓤ　ひのき

(4)　大館市で(3)を使ってつくられている、右下の**写真**の伝統的工芸品を何といいますか。　　大館（　　　）

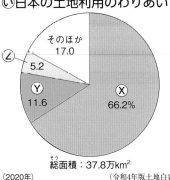

地図

0　50km

ⓐ
ⓘ
ⓤ
大館市
北秋田市

 (5)　なえ木を植えて育て、木を切って売る産業を何といいますか。
　　　　　　　　　　　　　　　　　　　　　（　　　）

(6)　次のⓐ〜ⓤの林業の作業を、木を切り出すまでの順に並べましょう。

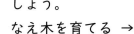 なえ木を育てる → （　　　→　　　→　　　）→ 切り出し

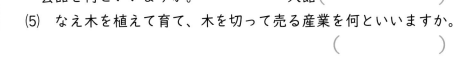
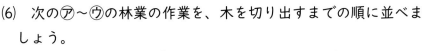

ⓐ間ばつ　　　　　　ⓘ植林　　　　　　ⓤ下草がり

(7)　切り出された木は、何に利用されますか。次から2つ選びましょう。　（　　　）（　　　）
　　ⓐ　住たくの材料　　ⓘ　家畜のえさ　　ⓤ　自動車の材料　　ⓔ　発電の燃料

3 鴨川の環境を守る　次の資料を見て、あとの問いに答えましょう。

(2)完答、1つ4〔28点〕

ⓐ鴨川におけるBODの値の変化

※BOD…川などのよごれの程度を表す値。大きいほどよごれがひどいことを示す。

（京都市資料）

ⓘ京都市の人口の変化

（京都市資料）

ⓤ京都市の下水道ふきゅう率の変化

（京都市上下水道局資料）

(1) ⓐ～ⓤのたてじくの単位は何ですか。次からそれぞれ選びましょう。

ⓐ（　　　）　ⓘ（　　　）　ⓤ（　　　）

　　ⓐ　％　　　ⓘ　mg/L　　　ⓤ　万人

(2) 次の文の{　}にあてはまる語句に○を書きましょう。また、それがわかる**資料**を選びましょう。

① 京都市の人口は、1955年から1975年まで大きく{ 減り　増え }ました。　（　　）

② 鴨川の水が最もよごれていたのは、{ 1965年　1975年 }ごろです。　（　　）

③ 1955年度に京都市で下水道が整備されていたのは約{ 4分の1　半分 }です。（　　）

(3) 鴨川をきれいにするため、京都市が行ったことは何ですか。**下水道**、**工場**の言葉を使ってかんたんに書きましょう。

（　　　　　　　　　　　　　　　　　　　　　　　　　　　　）

4 公害をこえて　次の問いに答えましょう。

1つ4〔28点〕

(1) 右の**グラフ**の1966年ごろ、日本は工業が大きく発展していました。これを何といいますか。　（　　　　　　　）

(2) (1)のころの様子を、次から2つ選びましょう。

（　　）（　　）

　　ⓐ　冷蔵庫やせんたく機などの電化製品が広まった。

　　ⓘ　自動車の海外生産が増えた。

　　ⓤ　パソコンや携帯電話がふきゅうした。

　　ⓔ　プラスチックやびん、かんなどのごみが増えた。

公害にかかわる苦情・ちん情の原因

地盤沈下0.2　そのほか4.8

水質汚濁 10.7

悪臭 17.0

ⓐ 騒音・振動 43.1%

ⓘ 大気汚染 24.2

全国 20502件

(1966年度)　（環境省資料）

(3) 次の病気の原因を、**グラフ**のⓐ～ⓔからそれぞれ選びましょう。同じものを選んでもかまいません。

①（　　）　②（　　）　③（　　）

　　① イタイイタイ病
　　② 水俣病
　　③ 四日市ぜんそく

(4) **年表**の――線にあてはまる機関を、次から選びましょう。　（　　　）

　　ⓐ　気象庁
　　ⓘ　国土交通省
　　ⓤ　環境庁

環境にかかわる国の主な取り組み

年	できごと
1958	工場排水規制法ができる
1967	公害対策基本法ができる
1970	水質汚濁防止法ができる
1971	公害の防止や自然環境の保護などに取り組む国の機関ができる
1993	環境基本法ができる

111

地図を使ってチャレンジ！
プラスワーク

① 世界のようすを調べよう。

「**白地図ノート**」の**2**ページは世界の大陸と海の様子、**3**ページは世界の国々の様子を表した地図です。ふろくのポスターやカード、そのほか地図帳などを調べて、名前を書いたり、色をぬったりしてみましょう。

例

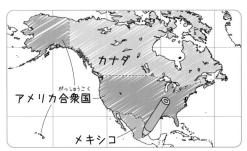

② 日本の自然について調べよう。

① 山脈や平野、川など、日本の地形の様子をポスターや地図帳などで調べましょう。調べたところは、「**白地図ノート**」の**5**ページにまとめてみましょう。

② 日本の気候の違いについて、ポスターや地図帳などで調べましょう。調べた内容は、「**白地図ノート**」の**6**ページにまとめてみましょう。

③ 日本の産業について調べよう。

農産物の生産地や、工業がさかんな地域の様子など、好きな産業を選んで調べましょう。
調べた内容は、「**白地図ノート**」の地図から、使いやすいものを選んでまとめてみましょう。

日本全体をまとめるには、8・9ページ、地域ごとのまとめには 10 ～ 15 ページを使うと便利だね。

米の生産量が
特に多い5道県
（2022年）

3位　2位
4位
1位
5位

調べたことをメモに書いたり、色分けのルールをかいたりして、自分だけのノートを完成させよう！

実力判定テスト　夏休みのテスト②

時間30分　名前　得点　/100点　おわったらシールをはろう

教科書　㊤42ページ〜93ページ　答え　21ページ

国土の気候の特色

1 地図を見て、次の問いに答えましょう。 1つ6〔36点〕

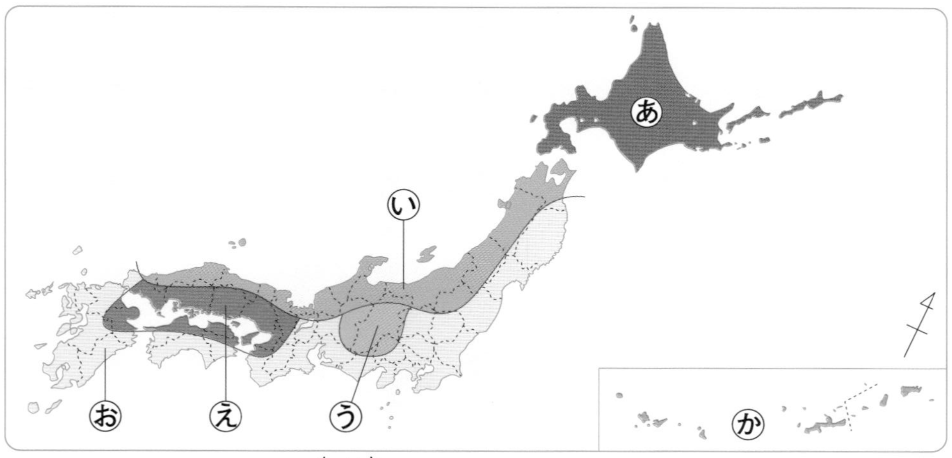

あ
い
う
え
お
か

(1) 次のグラフの地域にあてはまる気候を地図から選びましょう。 ①(　) ②(　) ③(　)

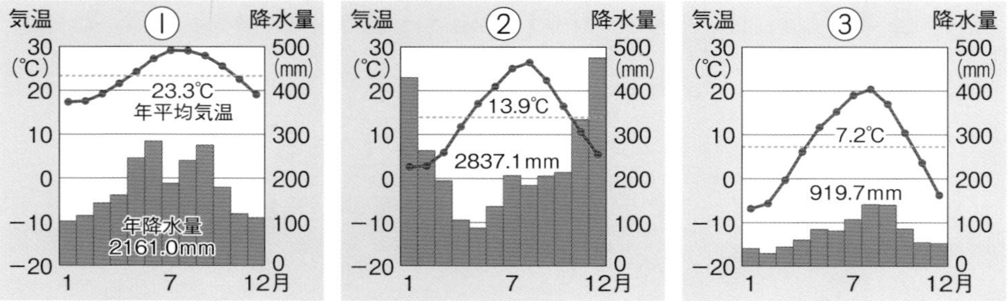

①
気温 (℃) 30 20 10 0 −10 −20
降水量 (mm) 500 400 300 200 100 0
23.3℃ 年平均気温
年降水量 2161.0mm
1 7 12月
②
13.9℃
2837.1mm
③
7.2℃
919.7mm

① 気温が高く雨が多い。冬もあたたかい。
② 冬にたくさん雪がふる。
③ 冬の寒さがきびしい。降水量が少ない。

(2) 次の(　)にあてはまる言葉を書きましょう。

▶6月から7月ごろに、雨が多い(　　)の時期があり、農業にとってめぐみの雨となる。

▶夏から(　　)にかけて台風がくる。

▶夏と冬に(　　)がふき、冬の大陸からの風は雪を多くもたらす。➡冬の太平洋側は晴れる。

あたたかい土地のくらし・寒い土地のくらし

2 次の資料にあてはまるくらしのくふうを、あとからそれぞれ選びましょう。 1つ4〔16点〕

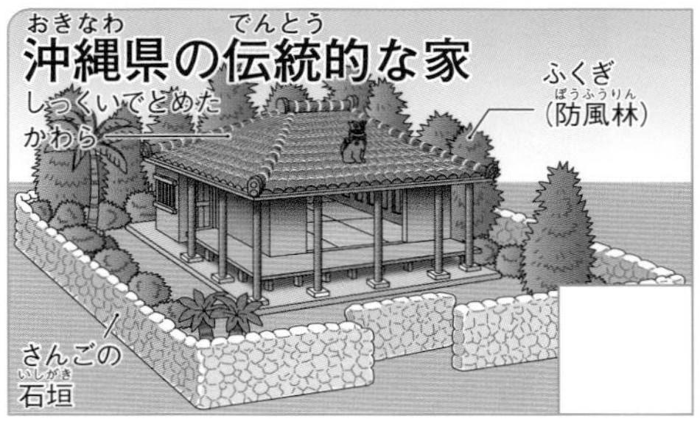

沖縄県の伝統的な家
ふくぎ（防風林）
しっくいでとめたかわら
さんごの石垣

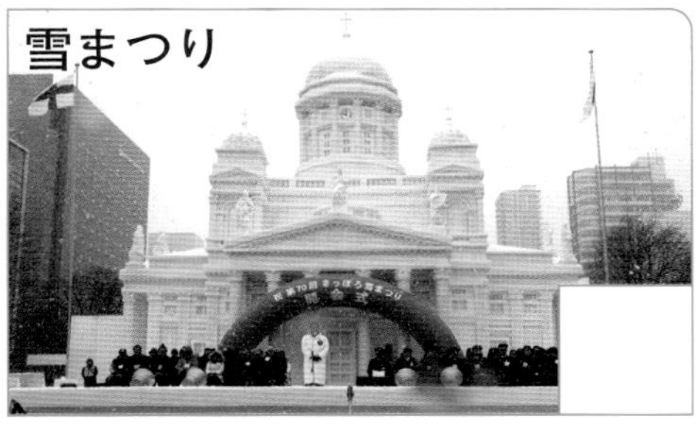

雪まつり

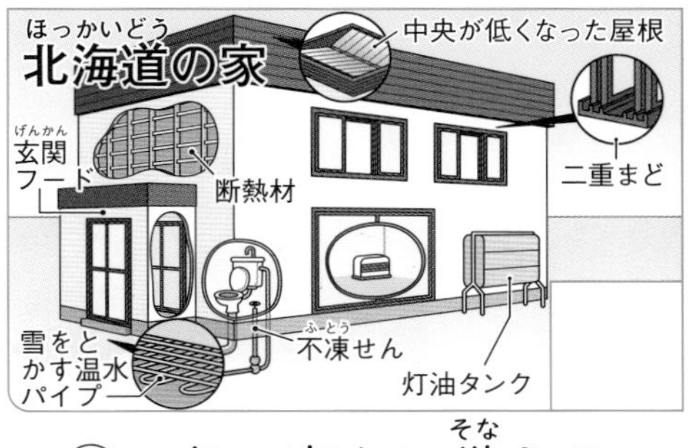

北海道の家
中央が低くなった屋根
玄関フード
断熱材
二重まど
雪をとかす温水パイプ
不凍せん
灯油タンク

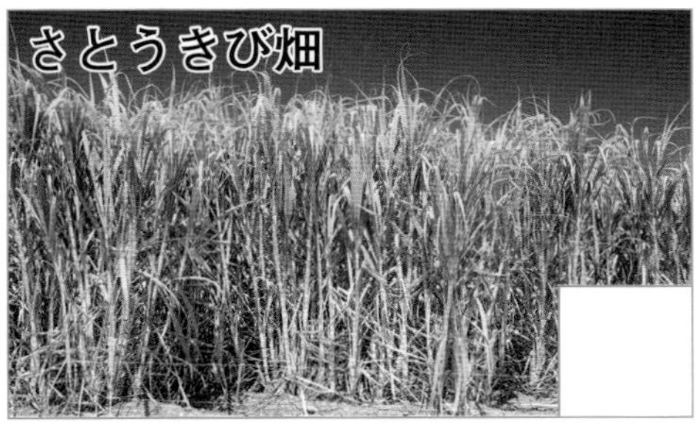

さとうきび畑

㋐ 冬の寒さに備える　㋑ 台風に備える
㋒ 気候を農業に生かす　㋓ 気候を観光に生かす

くらしを支える食料生産

3 資料を見て、次の問いに答えましょう。 1つ4〔28点〕

Ⓐ 食べ物の主な産地

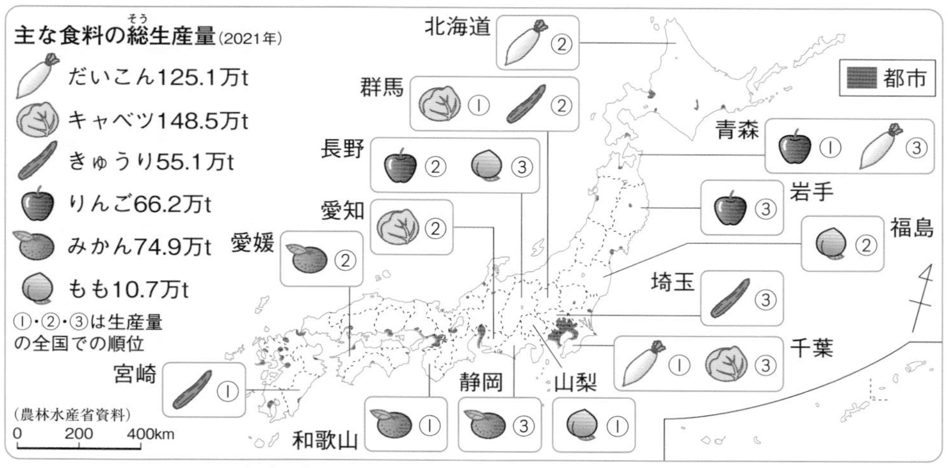

主な食料の総生産量(2021年)
だいこん125.1万t
キャベツ148.5万t
きゅうり55.1万t
りんご66.2万t
みかん74.9万t
もも10.7万t
①・②・③は生産量の全国での順位
北海道
群馬
長野
愛知
愛媛
宮崎
和歌山
静岡
山梨
千葉
埼玉
福島
岩手
青森
都市
(農林水産省資料)
0 200 400km

Ⓑ 地方別の米の収穫量

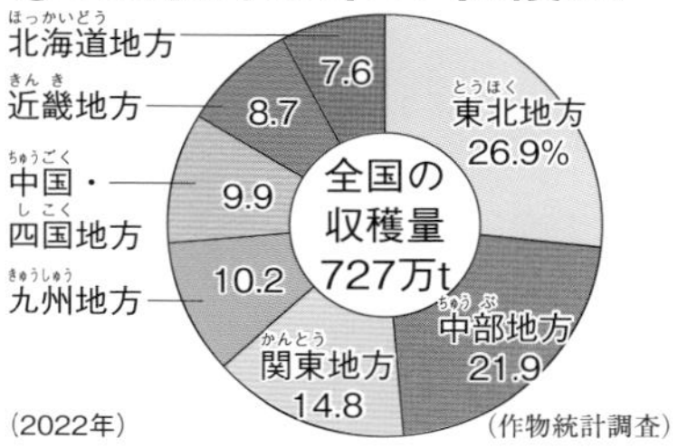

北海道地方 7.6
東北地方 26.9%
近畿地方 8.7
中国・四国地方 9.9
九州地方 10.2
関東地方 14.8
中部地方 21.9
全国の収穫量 727万t
(2022年)
(作物統計調査)

Ⓒ 日本の主な農産物の生産額の変化

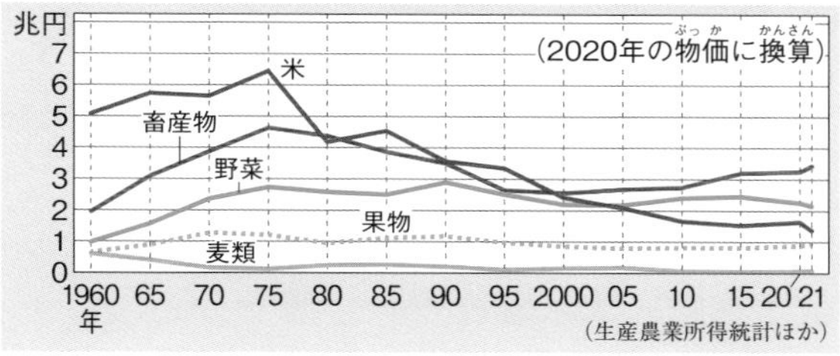

兆円
(2020年の物価に換算)
米
畜産物
野菜
果物
麦類
1960年 65 70 75 80 85 90 95 2000 05 10 15 20 21
(生産農業所得統計ほか)

(1) 次の文が正しければ○を、あやまっていれば×を書きましょう。また、それがわかる資料を選びましょう。

- 米の生産量は、東北地方が特に多いよ。 ○×(　) □
- りんごはあたたかい地域で生産されているんだね。 ○×(　) □
- 米の生産額も野菜の生産額も50年前より増えているんだね。 ○×(　) □

(2) 野菜が生産されている千葉県や埼玉県はどのような場所にありますか。都市の言葉を使って書きましょう。

(　　　　)

米づくりのさかんな地域

4 次の問いに答えましょう。 1つ4〔20点〕

	3月	4月		5月		6月	7月	8月	9月		10月
農作業ごよみ	種もみを選ぶ	田おこし	□	□	水の管理	みぞをほる	農薬をまく	穂が出る	稲かり	□	カントリーエレベーターに運ぶ

(1) □にあてはまる農作業を次から選びましょう。

㋐ だっこく　㋑ 代かき　㋒ 田植え

(2) 次の文にあてはまる言葉を▭から選びましょう。

▶水田農業研究所は(　　)を続けてきた。

▶米の値段には(　　)の費用がふくまれる。

品種改良　生産調整　輸送　輸出　JA

実力判定テスト 夏休みのテスト①

時間 **30分**

教科書 ㊤6ページ〜41ページ
答え 21ページ

●勉強した日　月　日

名前

得点 /100点

世界の中の国土

1 地図を見て、次の問いに答えましょう。 1つ4 [36点]

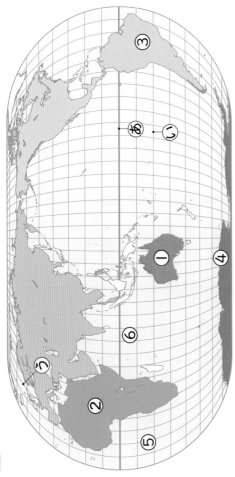

(1) 地図の①〜⑥にあてはまる大陸と海洋を[　　]から選びましょう。

① （　　大陸　）
② （　　大陸　）
③ （　　大陸　）
④ （　　大陸　）
⑤ （　　大陸　）
⑥ （　　　　　）

［ アフリカ　オーストラリア　南アメリカ
　インド洋　大西洋　北アメリカ　太平洋 ］

(2) 次の（　　）にあてはまる言葉を書き、それがわかるところを あ〜う から選びましょう。

赤道は0度の（　　　　　　　　　　　）です。

(3) 日本の位置について、ユーラシア大陸という言葉と、方位を使って、かんたんに書きましょう。

（ 日本は、　　　　　　　　　　　　　　　　　　　　　）

2 資料を見て、次の問いに答えましょう。 1つ4 [20点]

Ⓐ　　　　　　Ⓑ

(1) 日本から見た、ほかの島や国の位置を、Ⓐからそれぞれ選びましょう。また、日本から見たとき、Ⓐ・Ⓑのどちらを使いますか。

① 沖ノ鳥島（　　　）　② 択捉島（　　　）
③ 中華人民共和国（　　　）　④ 大韓民国（　　　）

国土の地形の特色

3 地図を見て、次の問いに答えましょう。 1つ4 [24点]

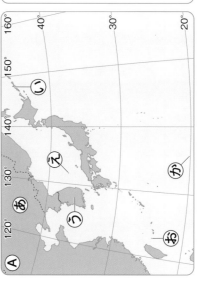

日本と世界の主な川の長さとかたむき

（あ 木曽川（227m）　い 信濃川（367km）　ロワール川（1020km）
う 利根川（322km）　ミシシッピ川（5969km）　アマゾン川（6516km））

(1) 　　にあてはまる言葉に〇を書きましょう。

▲日本の国土の約4分の3は { 山地　平地 } である。
▲北海道から九州にかけて、日本の中心にせぼねのように { 山脈　盆地 } が連なっている。
▲日本の川は、世界の川に比べて、流れが { 急　ゆるやか } で、{ 長い　短い }。

(2) 次の平野や山脈の場所を地図から選びましょう。
① 石狩平野（　　）　② 飛驒山脈（　　）

低い土地のくらし・高い土地のくらし

4 資料を見て、次の問いに答えましょう。 1つ4 [20点]

Ⓐ海津市の農産物の作付面積　Ⓑ季節ごとのキャベツの産地

（Ⓐ 野菜　果物　大豆類　麦類　稲類　2000ha　1000　0　（2020年 農林水産省資料））

春キャベツ（主に4〜6月 に出荷）
千葉15.3　神奈川11.5　茨城13.2　その他37.6　37.3万t
（愛知7.6）

夏秋キャベツ（主に7〜10月 に出荷）
群馬51.9%　長野16.7　岩手5.1　その他12.8　51.7万t
（鹿児島4.8）（北海道9.0）

冬キャベツ（主に11〜3月 に出荷）
愛知33.8%　群馬22.6　千葉10.8　その他37.8　59.6万t
（鹿児島2.6）（神奈川3.8）

0　10　20　30　40　50　60万t
（2021年 作物統計調査）

(1) 次の（　　）にあてはまる言葉を書き、（　　）の生産量が多いか、それがわかる資料を選びましょう。

▲夏から秋の（　　　　　　）の生産量は群馬県や長野県のものがほかの県より多い。
▲海津市で最も作付面積が多い農産物は、（　　　　　　）である。

(2) 次の文を読んで、右の建物は、土地が低い地域と高い地域のどちらにある建物か書きましょう。

家より高いところに石垣を組んで建てた建物で、こう水のときにひなんします。

（　　　　　　　　）

●勉強した日 月 日

名前　　　　　得点 ／100点

時間 30分

教科書 ⊕94～123ページ、⊕2～29ページ　答え 22ページ

1 水産業のさかんな地域

資料を見て、次の問いに答えましょう。 1つ5 〔25点〕

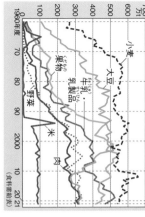

漁業別の生産量の変化

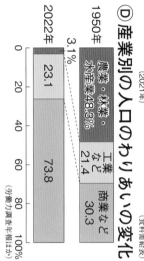

（出典・漁業生産統計年報）

遠洋漁業（遠洋漁業のぞく）　沖合漁業　養しょく業

1970年 78 86 94 2002 10 18 21

（1）□にあてはまる海流を次から選びましょう。

（ア）親潮　（イ）対馬海流　（ウ）黒潮　（エ）リマン海流

（ ）（ ）（ ）（ ）

（2）次の{ }にあてはまる言葉に○をつけましょう。

日本近海は{ 暖流　季節風　寒流 }がぶつかり、大陸だな{ 排他的経済水域　沿岸漁業 }が多いので、プランクトンが豊富なよい漁場である。

（3）資料からわかること一つに○を書きましょう。

（ ）最近は、養しょく業の生産量が最も多い。

（ ）遠洋漁業の生産量は減ってきている。

（ ）沖合漁業の生産量は沿岸漁業より少ない。

2 これからの食料生産

資料を見て、次の問いに答えましょう。 1つ5 〔20点〕

A 日本と主な国の食料

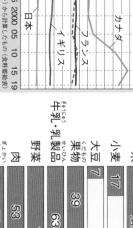

カナダ 小麦 大豆 米 乳製品 肉 果物 野菜
アメリカ イギリス フランス 日本

1970・75 80 85 90 95 2000 05 10 15 19（食料需給表）

B 主な食料の

米		潜在生産力98%
小麦	17	
大豆	7	
果物	39	
野菜	79	
牛乳・乳製品	63	
肉	53	
魚介	57	

（2021年）

C 食料品別輸入量の変化

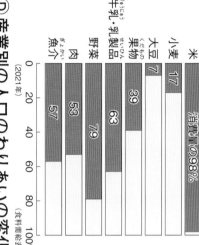

D 産業別の人口のわりあいの変化

	農業・林業	工業など	商業など
1950年	48.3%	21.4	30.3
2022年	3.1%	23.1	73.8

（労働力調査年報ほか）

（1）□に共通してあてはまる言葉を書きましょう。

（ ）

（2）次の話はどの資料を見たものか選びましょう。

・米のほとんどは国内で生産されている。（ ）

・この50年で輸入量が増えている食料品が多い。（ ）

・農業で働く人のわりあいは減っている。（ ）

3 くらしを支える工業生産／自動車をつくる工業

次の工業製品にあてはまる分類を、あとの□から選びましょう。 1つ5 〔15点〕

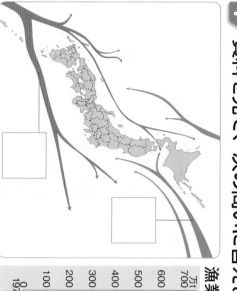
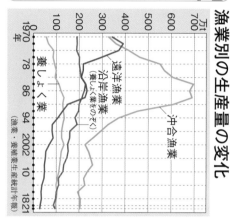

① ② ③

（ ）工業　（ ）工業　（ ）工業

金属　機械　化学　せんい　食料品

4

資料を見て、次の問いに答えましょう。 1つ5 〔40点〕

A 日本の工業生産の分布

工業地帯（工業地域をふくむ）のうち、数字は工業生産額（2020年）（経済センサスほか調査）

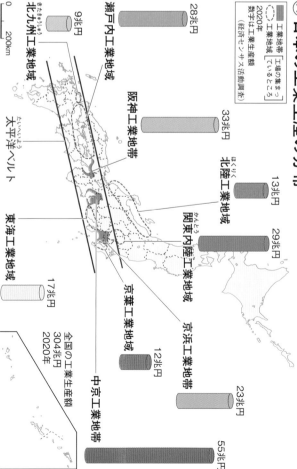

北九州工業地域 9兆円
瀬戸内工業地域 28兆円
阪神工業地帯 33兆円
北陸工業地域 13兆円
関東内陸工業地域 29兆円
京葉工業地域 12兆円
京浜工業地帯 23兆円
中京工業地帯 55兆円
東海工業地域 17兆円
太平洋ベルト

0 200km

B 大工場と中小工場のわりあい

工場数 22万9912	大工場1.6%	中小工場98.4
働く人の数 756万人	大工場33.0%	中小工場67.0
生産額 303兆5547億円	大工場51.1%	中小工場48.9

（2020年）（経済センサスほか）

C 自動車の海外生産台数の変化

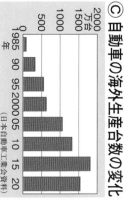

全国の工業生産額 304兆円 2020年

1985 90 95 2000 05 10 15 20年
（日本自動車工業会資料）

（1）次の文が正しければ○を、まちがっていれば×を書きましょう。

大工場と中小工場のわりあい

大工場は働く人の数も小工場より多いね。（ ）

日本の自動車の海外での生産台数は2015年まで増えているよ。（ ）

工業生産額が最も多いのは中京工業地帯だね。（ ）

（2）日本の主な工業地帯が海ぞいにある理由を、出の言葉を使って、かんたんに書きましょう。

（ 　　　　　　 ）に船と輸出

（3）次の（ ）にあてはまる言葉を書きましょう。

自動車の（ ）は、工場でつくられる。

●勉強した日　　月　　日

実力判定テスト

冬休みのテスト②

時間 30分

名前

得点　　/100点

おわったらシールをはろう

教科書　㊦30ページ～65ページ　　答え　22ページ

工業生産を支える運輸と貿易／これからの工業生産とわたしたち

1 資料(しりょう)を見て、次の問いに答えましょう。　1つ5〔35点〕

Ⓐ主な港や空港の貿易額(ぼうえきがく)

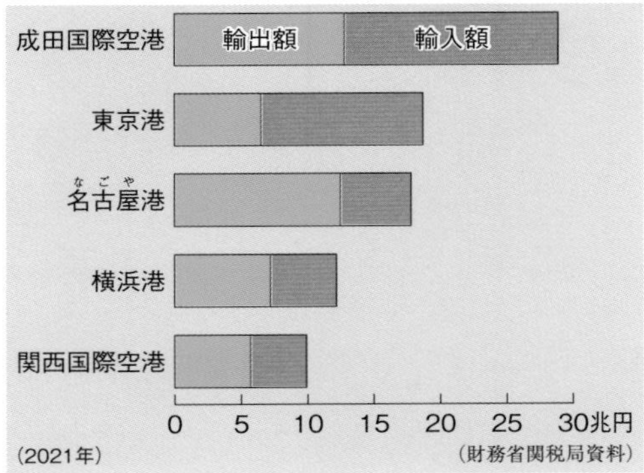

成田国際空港
輸出額
輸入額
東京港
名古屋港
横浜港
関西国際空港
0 5 10 15 20 25 30兆円
(2021年)
(財務省関税局資料)

Ⓑ輸入(ゆにゅう)量と国内生産量のわりあい

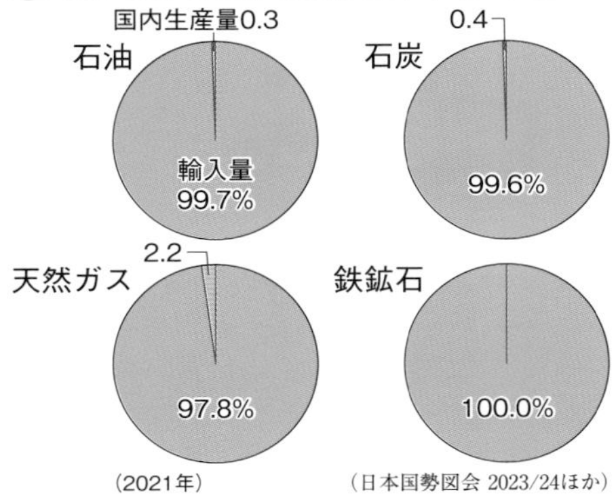

石油
国内生産量0.3
輸入量 99.7%
石炭
0.4
99.6%
天然ガス
2.2
97.8%
鉄鉱石
100.0%
(2021年)
(日本国勢図会 2023/24ほか)

Ⓒ輸入品の取りあつかい額の変化

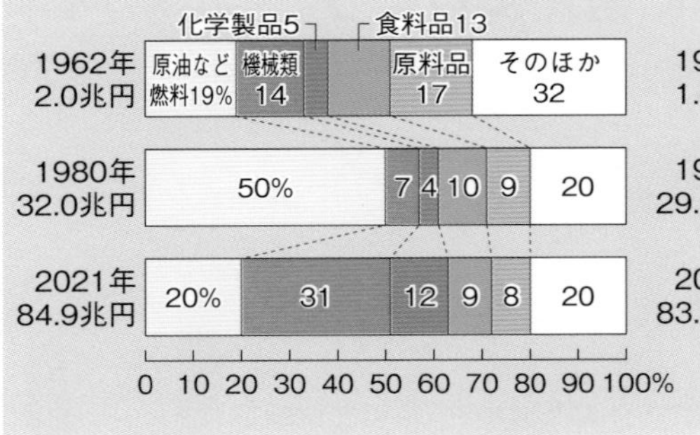

化学製品5
食料品13
1962年 2.0兆円
原油など燃料19%
機械類 14
原料品 17
そのほか 32
1980年 32.0兆円
50%
7 4 10 9
20
2021年 84.9兆円
20%
31
12 9 8
20
0 10 20 30 40 50 60 70 80 90 100%

Ⓓ輸出(ゆしゅつ)品の取りあつかい額の変化

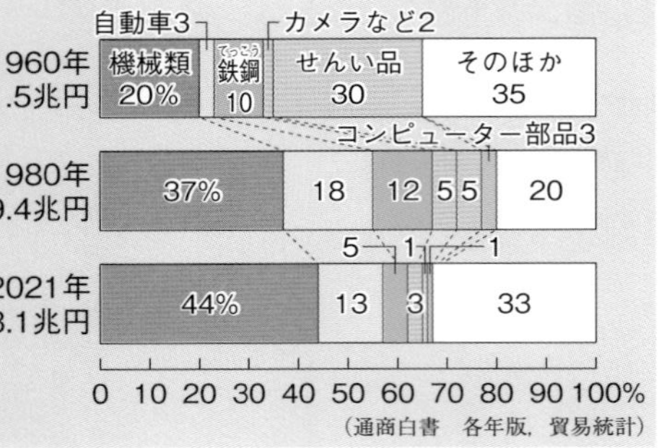

自動車3
カメラなど2
1960年 1.5兆円
機械類 20%
鉄鋼 10
せんい品 30
そのほか 35
コンピューター部品3
1980年 29.4兆円
37%
18
12 5 5
20
5
1
1
2021年 83.1兆円
44%
13
3
33
0 10 20 30 40 50 60 70 80 90 100%
(通商白書 各年版、貿易統計)

(1)　次の(　　)にあてはまる言葉を［　］から選びましょう。

▶外国に商品を売ることを、(　　　　　)といい、外国から商品を買うことを(　　　　　)という。

▶(　　　　　)は、大型(おおがた)の製品を大量に運ぶのに便利である。

輸出　　輸入　　輸送(ゆそう)　　飛行機　　船

(2)　次の文の——が正しければ○、あやまっていれば正しい言葉を書き、それがわかる資料を選びましょう。

①　日本は燃料(ねんりょう)や原料のほとんどを<u>輸入</u>している。　(　　　　　)　□

②　日本は<u>せんい品</u>の輸出のわりあいが現在(げんざい)最も高い。　(　　　　　)　□

2 次の問いに答えましょう。　1つ5〔15点〕

(1)　鯖江(さばえ)市を中心として、めがねの生産がさかんな都道府県はどこですか。　(　　　　　)

(2)　次の{　　}にあてはまる言葉に○を書きましょう。

▶日本では製造(せいぞう)業で働く人が{減(へ)っ　増(ふ)え}ている。

▶海外で生産する日本の企業(きぎょう)が{増え　減っ}ている。

海外進出する日本企業(きぎょう)(製造業(せいぞうぎょう))の数の変化

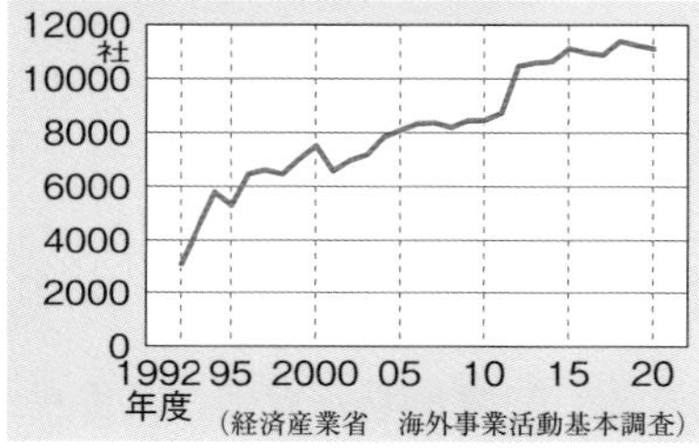

12000社
10000
8000
6000
4000
2000
0
1992 95 2000 05 10 15 20
年度
(経済産業省　海外事業活動基本調査)

情報産業とわたしたちのくらし

3 資料を見て、次の問いに答えましょう。　1つ5〔25点〕

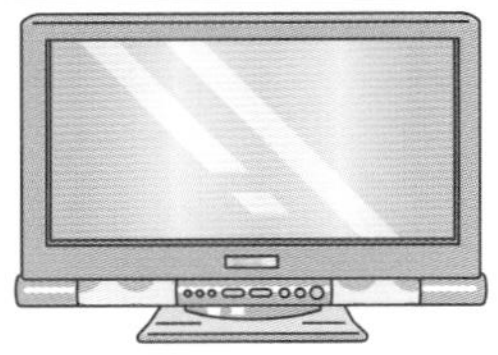
テレビ

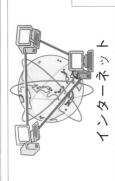

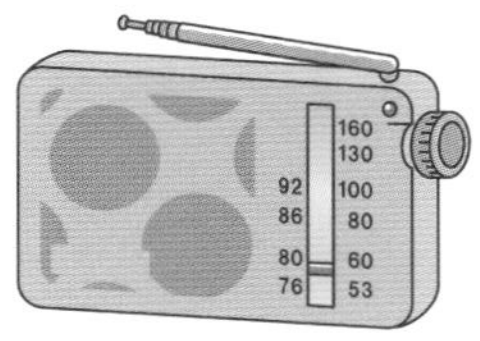
ラジオ

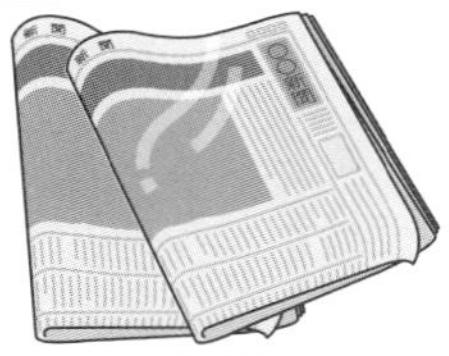
新聞

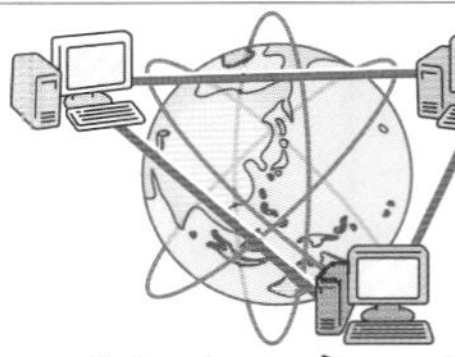
インターネット

(1)　資料のような情報(じょうほう)を送る方法を何といいますか。　(　　　　　)

(2)　資料の特長にあてはまる話を、次から選びましょう。

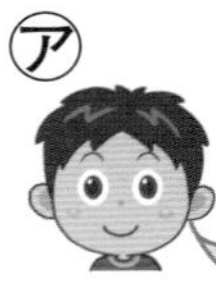
㋐　映像(えいぞう)と音声を、子どもからお年寄(よ)りまでみんなで楽しめるよ。

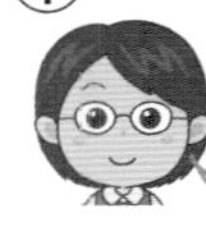
㋑　文字や映像などの情報をパソコンですぐに調べられるよ。

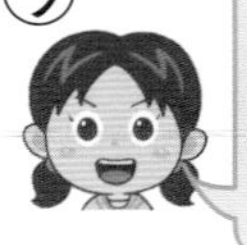
㋒　切りぬいて保存(ほぞん)したり、持ち運んだりすることができるね。

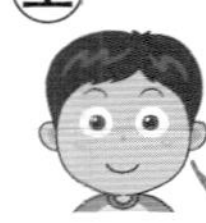
㋓　音声で伝えるから、家事をしながらでも情報がわかるよ。

4 資料を見て、次の問いに答えましょう。　1つ5〔25点〕

[あ]
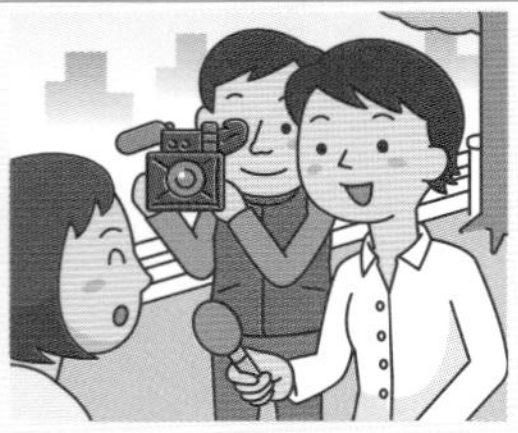
現場に行って、話を聞いたり、映像をとったりする。

[い]
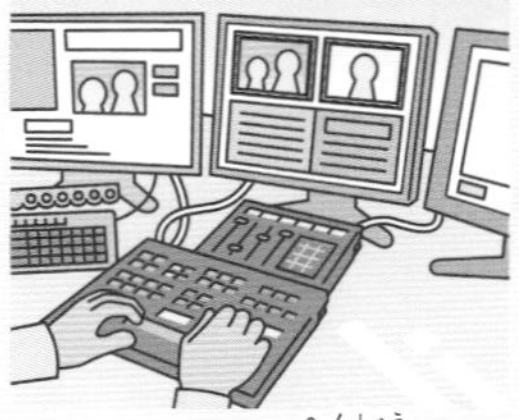
放送で流す映像を編集(へんしゅう)して、音声や文字を入れる。

[う]
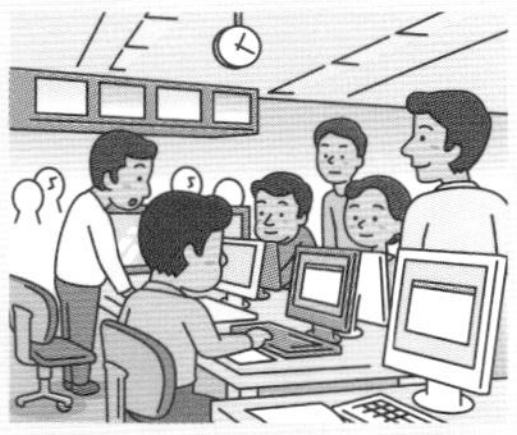
どのニュースを取材し、放送するかを決める。

[え]
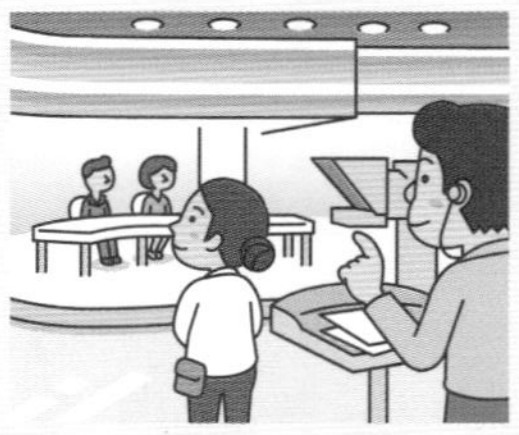
副調整室で番組の進行が管理されている。

(1)　次の言葉にあてはまる資料を選びましょう。

①　編集会議　(　　)　　②　取材　(　　)

③　映像の編集　(　　)　　④　放送　(　　)

(2)　次の(　　)にあてはまる言葉を書きましょう。

事実とちがう報道(ほうどう)によって、社会の混乱(こんらん)や報道(　　　　　)が起きることがあります。わたしたちは情報を冷静に判断(はんだん)しなければなりません。

学年末のテスト②

●勉強した日　　月　　日

名前

得点　　／100点

教科書　下100ページ〜127ページ　答え　23ページ

おわったら
シールを
はろう

わたしたちの生活と森林

1 資料を見て、次の問いに答えましょう。 1つ5〔60点〕

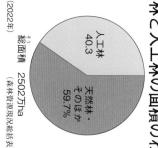

Ⓐ 世界各国の国土にしめる森林のわりあい（2019年）

日本 森林66% その他34
フィンランド 66%
ロシア 48%
アメリカ 32%
中国 23%
オーストラリア 17%
南アフリカ共和国 14%

（森林資源現況総括表）

0 20 40 60 80 100%

Ⓑ 日本の土地利用のわりあい

総面積：37.87万km²（令和4年全国土地面積）

森林 66.2%
農地 11.6
その他 17.0
住たく地・工業用地など 5.2

Ⓒ 天然林と人工林の面積のわりあい

（2022年）

総面積 2502万ha（森林資源現況総括表）

人工林 40.3
天然林・その他 59.7%

（世界森林資源評価 2022・23年版）

86
83
77
68
52
34

1970 80 90 2000 10 15 20

Ⓓ （2020年度）で働く人々の数の変化

15万人
10
5

（農林業センサス 各年版）

(1) □ にあてはまる、木を育てて切って売る産業を何といいますか。　　（　　　　　）

(2) 次の{　}にあてはまる言葉を◯で書き、Ⓐ〜Ⓓのどの資料について話しているか選びましょう。

国土の約{ 3分の2　2分の1 }が森林で、農地の約6倍もあるよ。　　（　　　　　）

□ の仕事で働く人の数は、だんだん{ 増え　減っ }ているよ。　　（　　　　　）

自然のままの森林と、人工林{ 天然林　人工林 }があるよ。　　（　　　　　）

世界の国に比べて日本は、森林のわりあいが{ 多い　少ない }ね。　　（　　　　　）

(3) 次の（　）にあてはまる言葉を書きましょう。

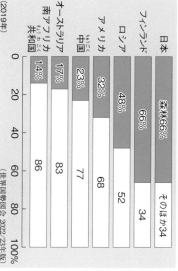

秋田県から青森県にかけての（　　　　　）は自然の森林が広がり、世界（　　　　　）に登録されている。

(4) （　　　　　）に、水、自然災害という言葉を使って森林の働きについて書きましょう。

（　　　　　　　　　　　　　　　　）

環境を守るわたしたち

2 資料を見て、次の問いに答えましょう。 1つ4〔20点〕

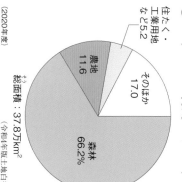

全国 20502件

大気汚染 24.2
あくしゅう・そう音・しん動 48.1%
水質汚染 10.7
悪臭 17.0
その他 地盤沈下 0.2

（1966年度）

年	国の取り組み
1958	工場の排水を規制する法律ができる
1967	対策の基本を定めた（　　　）ができる
1971	環境庁ができる
1993	環境基本法ができる

（環境省資料）

(1) □ にかかわる苦情・ちん情の被害を何といいますか。　　（　　　　　）

(2) □ の対策について、次の（　）にあてはまる言葉を書きましょう。

① □ は、1950年代後半から1970年ごろの産業ごとに発展した（　　　）の時代に広まった。

② 国は、（　　　）をつくったり、国の機関をつくったりした。

③ 都道府県や市区町村も、（　　　）と別に地域ごとのきまりを決めたり、（　　　）をつくった。

(3) 次のうち、正しいものに1つ◯を書きましょう。

（　）今は対策が進んで、環境をよごすものはなくなった。

（　）よごれた水を家庭に流さないなど、一人ひとりの行動が大切である。

（　）環境を守る取り組みは国や市区町村だけが行っている。

3 資料を見て、次の問いに答えましょう。 1つ4〔20点〕

病名	内容	都道府県
（　　　）	化学工場から出た有機水銀が原因で、手足がしびれる。	熊本県・鹿児島県
（　　　）	鉱山のカドミウムが原因で、いたいいたいと言って苦しむ。	富山県
（　　　）	石油化学工場のけむりが原因で、心配がまっくるしくなった。	三重県
（　　　）	化学工場から出た有機水銀が原因。手足がしびれる。	新潟県

(1) （　）にあてはまる病気の名前を[　　]から選びましょう。同じ言葉を書いてもかまいません。

イタイイタイ病　水俣病　四日市ぜんそく　新潟（　　　）

(2) 資料の4つの病気を合わせて何といいますか。　　（　　　　　）

●勉強した日　月　日
名前

時間30分　得点　/100点
教科書　下66ページ～99ページ　答え　23ページ

情報を生かす産業

1 資料を見て、次の問いに答えましょう。　1つ6〔30点〕

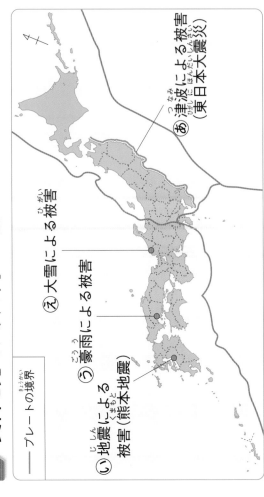

(1) 次の（　）にあてはまる言葉に○を書きましょう。
- ▲ 人工知能（｛AI　IC　JA｝）の開発が進んでいる。
- ▲ コンビニエンスストアで使う｛AI　IC　JA｝カードは、現金のかわりに電子マネーとして使える。
- ▲ バーコードを読み取り、売れた商品の数を自動で記録する｛POS　SNS　GPS｝システムがある。
- ▲ 自動車は｛POS　SNS　GPS｝で現在の位置や目的地までのきょりがわかる。

(2) 資料のようにコンピューターを活用して、情報処理や通信を行う技術を何といいますか。
（　　　　　　　　）

情報を生かすわたしたち

2 次の問いに答えましょう。　1つ5〔20点〕

Ⓐインターネットふきゅう率の変化

Ⓑインターネットを利用した犯罪の件数の変化

Ⓒインターネットを利用する機器の種類
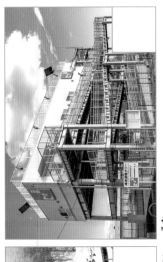

(1) 次の話がわかる資料をすべて選びましょう。
- インターネットのふきゅうで、インターネットでの犯罪も増えたね。（　　）
- インターネットはパソコンとスマートフォンで多く利用されているね。（　　）

(2) メディアリテラシーについて、正しいもの2つに○を書きましょう。
- 正しい情報かどうか見きわめて情報を選ぶ。（　）
- 参考にした資料の名前などを明らかにする。（　）
- 友人の良い写真を勝手にインターネットに公開する。（　）

自然災害を防ぐ

3 資料を見て、次の問いに答えましょう。　1つ5〔50点〕

プレートの境界
ⓐ津波による被害（東日本大震災）
ⓥ地震による被害（熊本地震）
ⓤ豪雨による被害
ⓔ大雪による被害

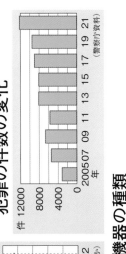
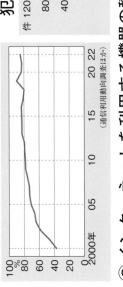

(1) 写真はどのような災害に備えたしせつですか。地図のⓐ～ⓔから選びましょう。

(2) 次の（　）にあてはまる言葉を ［　　］から選びましょう。
- ▲ 大きな地震が発生したとき、強いゆれが予想されることを（　　　　）が出る。
- ▲ （　　　　）を見ると、災害の被害が予想されるはんいやひなん経路などがわかる。

［　ハザードマップ　緊急地震速報　津波警報　］

(3) 地図を見て、日本の国土で地震が発生しやすい理由をプレート、断層の言葉を使って書きましょう。
（　　　　　　　　　　　　）

(4) 日本の災害について、次の文が正しければ○を、あやまっていれば×を書きましょう。
- ①（　）多くの火山があるが、ほぼ活動していない。
- ②（　）国は災害が起きるとすぐに対応を検討する。
- ③（　）つゆや台風などの大雨は土砂災害も起こす。

□にあてはまる大陸や海洋の名前を書きましょう。また①〜⑯にあてはまる国の名前を□から選んで書きましょう。

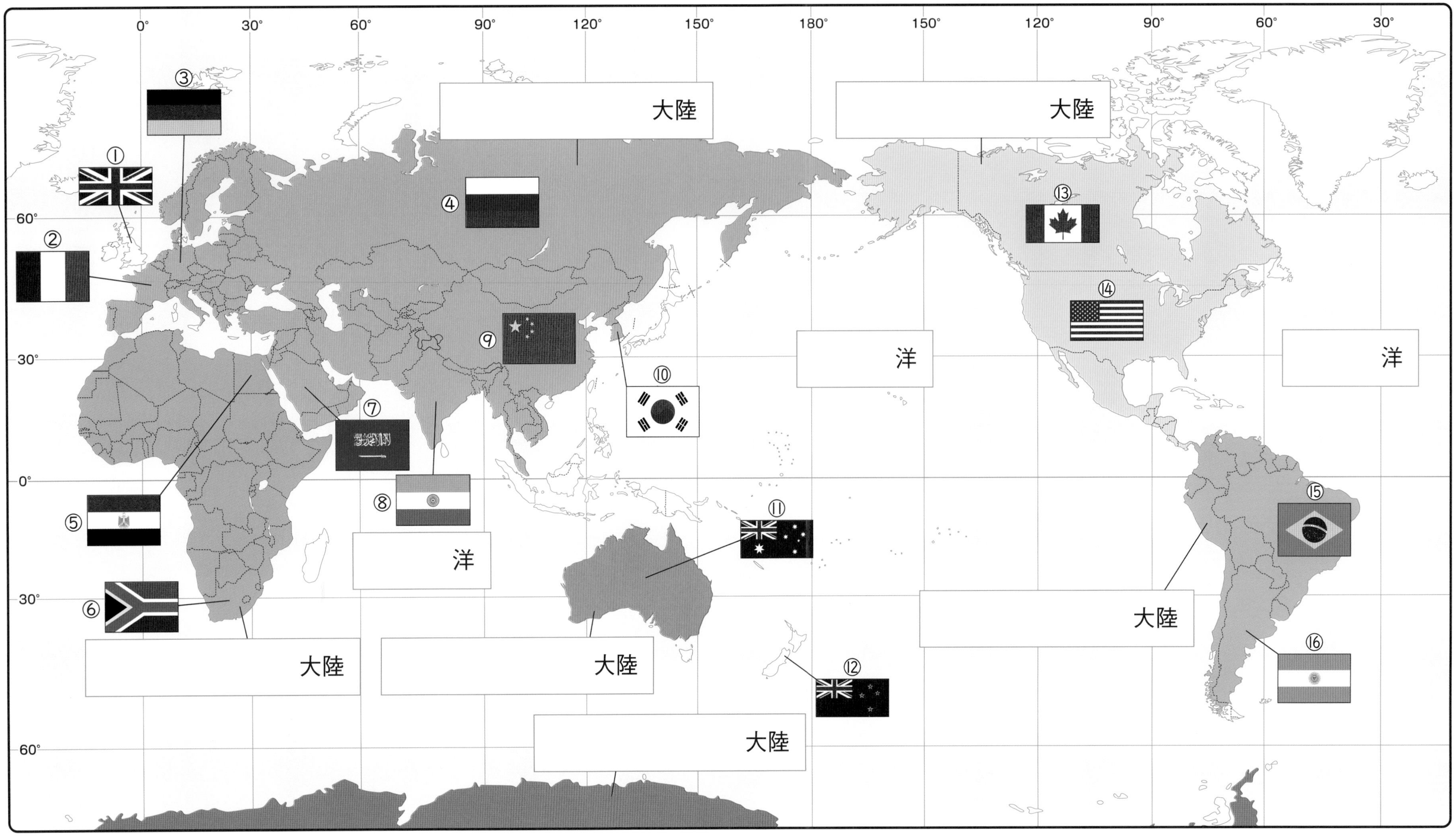

かくにん！
実力判定テスト
世界地図と主な国

教科書や地図帳を見て、国の名前を調べよう。

時間 30分

●勉強した日　月　日

名前

できた数
／25問中

答え 24ページ

おわったら
シールを
はろう

大陸

大陸

洋

洋

洋

大陸

大陸

大陸

大陸

大陸

ヨーロッパ	アフリカ	アジア	オセアニア	北アメリカ	南アメリカ
① ( )	⑤ ( )	⑦ ( )	⑪ ( )	⑬ ( )	⑮ ( )
② ( )	⑥ ( )	⑧ ( )	⑫ ( )	⑭ ( )	⑯ ( )
③ ( )		⑨ ( )			
④ ( )		⑩ ( )			

フランス　　ドイツ　　ロシア連邦（れんぽう）　中華人民共和国（ちゅうかじんみんきょうわこく）　大韓民国（だいかんみんこく）　アメリカ合衆国（がっしゅうこく）　カナダ　　イギリス　　ブラジル

エジプト　　南（みなみ）アフリカ共和国（きょうわこく）　サウジアラビア　　インド　　オーストラリア　　ニュージーランド　　アルゼンチン

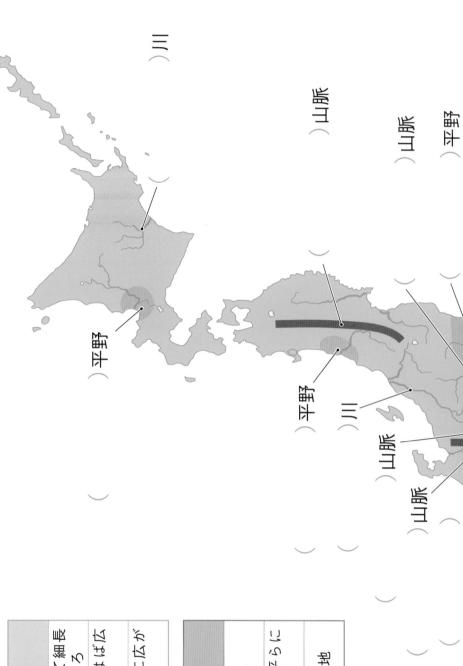
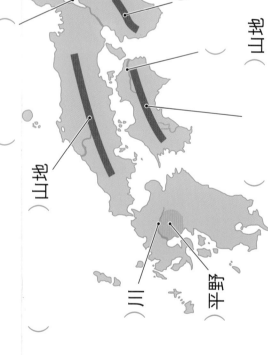
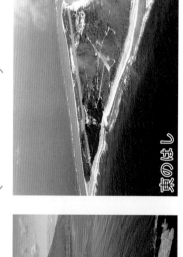
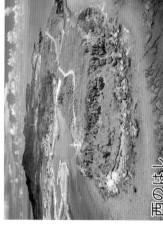

実力判定テスト

かくにん！日本の国土

名前

おわったら
シールを
はろう

教科書や地図帳を見て、地形の名前を調べよう。

★ いろいろな地形

( )にあてはまる言葉を[　]から選んで書きましょう。

山地

山が集まるところ	
( )	山のみねが連続して細長く連なっているところ
( )	山地のうち、山がはば広く連なるところ
( )	標高が高く、平らに広がるところ

平地

平らな土地	
( )	海に面している平地
( )	まわりより高くて平らになっているところ
( )	山に囲まれている平地

北のはし

東のはし

西のはし

南のはし

0　200km

山脈 高地 台地 盆地 平野 高原

石狩 十勝 庄内 利根 関東

四国 紀伊 飛驒 中国 吉野

与那国島 赤石 信濃 筑紫

沖ノ鳥島 木曽 筑後 関東

南鳥島 濃尾 霞ヶ浦

択捉島 奥羽

天竜 琵琶湖

)川

)山脈

)山脈

)平野

)川

)川

)平野

)平野

)川

)山地

)山地

)山脈

)山脈

)平野

)川

)山地

)山地

)平野